깊게 파헤쳐서 쉽게 풀어낸

허락하신 새 땅

깊게 파헤쳐서 쉽게 풀어낸
허락하신 새 땅
초판 1쇄 발행 2020. 5. 20.

- ■지은이　강학종
- ■펴낸이　방주석
- ■펴낸곳　베드로서원
- ■주　소　10252 경기도 고양시 일산동구 고봉로 776-92
- ■전　화　031-976-8970
- ■팩　스　031-976-8971
- ■이메일　peterhouse@daum.net
- ■창립일　1988년 6월 3일
- ■등　록　(제59호) 2010년 1월 18일

ISBN　978-89-7419-387-4 03230

책값은 뒤표지에 있습니다.

베드로서원은 말씀과 성령 안에서 기도로 시작하며
영혼이 풍요로워지는 책을 만드는 데 힘쓰고 있으며,
문서선교 사역의 현장에서 세계화의 비전을 넓혀가겠습니다.

나의 힘이신 여호와여 내가 주를 사랑하나이다(시 18:1)

깊게 파헤쳐서 쉽게 풀어낸
허락하신 새 땅

강학종 지음

베드로서원

머리말

하나님이 아브라함 후손에게 가나안 땅을 주신다고 하셨습니다. 왜 하필 아브라함 후손일까요? 욥의 후손에게 주신다고 하면 안 되고 굳이 아브라함의 후손이어야 하는 이유라도 있을까요? 성경은 욥을 온전하고 정직하여 하나님을 경외하며 악에서 떠난 자라고 소개합니다. 그런 욥이라면 충분히 자격이 있지 않을까요?

아브라함을 믿음의 조상이라고 합니다. 인류 역사상 가장 믿음이 좋았던 사람이라는 뜻이 아닙니다. 믿음으로 구원 얻는 것이 어떤 것인지 보여주는 샘플이라는 뜻입니다. 아브라함이 믿음으로 하나님께 의롭다 함을 받은 것처럼 아브라함과 같은 믿음을 가진 사람들은 하나님께 의롭다고 인정받게 될 것입니다.

하나님이 아브라함 후손에게 가나안 땅을 주겠다고 하신 것은 이스라엘 민족이 팔레스타인 땅을 차지하는 것으로 끝나는 얘기가 아닙니다. 아브라함과 같은 믿음을 고백하는 아브라함의 후사들이 하나님 나라를 상속한다는 뜻입니다. 이스라엘이 참 이스라엘이 아니라 교회가 참 이스라엘인 것처럼 혈통에 따른 아브라함의 후손이 아브라함의 후손이 아니라 아브라함과 같은 믿음을 고백하는 우리가 아브라함의 후손입니다.

어쨌든 그런 일에 대한 예표로 이스라엘이 가나안 땅을 차지하게 됩니다.

이스라엘이 요단강을 건너서 가나안에 들어간 다음에 보이는 모습이 우리가 신앙생활을 하는 모습인 셈입니다. 이런 점에서 "허락하신 새 땅에 들어가려면 맘에 준비 다하여 힘써 일하세…"는 우리한테 딱 맞는 찬송가 가사입니다. 우리는 정말로 여호수아를 본받아서 앞으로 가야 하는 사람들이고, 우리가 거할 처소가 주님 품인 것을 명심해야 하는 사람들입니다.

그런데 허락하신 새 땅보다 조상이 물려준 땅이 더 좋다고 하는 말을 들은 적이 있습니다. 농담 소재가 아무리 빈곤해도 그런 농담까지 해야 할까요?

요즘은 누구나 살기 힘들다고 합니다. 특히 자영업자들이 힘들다는 말은 어제오늘의 얘기가 아닙니다. 오죽하면 조물주 위에 건물주라고 합니다. 마음에는 들지 않지만 별 수 없습니다. 몰라서 그런 것을 어떻게 합니까? 불신자들이 그런 말을 하는 것에는 혀를 차는 것밖에 도리가 없습니다. 그런데 신자가 그런 말을 하면 뭐라고 해야 할까요?

허락하신 새 땅보다 조상이 물려준 땅이 더 좋다는 얘기가 다분히 그런 뜻입니다. 하나님의 은혜는 나중에 받더라도 지금 세상에서 잘나가고 싶다는 것입니다. 그런 사람한테 종교를 물으면 태연히 기독교라고 할 것입니다. 우리가 믿는 기독교가 언제부터 이렇게 싸구려 종교가 되었는지 모르겠습니다. 도무지 신자다운 야성이 없습니다. 이 세상은 우리가 신앙을 나타내어야 할 공간인데 신앙을 내세워서 국물을 얻어먹어야 하는 곳으로 알고 있는 모양입니다.

〈출애굽기〉를 읽으면서 이스라엘을 흉봤던 기억이 있습니다. 홍해를 건널 때의 감격은 어디 가고 그새 하나님을 원망하는지 참 답답했습니다. 그것이 구원 얻은 우리 모습인 것을 미처 몰랐습니다. 가나안에 들어간 이스라엘이라고 해서 다르지 않습니다. 요단강을 건너는 기적도 체험했고 여리고성의 승리도 맛보았습니다. 하지만 허락하신 새 땅을 차지하려는 열심은 없었습니다. 싸움은 대충 끝났다고 치고 얼른 현실에 안주하고 싶었던 것이 그들 마음이었습니다. 이제 우리가 그 내용을 반면교사로 삼을 차례입니다. 그들을 흉보는 것은 신앙과 아무 상관이 없습니다. 우리한테 그런 모습이 없어야 합니다.

　몇 년 전에 〈베테랑〉이라는 영화가 있었습니다. 올곧게 근무하는 형사 서도철과 돈의 위력을 마음껏 뽐내는 재벌 3세 조태오가 주연으로 나옵니다. 그 영화에 나오는 명대사 중 하나가 "우리가 돈이 없지, 가오가 없어?"입니다. 조태오가 연관된 사건을 관할 경찰서에서 서둘러 덮으려고 하자, 서도철이 담당 형사를 질책하며 한 말입니다. 그 말을 빌려올 수 있습니다. "우리가 물려받은 땅이 없지, 허락하신 새 땅이 없어?"

　아무쪼록 이 책이 허락하신 새 땅에 대한 열정을 조금이라도 촉발할 수 있으면 좋겠습니다. 베드로서원 방주석 장로님과 출판사 가족들에게 고마움을 전합니다.

주후 2020년 5월
하늘교회 목사 강 학 종

차 례

01 모세가 죽었으니

여호수아

    예전에 어떤 분이 물었다. "모세가 가나안에 못 들어간 것은 하나님이 너무 야박하신 것 아닌가요?" 모세는 출애굽의 영웅이다. 꼬박 40년 동안 이스라엘을 이끌었다. 그런데 가나안 접경에서 생을 마감했으니 허망하지 않았겠느냐는 것이다.

    물론 모세한테 잘못이 있다. 하나님이 반석을 명령하여 물을 내라고 했는데 그만 지팡이로 반석을 치고 만 것이다.

    반석에게 명령하면 어떻고 반석을 치면 어떤가 싶지만 그게 그렇지 않다. 반석이 그리스도를 상징하기 때문이다. 반석이 그리스도를 상징하면 반석을 치는 행위는 그리스도가 받은 고난을 뜻한다. 그리스도가 고난을 두 번 당할 이유는 없다. 모세가 반석을 침으로써 이 모형을 깨뜨리고 말았다.

    하지만 억울할 수도 있다. 므리바에서는 반석을 쳐서 물이 나왔던 적이 있다. 그런 경험도 있고, 백성들 때문에 화가 난 상태면 반석을 칠 수도 있는 것 아닐까?

    모세가 십계명을 받으러 산에 올라갔을 때 산 밑에 있던 이스라엘은 금송아지 우상을 만들었다. 그것을 보고 진노한 모세가 하나님이 주신 돌판을 집어던져 깨뜨리고 만다. 화가 난다고 해서 성경책을 집어던지는 사람이 있을까? 모세는 성경책 정도가 아니다. 하나님께서 직접 주신 돌판을 깨뜨렸다. 성미가 상당히 괄괄했다는 뜻이다. 그런 모세라면 반석을 치는 실수는 할 수도 있을 것 같다. 반석을 치는 행위가 그리스도의 고난을 예표한다는 사실을 모세가 무슨 수로 안단 말인가? 게다가 하나님은 자비롭고 은혜롭고 노하기를 더디하고 인자와 진실이 많으신 분이다. 한 번쯤은 용서해 주실 수도 있는 것 아닌가?

그럼 모세의 생각은 어떨까? 이다음에 천국에 가서 모세한테 "당신은 이스라엘을 인도해서 홍해를 건너고 광야를 지났지만 가나안에는 들어가지 못했습니다. 혹시 하나님이 원망스럽지는 않으십니까?" 하고 물으면 뭐라고 할까? 아마 절대 그렇지 않다고 할 것이다. 오히려 가나안 입구까지 이스라엘을 인도하게 하신 하나님께 감사한다고 할 것이다. 그것이 모세가 맡은 역할이었다.

그 모세가 죽었다. 그러자 하나님이 여호수아에게 말씀하신다.

> 수 1:2〉 내 종 모세가 죽었으니 이제 너는 이 모든 백성과 더불어 일어나 이 요단을 건너 내가 그들 곧 이스라엘 자손에게 주는 그 땅으로 가라

여호수아가 모세의 후계자라는 사실은 초신자가 아니면 다 안다. 여호수아가 이스라엘을 가나안으로 인도했다는 사실도 안다. 그런데 하나님 말씀이 은근히 의아하다. 우리말 성경에는 '이제'라고 번역했지만 영어 성경에는 therefore나 then으로 번역했다. 모세가 죽었으므로 가나안에 가라

는 것이다. 모세가 살아있는 동안에는 가나안에 갈 수 없었다는 느낌을 준다.

그럴 수밖에 없다. 모세는 율법을 상징하는 인물이다. 그런 모세가 이스라엘을 가나안 입구까지 인도하는 역할을 맡은 것은 참으로 적절하다. 율법이 우리를 그리스도에게 인도하는 초등교사이기 때문이다. 무엇보다 가나안은 율법을 지켜서 들어가는 곳이 아니다. 그래서 여호수아가 이스라엘을 이끌고 가나안에 들어간다.

여호수아는 '여호와는 구원이시다'라는 뜻이다. 헬라어로는 예수다. 예수님의 이름을 구약식으로 옮기면 호세아 또는 여호수아가 된다. 모세가 이스라엘을 애굽에서 인도하는 것으로 예수님의 구원 사역을 예표했다면 여호수아는 이스라엘을 가나안에 인도하는 것으로 구원 사역을 예표한다.

그런 일이 저절로 이루어질 수는 없다. 여호수아가 이스라엘을 이끌고 들어가서 차지해야 할 가나안이 임자 없는 빈 땅이 아니기 때문이다.

> 수 1:3-4〉 내가 모세에게 말한 바와 같이 너희 발바닥으로 밟는 곳은 모두 내가 너희에게 주었노니 곧 광야와 이 레바논에서부터 큰 강 곧 유브라데 강까지 헷 족속의 온 땅과 또 해 지는 쪽 대해까지 너희의 영토가 되리라

전쟁 영화에 보면 비행기가 적진을 폭격하기도 하고 함포 사격으로 적을 괴멸시키기도 한다. 비행기나 군함에서 폭격하는 것은 상당한 위력을 발휘한다. 하지만 그것으로 영토를 넓힐 수는 없다. 영토를 넓히려면 보병이 가서 깃발을 꽂아야 한다. 보병들의 전투화 발자국이 찍히는 곳까지 아군 영토가 된다.

우리가 주기도문으로 기도할 때마다 "아버지의 뜻이 하늘에서와 같이 땅에서도 이루어지게 하소서"라고 기도한다. 아버지의 뜻이 땅에서 이루어지려면 어떻게 하면 될까? 갑자기 하늘이 열리고 천군 천사가 내려와서 하나님의 뜻을 이루고 다시 올라가는 것이 아니다. 우리가 하나님의 뜻에 순종해야 한다. 하나님의 뜻에 순종할 마음도 없으면서 "아버지의 뜻이 하늘에서와 같이 땅에서도 이루어지게 하소서"라고 하는 것은 다 엉터리다. 아버지의 뜻은 우리가 순종한 만큼 이루어진다.

가나안도 그렇다. 하나님께서 임자 없는 빈 땅을 주시지 않았다. 이스라엘이 직접 얻어야 했다. 하나님께서는 이스라엘이 발바닥으로 밟는 곳을 주시겠다고 하셨다. 경우에 따라서는 가나안에 입성만 하고 영토는 한 뼘도 얻지 못할 수 있다는 뜻이다.

실제로 하나님께서 약속하신 영토는 광야와 레바논에서부터 유브라데에 이르는 헷 족속의 땅과 대해(지중해)까지다. 이스라엘이 마음만 먹으면 그 범위 안에서 자기들의 영토를 만들 수 있었다. 하지만 이스라엘 역사상 팔레스타인 전 지역을 장악했던 적은 한 번도 없다. 하나님께서는 이 모든 것을 주신다고 했지만 정작 받아 누리지는 못했다.

남의 얘기가 아니다. 우리 역시 세상살이에 치어 하나님께서 예비하신 신령한 복을 제대로 누리지 못하고 늘 허덕이기 때문이다. 우리는 죄를 거부할 힘이 있다. 그런데 늘 질질 끌려다닌다. 죄한테 진 것이 아니다. 제대로 안 싸워서 그렇다. 실제로 죄는 우리가 협조해주지 않으면 혼자서는 아무것도 못한다.

어쨌든 이렇게 해서 여호수아가 이스라엘을 인도할 책임을 이어받았다. 당시 여호수아의 마음 어땠을까? 예전에 예배 때 기도 순서를 맡으면 우황

청심환을 먹는다는 분 얘기를 들은 적이 있다. 설마 여호수아가 그 정도는 아니었겠지만 엄청나게 부담되었을 것은 자명하다. 그동안 이스라엘이 모세한테 어떻게 반역했는지 다 보았는데 자기가 무슨 수로 감당한단 말인가?

하나님께서 그런 여호수아에게 말씀하신다.

> 수 1:8〉 이 율법책을 네 입에서 떠나지 말게 하며 주야로 그것을 묵상하여 그 안에 기록된 대로 다 지켜 행하라 그리하면 네 길이 평탄하게 될 것이며 네가 형통하리라

여호수아의 고민은 "어떻게 해야 이 백성을 제대로 인도할 수 있단 말인가?"였다. 그런데 하나님은 그런 방법을 말씀하시지 않고 '율법 준수'를 말씀하셨다. 여호수아에게 궁극적으로 필요한 것은 백성을 인도할 노하우가 아니라 율법을 지키는 것이었다.

〈엄마 찾아 삼만 리〉라는 책이 있다. 이탈리아에 사는 아이가 엄마를 찾아 아르헨티나까지 가는 내용이다. 동남아 사람들이 우리나라에 돈 벌러 오는 것처럼 이탈리아 사람이 아르헨티나로 간 것이다. 아르헨티나가 한때는 세계 8대 부국 중의 하나였다.

후안 까를로스 오르띠즈 목사가 쓴 〈우리는 아무렇게나 나뒹굴고 있는 벽돌더미가 되어서는 안 됩니다〉에 나오는 내용이다. 페루에서 아르헨티나로 유학 온 학생이 있었다. 유학 생활을 하는 중에 예수를 영접했다. 성실하게 신앙생활을 하던 중에 목사님을 찾아갔다.

"이제 그만 고국으로 돌아가려고 합니다."

"아니, 왜요?"

"구원을 받아서 하나님의 사람이 되었으니까요."

"구원 받은 것과 유학 생활이 무슨 상관이 있나요? 공부를 하는 것은 하나님 뜻에 어긋나는 일이 아닙니다."

"저도 압니다. 하지만 저는 여기 공부하러 온 학생이 아닙니다."

"무슨 뜻인가요?"

"사실 저는 학생이 아닙니다. 아르헨티나 대학생들에게 공산주의 사상을 주입시키라는 지령을 받고 밀파된 공작원입니다. 그런데 예수를 영접하고 보니 더 이상 공산주의 활동을 할 수가 없습니다. 그래서 돌아가기로 결심했습니다."

누군가 대학에 다니고 있다고 해서 그의 본분이 학위 취득에 있지 않다. 학위는 어디까지나 하나님 나라를 위한 것이다. 학교를 졸업하고 취직하면 그곳에서 계속 주님을 섬겨야 한다. 공산주의자가 공산주의 사상을 위해서 존재하는 것처럼 우리는 하나님 나라를 위해 존재한다.

어쩌면 무리한 요구로 들릴 것 같기도 하다. "목사님은 목사님이니까 그렇게 말하겠지만 우리 같은 평신도는 어림도 없습니다."라는 생각을 하고 있는지도 모른다. 하지만 분명한 사실이 있다. 이것이 내 생각이 아니라 성경 말씀이라는 사실이다. 도저히 동의가 안 되면 "목사님이 그렇게 말씀하시는 것은 세상 물정을 몰라서 그렇습니다."라고 하지 말고 "하나님은 그렇게 말씀하시지만 세상 물정을 모르는 탓입니다. 하나님도 세상을 살아보면 달리 말씀할 것입니다."라고 해야 한다.

학교도 가지 말고 출근도 하지 말고 집안일도 하지 말고 하루 종일 전철역에서 전도지를 나눠주라는 얘기가 아니다. 우리가 세상을 살아가는 이유와 목적을 바로 알아야 한다는 뜻이다.

김남준 목사가 그의 책 〈서른통〉에서 "그리스도인의 결혼의 최대 수혜자는 결혼 당사자가 아니라 하나님이셔야 합니다."라고 했다. 결혼의 목적이 행복이 아니라 하나님의 영광이라는 것이다. 결혼만 그럴까? 진학이나 취직도 마찬가지다. 우리 삶의 이유가 우리한테 있지 않고 하나님께 있다.

예수님이 수가성 우물가에서 남편이 다섯이나 있던 여인을 만나서 예배를 말씀하셨다. 그 여인은 한낮의 뜨거운 태양을 무릅쓰고 물을 길러 나와야 하는 자기의 고달픈 처지가 문제라고 생각했겠지만 예수님 생각은 달랐다. 그 여자의 가장 큰 문제는 '예배 부재'였다.

우리의 문제가 무엇일까? 만일 하나님이 정말로 계시고 우리가 하나님의 피조물이라면 우리의 가장 큰 문제는 하나님과의 관계 정립이다. 이보다 더 중요한 문제가 있을 수 없다.

예전에 〈귀향〉이라는 영화가 있었다. 위안부 피해자들의 증언을 토대로 만든 영화다. 투자자가 없어서 시민 후원자 75,270명이 12억 원을 조달했다고 한다. 고등학교 동창이 SNS에 그 영화 얘기를 올렸다. 댓글 중에는 친일파를 성토하는 얘기도 있었다. 나라를 팔아먹은 대가로 호의호식하고 그 후손까지 잘사는 것이 말이 되느냐는 것이다.

한 친구가 그 사람들은 언제 벌을 받느냐고 하면서, 나한테 신학적으로 답을 하지 말고 실제적으로 답을 해보라고 했다. 그 말을 듣고 혼자 생각했다. "그럼 신앙은 실제 상황과 관계없는 것인가?" 어쨌든 그 친구 생각으로는 그렇다. 죄니 구원이니 영생이니 영벌이니 천국이니 지옥이니 하는 것은 교회에서 그렇게 말을 하는 것에 지나지 않는 셈이다.

불신자가 그런 생각을 하는 것은 상관없다. 혹시 신자들한테도 그런 생각이 있지는 않을까? 말로는 예수를 믿는다고 하면서 신앙은 신앙이고 현실은 현실이라는 식으로 살아가는 사람이 얼마든지 있다. 하나님이 정말로 계시면 신앙이야말로 우리의 가장 큰 현실 문제라는 엄청난 사실을 간과한다.

기도할 때 죄인이라는 표현을 쓰기는 한다. 그런데 그 죄를 심각하게 여기지는 않는다. 세상을 살리면 그런 것에 신경 쓸 틈이 없다. 그러면 신앙은 자기한테 익숙한 한두 가지 종교 행위로 때우게 된다. 신앙생활은 그렇게 하는 것이 아니라고 하면, 그런 식으로는 세상을 못 산다고 반박한다. 그런 식으로는 예수를 못 믿는다는 사실을 모른다. 그런 식으로는 세상을 못 산다는 말과 그런 식으로는 예수를 못 믿는다는 말 중에 어느 말이 더 무서울까?

우리의 관심이 정말로 어디에 있는지 점검해야 한다. 우리가 예수님께 목마른 사람들일까, 세상에 목마른 사람들일까? 우리가 세상에 목마른 사람이면 예수님은 세상을 살아가는 수단이 되고, 예수님께 목마른 사람이면 세상은 신앙을 나타내는 무대가 될 것이다. 예수님을 딛고 서서 세상을 우러르는 사람과 세상을 딛고 서서 예수님을 우러르는 사람은 절대 같은 사람일 수 없다.

우리가 어떤 사람인지 확인할 수 있는 간단한 방법이 있다. 아무런 자극도 주어지지 않았을 때 떠오르는 생각이 그 사람을 가장 잘 보여준다고 한다. 집안일 다 해놓고 거실에서 느긋하게 커피 향을 즐기는데 불현듯 돈 생각이 난다면 그 사람의 가장 큰 관심은 돈이다. 연애 중인 사람은 아무런 자극이 없어도 혼자 애인을 생각하는 법이다. 우리 안에 예수님이 가득하다면 당연히 예수님이 생각날 것이다. 우리 주변에 그런 사람이 몇 명이나 있는지는 모르지만 우리는 그런 사람이어야 한다. 우리는 예수님을 우리의 전부로 고백하는 사람들이다. 고백이 고백으로 끝나면 의미가 없다. 인생을 통해서 확인되어야 한다. 우리 인생이 곧 우리 신앙고백에 대한 설명이다.

성경을 읽으면서 수 1:8 말씀에 밑줄을 긋는 것은 누구나 할 수 있다. 하지만 그것으로는 모자라다. "하나님, 무슨 말씀인지 모르지는 않습니다. 하지만 지금은 발등에 떨어진 불이 더 급합니다."라고 하고 싶은 상황에서 "알겠습니다. 신앙 원칙대로 하겠습니다."라고 할 수 있어야 한다. 하나님이 정말 하나님이고 우리가 하나님의 피조물이라면 그보다 더 급한 다른 일은 없다.

결국 여호수아는 엉뚱한 문제로 고민한 셈이다. 하나님 말씀대로 살아야 한다는 문제를 놓고 고민한 것이 아니라 한낱 이스라엘을 가나안으로 인도하는 문제를 놓고 고민했기 때문이다. 우리가 이 세상을 살아가는 모습을 그대로 보여준다. 우리 역시 신자답게 사는 문제에 대해서는 별로 스트레스를 받지 않으면서 이 세상에서의 생존 경쟁에 속한 일로는 늘 스트레스를 받는다.

이렇게 해서 본격적으로 가나안 입성이 시작되는데, 가나안 정복 전쟁에는 르우벤 지파, 갓 지파, 므낫세 반 지파가 선봉에 서기로 되어 있었다. 그들은 요단 동편에서 미리 땅을 배분 받았기 때문이다. 그 대가로 요단강을 건너 다음에는 가장 먼저 전쟁을 수행하고 전쟁이 끝난 다음에 자기들 기업으로 돌아가기로 모세하고 약조를 한 바 있다.

여호수아가 그 약조 이행을 요구한다.

수 1:13-15〉 여호와의 종 모세가 너희에게 명령하여 이르기를 너희의 하나님 여호와께서 너희에게 <u>안식을 주시</u>며 이 땅을 너희에게 주시리라 하였나니 너희는 그 말을 기억하라 너희의 처자와 가축은 모세가 너희에게 준 요단 이쪽 땅에 머무르려니와 너희 모든 용사들은 무장하고 너희의 형제보다 앞서 건너가서 그들을 돕되 여호와께서 <u>너희를 안식하게 하신 것 같이 너희의 형제도 안식하며</u> 그들도 너희의 하나님 여호와께서 주시는 그 땅을 차지하기까지 하라 그리고 너희는 너희 소유지 곧 여호와의 종 모세가 너희에게 준 요단 이쪽 해 돋는 곳으로 돌아와서 그것을 차지할지니라

하나님께서 주신 기업을 차지하는 것을 안식하는 것으로 얘기한다. 가나안에 들어가는 것이 끝이 아니라 가나안에 들어가서 하나님께서 주신 안식을 얻을 때까지 힘써 싸워야 한다. 이제 요단강을 건너면 그런 싸움이 시작될 것이다.

요단강을 건너는 것을 천국에 들어가는 것으로 오해하는 예가 더러 있다. 아마 "며칠 후 며칠 후 요단강 건너가 만나리"나 "요단강을 건넌 후 영원 안식 얻네"라는 찬송가 가사 때문인 것 같다. 하지만 성경에는 그런 얘기가 없다. 요단강을 건너면 모든 고생과 수고가 끝나는 것이 아니라 본격적인 싸움이 시작된다. 오히려 광야에서는 전쟁이 없었다. 가나안은 각자한테 주어진 싸움을 싸워야 하는 곳이다. (여기에 대한 내용은 〈하루 한 말씀〉 p93-94에서 밝혔다)

흔히 교회에는 평안이 있다고 한다. 평안의 참 의미를 모르는 사람들에게는 틀린 말일 수 있다. 교회에 다니기 시작하면 오히려 골치 아파진다. 지금까지 신경 쓰지 않던 문제에 신경을 써야 하기 때문이다. 차라리 애굽에서 종노릇하는 것이 속 편할 수 있다. 광야에서 만나를 먹고 반석에서 나온 물

을 마시면서 날마다 행군하는 것이 나을 수도 있다. 하지만 거기에는 참 안식이 없다. 참 안식은 가나안 원주민을 다 몰아낸 다음에 얻어지는 것이다.

> 내가 사십 년 동안 그 세대로 말미암아 근심하여 이르기를 그들은 마음이 미혹된 백성이라 내 길을 알지 못한다 하였도다 그러므로 내가 노하여 맹세하기를 그들은 내 안식에 들어오지 못하리라 하였도다(시 95:10-11)

가데스바네아에서 열두 명의 정탐꾼이 다녀온 후 그들의 보고 내용을 들은 출애굽 1세대가 하나님을 원망하자, 진노하신 하나님께서 그들에게 가나안 땅을 허락하지 않겠다고 하셨다. 〈시편〉은 그 내용을 하나님의 안식에 들어오지 못하게 하신 것으로 얘기한다. 하나님께서 주신 복을 누리는 것이 곧 안식이다.

애굽에서 종노릇할 적에는 이스라엘의 모든 관심이 홍해를 건너서 애굽을 벗어나는 것일 수밖에 없다. 홍해를 기준으로 강 어느 쪽에 있는지가 가장 중요하다. 하지만 애굽에서 나온 다음부터는 그렇지 않다. 홍해를 건넜느냐, 말았느냐는 더 이상 의미가 없다. 이제는 가나안에 가서 그 땅에 흐르는 젖과 꿀을 누리는 삶을 살아야 한다. 가나안 주민을 몰아내고 하나님께서 예비하신 안식을 누려야 한다.

그렇다고 해서 무조건 "돌격 앞으로!"한 것이 아니다. 먼저 정탐을 했다. 전쟁을 앞두고 있으니 당연한 수순일 수 있다. 이제 그 유명한 라합이 등장할 차례다.

02 기생 라합

여호수아

여호수아가 정탐꾼 두 명을 여리고로 보냈는데 그들이 기생 라합의 집에 유숙했다. 누군가 그 사실을 여리고 왕에게 알렸다. 여리고 왕이 군사를 보낼 것은 자명하다. 라합은 정탐꾼인 줄 몰랐다고 둘러대면서, 성문을 닫을 때쯤 나갔으니 급히 따라가면 잡을 수 있을 것이라고 했다. 하지만 실상은 자기 집 지붕에 숨긴 상태였다.

당 태종이 모란꽃 그림을 보내왔을 때 선덕여왕은 그림에 나비가 없는 것을 보고는 모란꽃에 향기가 없는 것을 알아맞혔다고 한다. 〈삼국유사〉에 전해지는 얘기다. 일연은 선덕여왕을 상당히 높게 평가했다. 그런데 〈삼국사기〉를 쓴 김부식의 얘기는 다르다. 늙은 할머니가 규방에서 나와 나라를 다스렸으니 나라가 망하지 않은 것이 다행이라고 했다. 〈삼국사기〉와 〈삼국유사〉는 우리나라 고대사의 양대 기둥이다. 그런데도 선덕여왕에 대한 평가는 극명하게 엇갈린다.

라합은 어떨까? 여리고 거민들이 보기에는 명백한 배신이다. 그의 행위가 알려지면 모든 사람들한테 지탄을 받을 것이다. 결국 라합은 세상과 화목하게 지내는 것보다 하나님과 화목하게 지내는 편을 택한 사람이다. 하나님과 화목하기 위해서 이 세상의 비난을 기꺼이 감수했다. 이런 라합을 성경은 믿음이 있었다고 칭찬한다. 라합이 정탐꾼을 밀고했더라면 여리고 사람들이 칭찬했을 것이다.

선덕여왕에 대한 평가가 엇갈리는 것처럼 라합에 대한 평가도 엇갈리는 셈인데, 차이는 있다. 선덕여왕에 대한 평가는 엇갈리거나 말거나 별로 달라지는 것이 없다. 선덕여왕을 높이 평가한 사람이 일연이면 어떻고 김부식이면 어떤가? 반대의 경우도 마찬가지다. 선덕여왕을 박하게 평가한 사람이 일연이면 어떻고 김부식이면 어떤가? 하지만 라합에 대한 평가는 그렇지 않다. 하나님께 인정받는 것과 세상 사람들한테 인정받는 것은 그 가치가 전혀 다르다.

> 믿음으로 기생 라합은 정탐꾼을 평안히 영접하였으므로 순종하지 아니한 자와 함께 멸망하지 아니하였도다 (히 11:31)

라합은 믿음이 있었다. 그러면 여리고 사람들은 믿음이 없는 것이 된다. 그런데 성경은 그들이 순종하지 않았다고 한다. 믿음과 순종을 같은 뜻으로 쓰고 있다.

제사장 사가랴가 성전에서 분향할 때 천사 가브리엘이 찾아와서 아내 엘리사벳이 아들을 낳을 테니 이름을 요한으로 지으라고 했다. 그런데 사가랴가 그 말을 믿지 않았다. 자기나 아내나 둘 다 나이가 많은데 무슨 수로 아들을 낳는다는 말인가? 그 일로 인해서 말을 못하게 된다. 나중에 엘리사벳이 아들을 낳고 이름을 요한으로 짓자, 비로소 말을 할 수 있게 되었다. 믿지 않아서 나타난 벌을 치유한 것이 순종이다. 믿음과 순종이 한 세트인 셈이다. 믿음은 순종의 원동력이고 순종은 믿음의 외적 표현이다. 요컨대 믿음은 순종으로 나타나는 법이다.

어떤 책에서 "의지하고 순종하는 길은 예수 안에 즐겁고 복된 길이로다"라는 찬송가 449장 후렴을 얘기한 것을 읽은 기억이 있다. 우리는 당연히 의지하고 순종해야 한다. 순종하는 것은 의지하기 때문이고, 순종하기 위해서는 의지해야 한다. 의지를 믿음으로 바꿔도 달라지는 것은 없다. 믿음과 순종은 동면의 양면이다. 고운 톱으로 동전을 쪼갠다면 아무 짝에도 쓸모가 없게 된다.

그런데 믿음에 대해서는 많은 오해가 있다. 오죽하면 〈야고보서〉에서는 행함이 없는 믿음은 죽은 믿음이라고 못을 박는다. 행함이 없는 것은 믿음이 여린 탓이 아니라 믿음이 없는 탓이다. 믿음과 행함을 별도로 생각하는 폐단이 당시에도 있었던 모양이다.

> 아담이 그의 아내 하와와 동침하매 하와가 임신하여 가인을 낳고 이르되 내가 여호와로 말미암아 득남하였다 하니라 (창 4:1)

관주성경에 보면 '동침하매'에 2)가 있고 '히, 알게 되매'라고 설명되어 있다. 이때 쓰인 단어가 '야다'인데 우리말 성경에는 '동침하매'로 번역했지만 본래 뜻을 살리면 '알게 되매'로 번역해야 한다. 우리는 이름 알고 얼굴 알면 안다고 하는데 히브리 사람들은 부부가 잠자리를 같이 하는 것을 안다고 한다.

호세아 선지자가 "내 백성이 지식이 없으므로 망하는도다"라고 탄식한 이유가 여기에 있다. 이스라엘이 하나님을 몰랐다. 하나님이 창조주인 것을 몰랐다거나 전능하신 분이라는 사실을 몰랐다는 얘기가 아니다. 그 하나님과 교제가 없었다. 하나님이 어떤 분인지를 삶으로 체험하지 못했다. 히브리 사람들한테 지식은 정보의 영역이 아니라 체험의 영역이다. 어떤 사람의 이력서를 본 것은 그 사람을 아는 것이 아니다. 직접 사귀어 봐야 한다.

이런 차이가 믿음에도 있다. 믿음은 히브리어 '에무나'를 번역한 말이다. 〈70인역〉이라는 성경이 있다. 히브리어로 된 구약을 헬라어로 번역한 성경인데 〈70인역〉에서 '에무나'를 '피스티스'로 번역했다. 히브리어로는 '에무나'가 믿음이고 헬라어로는 '피스티스'가 믿음이다. 그런데 둘의 뜻이 일치하지 않는다. 헬라는 철학이 발달한 나라다. 소크라테스, 플라톤, 아리스토텔레스, 탈레스, 피타고라스 같은 쟁쟁한 고대 철학가가 다 헬라 출신이다. 사유와 성찰을 중시하는 풍조가 있으니 언어도 다분히 사변적이다. '피스티스'도 지적 동의를 뜻한다. 어떤 얘기를 듣고 고개를 끄덕이는 것이 '피스티스'이다. 영어 'belief'나 우리말 '믿음'도 다분히 그렇게 쓰인다.

'에무나'는 그렇지 않다. 지적 동의를 넘어서 꾸준한 행동을 수반한다. 전인격적인 반응을 말한다.

> 모세의 팔이 피곤하매 그들이 돌을 가져다가 모세의 아래에 놓아 그가 그 위에 앉게 하고 아론과 훌이 한 사람은 이쪽에서, 한 사람은 저쪽에서 모세의 손을 붙들어 올렸더니 그 손이 해가 지도록 내려오지 아니한지라 (출 17:12)

르비딤에서 여호수아가 아말렉과 싸울 때 모세는 산 위에서 기도를 했다. 모세가 기도를 하면 이스라엘이 이기고 기도를 쉬면 아말렉이 이기다가 아론과 훌이 모세 양옆에서 모세의 손을 붙들어 올려서 그 손이 해가 지도록 내려오지 않게 했더니 결국 이스라엘이 이겼다. 이때 '모세의 손이 해가 지도록 내려오지 않았다"고 할 때 우리말 '꾸준하게'로 번역할 수 있는 한 단어가 번역이 안 되었다. 바로 '에무나'다. 모세의 손이 꾸준하게 내려오지 않았다.

특히 '에무나'는 '아멘'과 어원이 같다. '아멘'하는 것이 믿는 것이다. 말로만 '아멘'하는 것은 '아멘'이 아니다. '아멘'한 그대로 살아야 한다. 예수님을 '에무나'하는 사람이라면 예수님 말씀에 '아멘'할 것이다.

누군가 "믿기만 하면 되지 않습니까?"라고 한다면 믿음이 무엇인지 모른다는 뜻이다. 믿음은 언제나 순종과 같이 나타난다. 요컨대 마음으로 믿는 예수는 무효다. 예수는 언제나 몸으로 믿어야 한다.

수 2:9-11〉 여호와께서 이 땅을 너희에게 주신 줄을 내가 아노라 우리가 너희를 심히 두려워하고 이 땅 주민들이 다 너희 앞에서 간담이 녹나니 이는 너희가 애굽에서 나올 때에 여호와께서 너희 앞에서 홍해 물을 마르게 하신 일과 너희가 요단 저쪽에 있는 아모리 사람의 두 왕 시혼과 옥에게 행한 일 곧 그들을 전멸시킨 일을 우리가 들었음이라 우리가 듣자 곧 마음이 녹았고 너희로 말미암아 사람이 정신을 잃었나니 너희의 하나님 여호와는 위로는 하늘에서도 아래로는 땅에서도 하나님이시니라

군사를 돌려보낸 라합이 정탐꾼들에게 말한다. 라합은 하나님께서 홍해를 가르신 것과 이스라엘이 요단 동편에서 헤스본 왕 시혼과 바산 왕 옥을

물리친 것을 알고 있었다. 그런 하나님의 역사에 따라 자기들이 사는 곳이 곧 하나님의 통치 아래 들어가게 될 것도 알고 있었다. 그래서 거기에 순응한 것이다. 겨울이 오기 전에 월동 준비를 해야 하고 시험 날짜가 다가오기 전에 시험공부를 해야 하는 것처럼 하나님의 나라가 선포되기 전에 하나님의 나라 백성으로 편입되어야 한다.

〈히브리서〉에서 라합을 제외한 다른 여리고 주민들은 순종하지 않았다고 정죄한 이유가 여기에 있다. 라합이 들은 소식을 그들이라고 해서 듣지 못 했을 리가 없다. 그런데 짐짓 무시했다. 홍해를 가르시고 시혼과 옥을 멸망시킨 하나님께서 이스라엘에게 가나안 땅을 주셨다는 사실이 어느 만큼 두려웠는지 마음이 녹았고 정신을 잃었으면서도 하나님의 백성으로 편입되는 것은 거부했다. 당연히 하나님의 진노를 받아야 한다.

대학 졸업반인 두 친구가 있다. 한 친구가 묻는다.

"넌 이제 뭐 할 거야?"

"글쎄, 일단 내년 초에 졸업하겠지."

"그다음에는?"

"취직해야지."

"그다음에는?"

"결혼해야지."

"그다음에는?"

"집 장만 하고, 애 낳고 키워야지."

"그다음에는?"

"살다 보면 늙겠지."

"그다음에는?"

"죽겠지, 뭐."

"그 다음에는?"

"성가시게 뭘 자꾸 물어? 나도 몰라."

이 얘기는 절대 성가신 얘기가 아니다. 다른 문제는 몰라도 자기가 죽으면 어떻게 되는지에 대한 문제만큼은 반드시 짚고 넘어가야 한다. 이 세상 살다 죽는 것으로 존재가 소멸되어 모든 것이 끝난다면 예수님이 십자가에 달릴 이유가 없다.

한편, 여호수아가 정탐꾼을 보낸 것은 의아할 수 있다. 싸움을 앞두고 정탐을 하는 것은 당연하다고 여길 수 있지만 그게 아니기 때문이다. 여호수아는 정탐에 대해서 안 좋은 기억이 있다. 가데스바네아에서 열두 명이 정탐하고 왔을 때 그 한 명이 여호수아였다. 그때 정탐꾼들이 엉뚱한 얘기를 하는 바람에 하나님의 진노로 무려 40년이나 광야를 방황해야 했다.

그런데도 다시 정탐꾼을 보냈다. 그것이 전부가 아니다. 정탐꾼을 통해서 얻은 정보가 무엇이란 말인가? 1:11에 "진중에 두루 다니며 그 백성에게 명령하여 이르기를 양식을 준비하라 <u>사흘 안에 너희가 이 요단을 건너 너희의 하나님 여호와께서 너희에게 주사 차지하게 하시는 땅을 차지하기 위하여 들어갈 것임이니라 하라</u>"라고 되어 있다. 어차피 삼 일 안에 요단을 건너 가나안으로 입성하기로 되어 있었으니 정탐을 해서 상황이 유리하면 전쟁을 시작하고 불리하면 전쟁을 미룰 수 있는 것도 아니었다.

혹시 정탐꾼을 보내지 않았으면 이야기가 어떻게 진행되었을까? 본래 정탐은 전쟁 수행에 유리한 정보를 수집하는 것이 목적이다. 지피지기(知彼知己)면 백전불태(百戰不殆)라고 했다. 적의 병력과 무장 상태, 진의 배치 등을 탐지해서 전쟁 수행에 효율적인 전략을 세우는 것은 전쟁의 기본이다.

그런데 이번 정탐은 그게 아니다. 여리고성은 전쟁을 해서 함락시킨 것이 아니라 저절로 무너져 내렸다. 정탐꾼을 보내지 않았다고 해서 전쟁 양상이 달라지지 않는다. 그런데도 보냈다.

답은 이스라엘이 아니라 라합에게서 찾아야 한다. 만일 정탐꾼을 보내지 않았으면 어떻게 되었을까? 결국 라합을 위해서 일이 추진된 것이다. 여호수아는 이 사실을 몰랐겠지만 하나님께서는 의인 라합을 죄의 도성에서 건져내기 위해서 세밀하게 역사하셨다. 사람은 자기 죄로 인해서만 멸망 받는다. 멸망 받아 마땅한 환경에 처해 있다는 이유로 무고하게 멸망하는 수는 없다. 이때 구원 받은 라합이 나중에 예수님의 족보에 이름을 올린다. 하나님께는 그런 큰 그림이 있었다.

> 수 2:23-24〉 그 두 사람이 돌이켜 산에서 내려와 강을 건너 눈의 아들 여호수아에게 나아가서 그들이 겪은 모든 일을 고하고 또 여호수아에게 이르되 진실로 여호와께서 그 온 땅을 우리 손에 주셨으므로 그 땅의 모든 주민이 우리 앞에서 간담이 녹더이다 하더라

정탐꾼들이 여호수아에게 정탐 결과를 보고한다. 본래 이런 경우에는 여리고성의 방비 태세나 주력부대의 위치처럼 전쟁 수행에 도움이 될 만한 내용이 나오는 법인데 그런 얘기는 없고 그 땅이 과연 하나님께서 자기들에게 주신 땅이더라는 얘기만 있다. 여리고성 주민은 이미 전의를 상실했더라는 것이 보고 내용의 전부였다.

이 얘기가 40년 전에 나왔으면 얼마나 좋았을까? 그때 가나안 원주민에 비하면 자기들은 메뚜기에 불과하다면서 차라리 애굽으로 돌아가자고 했

던 사람들이 이 사실을 알면 땅을 치며 통곡할 노릇이다. 자기들이 가나안 원주민을 무서워하던 그 시간에 가나안 원주민 역시 자기들을 무서워했던 것이다.

헤스본 왕 시혼과 바산 왕 옥을 정벌한 것은 최근의 일이라고 해도 홍해를 건넌 것은 무려 40년 전의 일이다. 그런데 아직도 두려워하고 있으니 40년 전에는 얼마나 두려워했을까? 아마 그때는 새파랗게 질려서 오금을 제대로 펴지 못했을 것이다. 그 엄청난 사건을 직접 체험한 이스라엘은 걸핏하면 배고프다고 불평했는데, 그 소식을 소문으로 전해들은 가나안 원주민은 무서워서 벌벌 떨었다는 사실이 어처구니없기까지 하다. 이 세상이 하나님의 백성을 어느 만큼 두려워하고 있는지와 하나님의 백성이 어느 만큼 하나님의 백성답지 않은지를 극명하게 보여준다.

예전에 "홍해만 건너면 안 된다. 요단강도 건너야 한다. 요단강이 비록 홍해에 비하면 개울에 불과한 작은 강이지만 요단강을 건너지 않으면 가나안에 들어갈 수 없다."라는 말을 들은 적이 있다. 작은 일이라고 해서 소홀히 하면 안 되고 신앙생활은 매사에 성실해야 한다는 뜻으로 한 말이었을 것이다. 그런데 성경에는 그런 얘기가 없다. 홍해를 건넌 출애굽 1세대는 광야에서 다 죽고 출애굽 2세대가 요단강을 건너서 가나안에 들어가기 때문이다.

출애굽 1세대가 불순종하지 않았으면 바로 가나안에 들어갔을 것이다. 그러면 요단강을 건널 이유가 없다. 그런데 하나님을 거역하는 바람에 40년을 광야에서 방황하는 것으로 생을 마감했고, 출애굽 2세대가 모압 평지에 이르렀다. 거기서 가나안에 가려면 요단강을 건너야 한다. 출애굽 2세대가 요단강을 건넌 것은 일단 물리적인 이유 때문이다. 하지만 그것만이 아니다. 그들한테는 홍해를 건넌 경험이 없었다. 홍해나 요단강이나 그 의미는 같다. 이전과의 단절을 뜻한다. 그래서 출애굽 1세대가 홍해 사이의 마른땅을 건넌 것처럼 출애굽 2세대 역시 요단강 사이의 마른땅을 건넜다. 하나님은 우리의 발이 더러워지는 것도 용납하지 않는 분이시다. 우리한테는 죄의 흔적조차 있으면 안 된다.

03 요단강 도하

여호수아

앞에서 얘기한 사흘이 지났다. 이제 요단강을 건너야 한다.

> 수 3:5〉 여호수아가 또 백성에게 이르되 너희는 자신을 성결하게 하라 여호와
> 께서 내일 너희 가운데에 기이한 일들을 행하시리라

가나안에 가야 하는데 요단강으로 막혀 있으니 이스라엘의 관심사는 강을 건너는 방법이었을 것이다. 그런데 하나님은 강을 건널 수 있는 방법이 아니라 '성결'을 말씀하셨다. 사람들의 관심과 하나님의 관심은 언제나 다르다.

"너희는 먼저 그의 나라와 그의 의를 구하라 그리하면 이 모든 것을 너희에게 더하시리라"라는 말씀이 있다. 많은 사람들이 좋아하는 말씀이다. 왜 좋아할까? "너희는 먼저 그의 나라와 그의 의를 구하라" 때문에 좋아할까, "이 모든 것을 너희에게 더하시리라" 때문에 좋아할까? "너희는 먼저 그의

나라와 그의 의를 구하라 그리하면 너희가 더욱 하나님의 백성다워지리라"
였으면 어떨까? 그래도 여전히 좋아할까?

사람들은 주로 세상을 살아가는 문제를 놓고 기도한다. 대표적인 기도 제목이 애 공부 잘하게 해주고 남편 돈 잘 벌어오게 해주고 가족들 다 건강하게 해달라는 것이다. 하지만 하나님께서는 늘 성결을 요구하신다. 성결이 가장 중요하므로 먼저 성결에 신경 쓰면 그 정도에 따라서 다른 문제가 해결된다는 뜻이 아니다. 하나님의 백성으로 이 세상을 살아가는 책임을 말한다. 이 세상은 우리가 국물을 얻어먹어야 하는 곳이 아니라 성결을 연습해야 하는 곳이다.

신앙을 우선순위의 문제로 오해하는 경우가 있는데, 신앙은 우선순위가 아니라 가치관의 문제다. 연애를 하는 경우로 생각해 보면 된다. 애인이 가장 중요하니까 애인을 먼저 만나고 그다음에 다른 사람을 만나는 것이 아니다. 매사에 애인을 기준으로 생각한다. 주말 스케줄 짤 때, 옷 살 때, 뮤지컬 초대권이 생겼을 때 항상 애인을 떠올린다. 그런 것처럼 우리는 매사를 신앙으로 따져야 한다.

윌리엄 폴 영이 그의 책 〈오두막〉에서 하나님은 피라미드의 꼭대기 같은 분이 아니라 모빌의 중심 같은 분이라고 했다. 전적으로 동의한다. 하나님이 피라미드의 꼭대기 같은 분이면 먼저 하나님의 일을 챙겨드린 다음 자기 일을 하면 된다. 하지만 하나님이 모빌의 중심 같은 분이면 매사에 하나님을 기준으로 해야 한다.

이렇게 해서 요단강을 건너게 되는데, 기이한 일들을 행하시겠다는 하나님 말씀처럼 건너는 방법이 기이했다. 제사장이 언약궤를 메고 앞서 요단강으로 들어갔다. 제사장들의 발이 물가에 잠기자, 위에서부터 흘러내리던 물이 그쳐서 쌓인 것이다. 언약궤를 멘 제사장들은 요단 가운데 마른땅에 굳게 섰고 백성들은 그 마른땅으로 요단을 건넜다. 그렇게 하는 것으로 하나님께서 예전에 모세와 함께 하셨던 것처럼 이제는 여호수아와 함께 하심을 온 이스라엘에게 알리셨다. 출애굽 1세대가 모세의 인도로 홍해 사이의 마른땅을 건넌 것이나 출애굽 2세대가 여호수아의 인도로 요단강을 마른땅으로 건넌 것이나 똑같은 사건이다.

그것이 전부가 아니었다. 하나님 말씀이 또 있었다.

> 수 3:10〉 또 말하되 살아 계신 하나님이 너희 가운데에 계시사 가나안 족속과 헷 족속과 히위 족속과 브리스 족속과 기르가스 족속과 아모리 족속과 여부스 족속을 너희 앞에서 반드시 쫓아내실 줄을 이것으로서 너희가 알리라

하나님이 요단강을 건너는 이적을 행하시는 이유는 그것이 장차 가나안 족속을 쫓아내신다는 징표라는 것이다. 요단강을 가르시는 하나님이라면 그런 일쯤은 전혀 문제 될 것이 없다. 요단강을 건너는 것으로 가나안 전쟁에 대한 승리의 약속도 같이 받은 셈이다.

씨암탉의 천적은 사위라는 우스갯소리가 있다. 씨암탉은 씨를 받으려고 기르는 암탉이다. 그런 씨암탉을 잡는 것은 씨를 받는 것을 포기한다는 뜻이다. 사위 대접을 그렇게 극진하게 하는 이유는 딸 때문이다. 딸까지 준 마당에 달리 아낄 것이 무엇이 있겠는가?

이 내용에 신학적인 의미를 부여하면 "자기 아들을 아끼지 아니하시고 우리 모든 사람을 위하여 내주신 이가 어찌 그 아들과 함께 모든 것을 우리에게 주시지 아니하겠느냐"가 된다. 하나님은 우리를 위해서 아들도 주신 분

이다. 아들보다 못한 것을 아끼실 이유가 없다. "그런데 왜 제 기도는 안 들어주십니까?"라고 묻고 싶은 사람이 있을 것 같기도 한데, 하나님과 우리의 관심 차이다. 하나님은 우리 구원에 관심이 있으시다. 그 일을 위해서 예수님을 십자가에 못 박아 죽이셨다. 구원에는 관심 없는 채 "예수님은 됐으니까 돈이나 많이 벌게 해주시고 건강하게 해주십시오."라는 기도를 하나님께서 들어주셔야 할 의무는 없다. 예수님을 아끼지 않으신 하나님께서 무엇을 아끼신단 말인가?

예전에 이런 얘기를 했더니 한 분이 물었다. "그런 기도를 들어주시게 하려면 뭘 해야 합니까?" 하나님과 우리의 관심이 다르다는 말을 들으면서도 자기 관심을 하나님의 관심에 맞출 마음은 없다. 하나님의 관심을 자기 관심에 맞추려고만 한다. 그런 사람의 관심을 고치려면 하나님께서 무엇을 하셔야 할지 정말 궁금하다.

두 남녀가 앉아 있다. 마침 별똥별이 떨어진다. 둘 다 소원을 빌었다. 무슨 소원을 빌었을까? 가장 좋은 소원은 상대방의 소원에 자기가 있는 것이다. 자기 소원에 상대방이 있는 것은 의미가 없다. 상대방 소원에 자기가 있어야 한다. 우리 계획에 하나님이 있는 것은 의미가 없다. 하나님의 계획에 우리가 있어야 한다. 우리가 할 수 있는 가장 중요한 일은 하나님의 계획에 편승하는 일이다. 그보다 더 중요한 다른 일이 없다.

그런데 나중에 가면 이스라엘이 가나안 주민을 몰아낼 수 없다고 갖은 핑계를 댄다. 그들에게 철 병거가 있어서 몰아낼 수 없다고도 하고, 그들이 강성해서 몰아낼 수 없다고도 한다. 하나님은 요단강을 가르시는 것으로 가나안 주민을 몰아내겠다는 증거를 삼으셨지만 이스라엘은 전혀 아랑곳하지 않았다. 요단강이 갈라진 것이 문제가 아니라 가나안 주민에게 있는 철 병거가 문제였다. 하나님께서는 예수님을 십자가에 못 박는 것으로 우리를 향한 사랑을 나타내셨지만 우리는 당장 발등에 떨어진 현실적인 문제로 세상을 기웃거리는 것과 마찬가지다.

특히 요단강이 갈라진 시점에 주목할 필요가 있다. 하나님께서 요단강을 미리 가르신 다음에 건너게 하신 것이 아니라 물이 넘실대는 상태로 건너게 하셨다. 언약궤를 멘 제사장들의 발이 물가에 닿는 순간에 흐르던 물이 그친 것이다. 흐르던 물이 고여서 상류 쪽으로 역류하고 하류 쪽으로는 물이 끊어졌다.

강이 갈라져서 바닥이 드러난 땅을 걷는 것은 누구나 할 수 있다. 하지만 아무리 하나님께서 말씀하셨다고 해도 물이 넘실대는 강으로 태연히 걸어 들어가는 것은 아무나 할 수 있는 일이 아니다.

블롱댕이라는 프랑스의 줄타기 곡예사가 있다. 수면에서 48m 높이에 설치된 335m 길이의 줄을 타고 나이아가라폭포를 건넌 것으로 유명하다. 1859년에 처음 건넜고, 그 후에도 여러 차례 건넜는데 그때마다 눈을 가리기도 하고 자루를 뒤집어쓰기도 하고 외바퀴 손수레나 죽마를 타기도 했다. 혹은 등에 사람을 업거나 중간에 앉아서 오믈렛을 만들어 먹기도 했다.

그가 나이아가라폭포를 건넜을 때의 일이다. 우레와 같은 박수가 터져 나왔다. 환호하는 군중을 향해 물었다. "저는 여러분 중의 한 사람을 업고도 이 폭포를 건널 수 있습니다. 그렇게 믿으십니까?" 모두 이구동성으로 대답했다. "그렇습니다. 당신은 능히 그렇게 할 것입니다." 그러자 다시 말했다. "좋습니다. 그러면 누구든지 올라오십시오. 제가 그 사람을 업고 폭포를 건너 보이겠습니다."

선뜻 나서는 사람이 없었다. 믿는다고 말하는 것과 믿는 대로 행하는 것이 별개의 문제일 수 있다. 그러면 둘 중 하나는 믿음이 아니다.

04 돌을 세우다

여호수아

요단강을 건넜다. 이제 바삐 걸음을 재촉해야 할 것 같은데 그게 아니었다. 먼저 할 일이 있었다.

> 수 4:1-3〉 그 모든 백성이 요단을 건너가기를 마치매 여호와께서 여호수아에게 말씀하여 이르시되 백성의 각 지파에 한 사람씩 열두 사람을 택하고 그들에게 명령하여 이르기를 요단 가운데 제사장들의 발이 굳게 선 그 곳에서 돌 열둘을 택하여 그것을 가져다가 오늘밤 너희가 유숙할 그 곳에 두게 하라 하시니라

하나님께서 돌을 세우라고 하셨다. 언약궤를 멘 제사장들이 서 있던 곳의 돌 열둘을 택해서 오늘밤에 유숙할 곳에 두라는 것이었다. 이유가 있다. 훗날 자손들이 이 돌들이 무슨 뜻이냐고 물을 것이다. 그러면 언약궤가 요단강을 건널 때 요단 물이 언약궤 앞에서 끊어진 것을 기념하는 것이라고 답할 수 있게 하기 위해서였다.

이때 이스라엘은 길갈에 진을 쳤는데 여호수아는 언약궤를 멘 제사장들

이 서 있던 곳에도 돌 열둘을 세우게 했다. 결국 요단강 한복판과 길갈, 두 군데 돌단이 세워졌다.

훗날 자손들이 연유를 물으면 그때마다 대답을 해줘야 한다. "우리가 예전에 가나안에 들어올 적에 요단강을 건넌 적이 있단다. 그때 하나님께서 강을 가르셔서 우리는 전부 마른땅을 걸었지. 저기가 바로 물이 끊어졌던 자리로구나. 하나님께서 우리를 그렇게 인도하셨다. 너는 무슨 일이 있어도 하나님 말씀대로 살아야 한다. 하나님 말씀대로 사는 것이 가장 귀한 것이다." 이런 대화를 통해서 요단을 건넌 경험이 없는 후손들에게 하나님의 역사를 알게 하라는 뜻이다.

성경은 다음 세대의 신앙 교육에 상당한 관심을 기울인다. 유월절과 초막절 규례에도 같은 내용이 나온다. 온가족이 모여서 유월절을 지키면 뭔가 특별한 예식이 행해지는 것을 보고 아이가 이유를 물을 것이다.

"아버지, 오늘 저녁은 왜 이렇게 복잡해요? 양 피는 왜 문에 바르고, 또 맛없는 떡과 쓴 나물은 왜 꼭 먹어야 해요?"

"응, 아주 먼 옛날, 우리가 애굽에서 종으로 지낸 적이 있는데 하나님께서 우리 민족을 구원해 주셨단다. 오늘은 그것을 기념하는 날이란다. 너는 하나님께서 우리를 구원하셨다는 사실을 늘 잊지 말아야 한다."

이런 대화를 통해서 하나님이 어떤 분인지를 자손대대로 알게 하라고 했다. 그런데 우리 주변에서 볼 수 있는 모습은 어떨까? 중고등부를 지도하던 시절, 아들이 고등학생인 교인이 상담을 요청했다. 애 성적이 떨어져서 걱정이라는 것이었다. 뭔가 이상했다. 그런 얘기를 왜 나한테 할까? 혹시 아들 신앙에 문제가 있으면 학교 선생님과 상담할까? 아들 신앙을 학교 선생님에게 묻지는 않으면서 왜 학교 성적을 전도사한테 물을까?

물론 그럴 수 있다. 신앙은 종교 행위에 국한된 문제가 아니라 생활 전반을 아우르는 문제이기 때문이다. 학생이면 당연히 학생의 본분에 충실해야 한다. 하지만 그때 그분은 그런 차원의 고민이 아니었다. 전도사한테 상담할 것이 학교 성적뿐이었다. 학교 선생님을 찾아가야 하는데 번지수가 틀렸다는 얘기가 아니다. 신앙마저 성적을 위한 도구로 여기더라는 뜻이다.

수련회 출발 당일, 학생들한테 물은 적이 있다. "부모가 교회 다니는 사람 중에 집에서 나올 적에 은혜 받고 오라는 말 듣고 나온 사람?" 모두 어이없다는 표정이었다. 단 한 명도 없었다. 그럼 무슨 말을 들었을까? 대부분 갔다 와서 공부 열심히 하라는 말을 들었다고 했다. 왜 수련회를 가는데 은혜 많이 받고 오라고 하지 않고 갔다 와서 공부 열심히 하라고 할까? 그 정도는 약과였다. 노는 건 이번이 마지막이라는 말을 듣고 나온 학생도 있었고(믿는 부모조차도 수련회 가는 것과 놀러가는 것을 구분하지 못했다), 나가는 것은 마음대로인데 들어오지는 못할 줄 알라는 말을 듣고 나온 학생도 있었다. 부모의 관심이 어디에 있는지 극명하게 보여준다. 성경의 요구와 거리가 멀어도 너무 멀다.

임진왜란 때 많은 도공들이 일본에 끌려갔다. 심당길도 그런 사람이었다. 그의 자손들은 대대로 도공이 되었다. 특히 12대인 심수관은 뛰어난 도공이었다. 1873년 오스트리아 세계도자기전시회와 1876년 파리 만국박람회 때 그의 작품이 상당한 인기를 끌었다. 그는 심수관이라는 이름을 후손들이 대대로 사용하며 가업을 이어가게 했다.

13대 심수관은 교토대 법학과를 나와 총리 비서를 지낸 인재였다. 하지만 아버지 유훈을 따라 도공이 되었다. 14대 심수관 또한 와세다대학을 나온 수재였지만 가업을 잇기 위해 도공이 되었다. 한때 그는 자신의 예술성을 추구하겠다며 도예 그룹전에 창작 도예를 출품하려고 했는데 아버지가 못하게 말렸다. 아버지한테 대들 듯이 물었다. "그러면 저는 무엇을 하라는 겁니까?" 아버지가 이렇게 답했다. "네 아들이 도공이 되게 하라. 그게 네가 할 일이다."

유홍준 교수가 쓴 〈나의 문화유산답사기 - 일본편〉에서 읽은 내용이다. 이 내용을 읽다 충격을 받았다. 히브리어로 율법을 '토라'라고 하고 부모를 '호라'라고 한다. 토라를 가르치는 사람이 호라이다. 호라의 가장 큰 책무는 자식한테 토라를 가르치는 것이다. 우리가 하나님의 백성이라면 우리의 일차 의무는 자식을 하나님의 백성으로 키우는 것이다.

15대 심수관인 그 아들은 어떻게 되었을까? 1998년 8월 일민미술관에서 '400년 만의 귀향 - 일본 속에 꽃피운 심수관가 도예전'이 열렸다. 테이프 커팅에 당시 대통령인 김대중이 참석했다. 기나긴 세월 이국땅에서 고군분투한 조선 도공 후예에 대한 조국의 환영이었고 심수관 가문의 영광이었다.

> 수 4:6-7〉 후일에 너희의 자손들이 물어 이르되 이 돌들은 무슨 뜻이냐 하거든 그들에게 이르기를 요단 물이 여호와의 언약궤 앞에서 끊어졌나니 곧 언약궤가 요단을 건널 때에 요단 물이 끊어졌으므로 이 돌들이 이스라엘 자손에게 영원히 기념이 되리라 하라 하니라

요단 물이 이스라엘 앞에서 끊어졌다고 하지 않고 여호와의 언약궤 앞에서 끊어졌다고 한다. 요단 물이 이스라엘 앞에서 끊어진 것이면 "와! 우리 선조는 그런 체험을 했구나."로 끝이다. 하지만 여호와의 언약궤 앞에서 끊어졌으면 자기들이 그 언약궤와 함께 있는 한, 그 체험이 곧 자기들의 체험

이 된다. 비단 요단 물이 문제가 아니다. 하나님을 막을 수 있는 것은 아무 것도 없다.

> 수 4:23〉 너희의 하나님 여호와께서 요단 물을 너희 앞에서 마르게 하사 너희를 건너게 하신 것이 너희의 하나님 여호와께서 우리 앞에 홍해를 말리시고 우리를 건너게 하심과 같았나니

홍해를 건넌 출애굽 1세대는 가나안에 들어가지 못했다. 가나안 입성이 허락된 출애굽 2세대는 홍해를 건넌 경험이 없다. 하나님께서 그런 사람들에게 요단을 건너게 하셨다. 가나안에 가려면 홍해를 건너든지, 요단강을 건너든지 뭔가를 건너는 체험이 필요했다는 뜻이다.

바울이 고린도교회에 편지를 쓰면서 홍해를 건넌 사건을 세례로 얘기한다. 이 세상에 속했다가 하나님께 속하려면 세례를 받아야 한다. 육체에 속한 옛 사람을 수장시키고 새 사람으로 거듭나야 한다.

이스라엘이 애굽에 있을 적에 노예의 신분을 벗어나는 유일한 방법은 죽는 것이었다. 죽으면 더 이상 노예가 아니다. 이스라엘이 홍해를 건넌 것에는 그런 의미가 있다. 실제로는 홍해를 건넜지만 거기에 담겨 있는 의미는 전부 홍해에 빠져 죽은 것이다. 그리고 홍해 건너편에서 전혀 새로운 생명으로 태어났다. 홍해를 기준으로 애굽 생활이 단절되고 새로운 신분을 부여받은 것이다.

출애굽 2세대에게는 이런 경험이 없다. 그래서 요단강을 건넜다. 아니, 하나님께서 그들로 하여금 요단강을 건너게 하셨다.

이런 점에서 여호수아가 요단강과 길갈, 두 군데 돌을 세운 것은 시사하

는 바가 있다. 요단강에 세운 돌은 우리의 옛 자아를 나타내고 길갈에 세운 돌은 변화된 우리를 나타낸다. 길갈은 '굴러간다'는 뜻이다. 하나님께서 애굽의 종으로 지내던 수치를 이스라엘에게서 굴러가게 하셨다. 바로 그 수치스런 모습이 요단강에 수장되었으니 자기가 요단강을 건넌 줄 알면 이제부터 새로운 모습으로 살아야 한다.

당연한 얘기인데 선뜻 동의하려면 걱정이 앞설 수 있다. 옛 사람을 벗어버리고 새 사람으로 살아야 한다는데 아니라고 할 수는 없다. 하지만 실제로 달라진 것이 없다. 새 사람이 되었다고 해서 이전에 없던 능력이 생긴 것도 아닌데 어떻게 살란 말인가? 세상이 그렇게 만만하지 않지 않은가?

여기에 대한 답은 라합이 이미 말한 바 있다. 이스라엘이 홍해를 건넌 것에 여리고 사람들 전부 마음이 녹았다고 했다. 그런 일이 그때만 있고 이번에는 없을까?

05 여리고성을 앞두고

여호수아

5장은 "요단 서쪽의 아모리 사람의 모든 왕들과 해변의 가나안 사람의 모든 왕들이 여호와께서 요단 물을 이스라엘 자손들 앞에서 말리시고 우리를 건너게 하셨음을 듣고 마음이 녹았고 이스라엘 자손들 때문에 정신을 잃었더라(1절)"로 시작한다. 명심해야 한다. 우리만 세상을 부담스럽게 여기는 것이 아니다. 세상이 훨씬 더 우리를 두려워한다. 문제는 과연 이 사실을 바로 알고 있느냐 하는 것이다.

그러면 이제 남은 것은 전쟁이다. 여리고성 전투를 시작으로 본격적인 가나안 정복 전쟁을 해야 한다. 당시 이스라엘의 모든 관심은 여리고성에 집중되어 있었을 것이다. 그런데 하나님께서는 여호수아한테 난데없는 말씀을 하신다. 부싯돌로 칼을 만들어 이스라엘 자손들에게 할례를 행하라는 것이다.

> 수 5:2〉 그 때에 여호와께서 여호수아에게 이르시되 너는 부싯돌로 칼을 만들어 이스라엘 자손들에게 다시 할례를 행하라 하시매

할례는 일찍이 아브라함 때부터 지켜진 언약이다. 하지만 당시 이스라엘은 할례를 받지 않은 상태였다. 이들 대부분은 광야 생활 중에 태어났다. 그렇다고 해서 "광야 생활 때문에 할례를 못 받았구나." 하고 생각하는 것은 섣부른 단견이다. 할례는 난 지 팔 일만에 행한다. 그 나이의 아이는 강보에 싸여 있게 마련이다. 오늘은 여기, 내일은 저기 계속 옮겨 다녀야 했기 때문에 할례를 못 받은 것이 아니다.

이스라엘이 광야 생활은 불순종 때문이다. 가나안을 정탐한 사람들의 얘기에 동조해서 하나님의 백성으로 살기를 거부하는 바람에 광야로 내몰렸다. 할례는 하나님의 백성 된 표지를 몸에 새기는 것인데 그런 사람들한테 할례는 아무 의미가 없다. 그래서 할례를 받지 않은 상태였고, 하나님께서 그것을 지적하셨다. 출애굽 1세대가 다 할례를 받았던 것처럼 역시 할례를 받으라는 것이다.

다윗이 골리앗과 싸우기 직전에 골리앗을 향해서 "이 할례 받지 않은 블레셋 사람이 누구이기에 살아 계시는 하나님의 군대를 모욕하겠느냐"라고 했다. 블레셋과의 싸움에서 중상을 입은 사울은 자기 수하에게 자기를 죽여 달라고 하면서 할례 받지 않은 자들이 자기를 찌르고 모욕할까 두렵다고 했다. 이스라엘과 이방의 기준이 할례였다. 할례가 그 정도로 이스라엘의 정체성이고 자존심의 근간이었다.

하지만 지금은 상황이 안 그렇다. 요단강을 건넜으니 이스라엘이 있는 곳은 적진이다. 전쟁을 알리는 나팔이 언제 울릴지 모른다. 할례가 아무리 중요해도 일단 전쟁 준비가 먼저 아닐까?

야곱이 세겜에 머물던 중에 딸 디나가 그곳 사람 세겜한테 겁간을 당한 적이 있다. 세겜의 아버지 하몰이 찾아와서 둘의 혼사를 얘기하자, 야곱의 아들들이 엉뚱한 답을 한다. 할례 받지 않은 사람에게 누이를 줄 수 없으니 먼저 할례를 받으라는 것이다. 이렇게 해서 세겜 사람들 전부가 할례를 받고 거동이 불편하게 되자, 야곱의 두 아들 시므온과 레위가 기습해서 성읍의 모든 남자를 죽이고 양과 소, 나귀를 노략했다.

그런 일이 또 일어나지 말라는 법이 없다. 할례의 중요성을 모르지는 않지만 모든 일에는 때가 있는 법이다. 자칫 여리고 사람들이 성문을 열고 공격하면 자기들은 다 죽은 목숨이다. 할례를 받을 때 받더라도 지금은 아니다. 하나님은 현실을 몰라도 너무 모르신다.

중고등부를 지도하던 시절, 부모 몰래 교회 다니는 학생이 있었다. 주일마다 축구공을 가지고 교회에 왔다. 축구하러 간다고 하고 나오는 것이었다. 그런데 친구들과 놀러 간다고 하고 여름 수련회에 참석한 사실을 들키고 말았다. 단단히 혼이 났다고 한다. 그다음부터 교회 출석에 부적 제약이 많아졌을 텐데, 그래도 거의 나오는 편이었고 그러는 중에 세례를 받을 때가 되었다. 당장 세례 교육을 받는 것이 문제였다. 그 학생이 망설이면서 중얼거렸다. "이번에 또 걸리면 죽는데…" 내가 말을 받았다. "그래서 어떻게 할래? 세례 안 받고 살래, 세례 받고 죽을래?" 내 얘기에 정신이 번쩍 드는 듯 그가 답했다. "세례 받고 죽을게요." 목소리에 힘이 느껴졌다.

세례는 아무나 받는 게 아니다. 그리스도와 함께 죽기로 작정한 사람이 받는 것이다. 할례라고 다를까? 할례는 하나님의 백성 된 표지를 몸에 새기는 의식이다. 주변 눈치를 살피며 좌고우면하는 사람은 받지 않는 것이 낫다. 세상을 살아야 하는 것이 현실이 아니라 신앙을 지켜야 하는 것이 진짜 중요한 현실인 것을 아는 사람만 받을 수 있다.

앞에서 여호수아가 여리고로 정탐을 보내는 내용이 있었다. 동서고금을 막론하고 전쟁을 앞두고 적진의 동향을 살피는 것은 병법의 기본이다. 그러면 가나안 족속들도 이스라엘의 동향을 파악하고 있었을 것이다. 그들은 이스라엘 앞에서 요단이 갈라졌음을 알고 이미 마음이 혼미하기도 했다. 그러니 이스라엘 모든 남자가 자기들이 알지 못하는 이상한 종교 의식을 행한 것도 알고 있었을 것이다.

이때가 가나안 족속에게는 절호의 기회였다. 시므온과 레위가 세겜 주민을 학살했듯이, 기습 공격을 하기만 하면 이스라엘을 일거에 몰아낼 수 있었다. 하지만 그렇게 하지 않았다. '하나님의 역사하심'을 빼고는 도무지 설명이 되지 않는다. 그리고 정말로 하나님의 역사하심으로 설명한다면 할례를 받는 것이 별 문제가 아니라는 뜻이 저절로 포함된다.

이렇게 해서 여리고성 전투가 시시각각으로 카운트다운 되는 느낌이다. 그런데 성경은 또 다른 얘기를 한다.

> 수 5:10-12〉 또 이스라엘 자손들이 길갈에 진 쳤고 그 달 십사일 저녁에는 여리고 평지에서 유월절을 지켰으며 유월절 이튿날에 그 땅의 소산물을 먹되 그 날에 무교병과 볶은 곡식을 먹었더라 또 <u>그 땅의 소산물을 먹은 다음날에 만나가 그쳤으니</u> 이스라엘 사람들이 다시는 만나를 얻지 못하였고 그 해에 가나안 땅의 소출을 먹었더라

이스라엘이 할례만 행한 것이 아니다. 유월절도 지켰다. 전시가 되면 평소에 행하던 종교 예식도 생략하는 법인데 이스라엘은 오히려 반대로 했다. 여태 지키지 않던 유월절을 새삼스럽게 지킨다.

유월절은 이스라엘이 애굽에서 구원 얻은 것을 기념하는 절기인데 광야에

서는 지킬 수 없었다. 유월절을 지키려면 무교병이 있어야 하니 그럴 수밖에 없다. 광야에서 무슨 수로 무교병을 구한단 말인가? 그래서 출애굽 직전에 제정된 유월절이 시내산 기슭에 11개월 동안 머물 때 한 번 지킨 것이 고작이다. 그런 유월절을 가나안 땅에 이르러서 다시 지킨다.

해마다 6월이면 6·25 음식 먹기 체험 행사를 한다. 그런 행사를 할 수 있는 이유는 지금은 먹고살 만하기 때문이다. 지금도 그때 먹던 것으로 끼니를 때우고 있다면 굳이 행사를 하면서 그런 것을 먹을 이유가 없다.

이스라엘이라고 해서 다를까? 유월절을 지키려면 지금 지내는 형편이 애굽에 있을 때보다 나아야 한다. 그런데 광야에서는 그렇지 않았다. 애굽보다 나은 점이 없었다. 그런 상황에서 유월절을 지켜봐야 "우리가 이런 고생을 하는 것이 여호와 때문이란 말인가?"밖에 되지 않는다.

이스라엘은 광야 생활 내내 불평했다. 성경을 읽을 때마다 답답하기 짝이 없다. 홍해를 건널 때의 감격이 다 어디에 갔단 말인가? 하지만 별 수 없다. 이스라엘이 애굽에서 나온 것은 가나안에 가기 위해서이다. 애굽과 가나안을 비교해야 한다. 그런데 가나안에 대해서는 아는 것이 없다. 그들이 체험한 곳은 애굽과 광야뿐이다. 애굽과 광야를 비교하니 모래바람뿐인 광야보다는 그나마 애굽이 낫다. 그들이 불평을 한 이유가 여기에 있다. 그러니 광야에서는 유월절도 지킬 수 없었다.

그런데 드디어 가나안에 도착했다. 비로소 유월절을 지킬 수 있게 되었다. 출애굽의 의미는 가나안에 있다. 가나안으로 연결되지 않는 출애굽은 의미가 없다. 출애굽은 했는데 가나안에 가지 않으면 불평밖에 할 게 없다. 예수를 믿는다고 하면서도 제대로 믿지 않으면 예수를 믿는다는 사실이 오히려 불편한 것과 마찬가지다. 그렇다고 해서 세상에서 불신자들과 똑같이 살지도 못하니 교회에서는 교회에서대로 재미없고 세상에서는 세상에서대로 재미없는 이상한 사람이 되고 만다.

그나저나 이스라엘이 가나안에 들어가서 그 땅의 소산을 먹은 다음날 만나가 그쳤다는 말이 무슨 뜻일까? 만나 얘기는 〈출애굽기〉 16장에 나온다. 이스라엘이 먹을 것이 없다며 모세와 아론을 원망할 때 하나님께서 주셨다. 그때 내린 만나가 지금까지 계속 내린 것이다.

사람은 먹어야 힘을 내는 법이다. 사흘만 금식을 하면 성경책이 무겁게 느껴진다. 이스라엘은 광야 40년 동안 만나로 힘을 삼았다. 만나 먹은 힘으로 장막을 쳤고 만나 먹은 힘으로 광야를 행진했다.

그것만이 아니다. 이스라엘이 하나님 보시기에 합당하게 처신한 적은 한 번도 없다. 그들은 늘 불평했고 걸핏하면 하나님을 원망했다. 애굽에 있을 때가 더 좋았다는 망발도 서슴지 않았다. 죄다 만나 먹은 힘으로 한 작태들이다. 그래도 하나님께서는 단 한 차례도 만나를 거두지 않으셨다.

금송아지 우상을 만든 다음날에도 만나가 내렸고, 고라 일당이 반역할 때도 만나가 내렸고 기브롯핫다아와에서도 만나가 내렸고 싯딤에서도 만나가 내렸다. 그런 만나가 가나안 땅의 소출을 먹자, 비로소 그쳤다. 내가 하나님이었으면 어림도 없다. 다른 날은 몰라도 금송아지 우상을 만든 다음날은 만나를 내리지 않았을 것이다. 하나님이 하나님인 것이 이스라엘로서는 참으로 다행이었다.

또 있다. 본래 땅의 소출을 먹으려면 미리 땅을 일구고 씨를 뿌려야 한다. 그런데 이스라엘은 자기들이 심거나 가꾸지도 않은 것을 먹었다. 이스라엘은 광야 생활 내내 하나님께 반역했지만 하나님께서는 그런 그들을 위해서 미리 양식을 준비하셨다. 일흔 번씩 일곱 번 반복되는 패역에도 그치지 않던 만나가 하나님의 새로운 은혜와 함께 그쳤다. 하나님의 은혜가 한순간도 이스라엘을 떠난 적이 없다.

그리고 장면이 바뀐다. 성경은 이제 여호수아가 여호와의 군대 대장을 만난 이야기를 한다.

> 수 5:13-15〉 여호수아가 여리고에 가까이 이르렀을 때에 눈을 들어 본즉 한 사람이 칼을 빼어 손에 들고 마주 서 있는지라 여호수아가 나아가서 그에게 묻되 너는 우리를 위하느냐 우리의 적들을 위하느냐 하니 그가 이르되 아니라 나는 여호와의 군대 대장으로 지금 왔느니라 하는지라 여호수아가 얼굴을 땅에 대고 엎드려 절하고 그에게 이르되 내 주여 종에게 무슨 말씀을 하려 하시나이까 여호와의 군대 대장이 여호수아에게 이르되 네 발에서 신을 벗으라 네가 선 곳은 거룩하니라 하니 여호수아가 그대로 행하니라

〈요한계시록〉에 요한이 천사에게 경배하려 하자, 천사가 만류했다는 얘기가 나온다. "나는 너와 및 예수의 증언을 받은 네 형제들과 같이 된 종이니 삼가 그리하지 말고 오직 하나님께 경배하라"라는 것이 천사의 얘기였다. 당연하다. 천사는 우리와 같은 피조물이다. 경배 대상이 아니다. 그런데 여호수아가 만난 여호와의 군대 대장은 경배를 받는다. 피조물이 아니라는 뜻이다. 즉 하나님과 동격인 분이다. 성경 여러 곳에 하나님의 사자가 등장하는데 말 그대로 하나님의 사자일 수도 있고 혹은 성육신하신 예수님일 수도 있다.

여호수아가 여호와의 군대 대장을 만나자, 대뜸 누구 편인지를 물었다. 전쟁을 앞뒀으니 당연한 질문이다. 그리고 이 세상을 살아가는 우리가 끊

임없이 갖는 의문이기도 하다. 우리도 어떤 문제가 있을 때마다 하나님이 자기를 도와주실지 궁금해 한다. 하나님이 내 편인지 아닌지가 초미의 관심사다.

미국에서 남북전쟁이 한창일 때 링컨의 참모가 말했다고 한다. "각하, 이번 전쟁에서 하나님이 우리 북군 편이었으면 좋겠습니다." 링컨이 답했다. "나는 그런 것에 관심이 없소. 내가 정작 궁금한 것은 우리가 과연 하나님 편인가 하는 것이오."

이런 대화가 실제로 있었는지, 후대에 누군가 지어냈는지는 모른다. 아무래도 후자인 것 같다. 어쨌든 말은 맞다. 하나님은 어느 누구의 편도 아니다. 하나님은 늘 하나님 편이다. 하나님이 우리 편이 되어 우리를 도와주셔야 하는 것이 아니라 우리가 하나님 편이 되어서 하나님의 사람으로 살아야 한다.

교회에서 어지간하게 들은풍월이 있는 사람은 기도가 땅의 일을 하늘에서 이루는 것이 아니라 하늘의 일을 땅에서 이루는 것이라는 사실을 알 것이다. 그런데 주로 알기만 한다. 실제로 기도하는 것을 보면 안 그렇다. 죄다 하나님을 자기편으로 만들기 위해서만 열심 낸다. 밥도 안 먹고 잠도 안 자고 기도하는 모든 내용이 그렇다. 머리로 알고 있는 것이 몸에서 나오지는 않으니 머리로 알고 있는 것이 실력일까, 몸에서 나오지 않는 것이 실력일까?

이때 여호수아는 여호와의 군대 대장에게 엎드려 절하며 자기에게 무슨 말씀을 하려고 하는지를 물었다. 그러자 여호와의 군대 대장은 신을 벗으라고 했고, 여호수아가 그대로 했다.

뭔가 앞뒤가 안 맞는 것 같다. 난데없이 신을 벗으라는 얘기가 왜 나온단 말인가? 그것도 "저한테 무슨 말씀을 하시려 하나이까?"라는 질문에 대한 답이 그렇다. 그러면 여호수아가 "예, 알겠습니다. 일단 신부터 벗겠습니다. 그다음에 무엇을 해야 합니까?"라고 해야 하는 것 아닐까? 그런데 얘기가 그것으로 끝난다. 여호수아가 무슨 영문이냐고 묻지도 않는다. 신을 벗는 것이 곧 여호수아가 할 일이었다는 뜻이다.

여호와의 군대 대장이 한 얘기를 들었던 사람이 또 있다. 모세가 그 주인공이다. 모세가 호렙산에서 이상한 광경을 보았다. 떨기나무에 불이 붙었는데 불만 타오르고 나무는 타지 않는 것이었다. 의아하게 여겨 가까이 다가가는데 하나님께서 제지하셨다. "이리로 가까이 오지 말라 네가 선 곳은 거룩한 땅이니 네 발에서 신을 벗으라"라는 것이 하나님의 말씀이었다. 그때 모세가 들었던 얘기를 여호수아가 듣고 있으니 여호수아가 모세의 후계자는 맞는 모양이다.

예전에 이런 글을 읽은 적이 있다. 당시 좋은 신발을 신지 않았다면서, 신발을 벗는 것이 복종의 표시라고 했다. 하나님께서 복종을 말씀하셨다는 것이다. 일리 있는 얘기일 수 있다. 우리가 하나님의 종이다. 당연히 하나님께 복종해야 한다.

그런데 신발을 벗는 행위가 복종을 나타낸다고 할 수 있는 근거가 성경에 없다. 그 시대 종들이 신발을 신지 않아서 그렇다는데 뭔가 석연치 않다. 기왕이면 성경에 근거가 있는 얘기는 없을까?

하나님 말씀은 명쾌하다. 모세가 선 곳이 거룩한 땅이기 때문에 신을 벗으라고 했다. 우리의 인생 목표가 있다면 당연히 거룩이다. 하나님께서 이스라엘을 애굽에서 구원하신 이유도 이스라엘로 하여금 거룩하게 살도록 하기 위해서였다. 거룩한 땅에 서 있는 사람이라면 굳이 신발을 신어서 거룩과 자기를 차단할 이유가 없다. 당연히 신발을 벗어서 거룩에 연결되어야 한다. 그 땅이 거룩한 이유는 물론 하나님이 계시기 때문이다.

〈데살로니가전서〉에 "하나님의 뜻은 이것이니 너희의 거룩함이라"라는 말씀이 있다. 여호와의 군대 대장이 그 얘기를 했다. "내 주여 종에게 무슨 말씀을 하려 하시나이까"라는 질문에 "내가 원하는 것은 거룩이다"라고 답한 것이다. 직설적으로 옮기면 "하나님, 저를 도와주실 겁니까, 안 도와주실 겁니까?"라고 묻는 얘기에 "잔말 말고 거룩하게 살아라"라고 했다.

예전에 어떤 분이 주식을 팔아야 할지, 계속 갖고 있어야 할지 고민이라면서 하나님의 뜻이 어디에 있는지 모르겠다고 하는 말을 들은 기억이 있다. 어떻게 하는 것이 자기한테 유리할지를 궁금하게 여기면서 그런 표현을 쓴 것이다. 여호수아가 "너는 우리를 위하느냐 우리의 적들을 위하느냐"라고 물은 것과 같다. 하나님이 자기의 주식 투자에 대박을 주실지 말지가 궁금한 것이다.

서당 개 삼 년이면 풍월을 읊는다는 얘기가 그런 뜻일까? 교회에 다녀서 그처럼 표현만 그럴 듯해지는 경우가 있는데, 그런 식의 하나님의 뜻은 없다. 혹시 주식을 판 다음날부터 주가가 오른다면 하나님의 뜻에 어긋나는 선택을 한 때문이 아니라 시장 동향에 어두웠기 때문이다. 하나님의 뜻은 언제나 우리의 거룩에 있다. 그 분에게 적용하면 주가가 오르거나 말거나, 주식으로 대박이 나거나 쪽박을 차거나 어쨌든 매사에 거룩하게 처신해야 한다.

각설하고 여호와의 군대 대장을 만난 여호수아는 당혹스러웠을 수 있다. 여호수아 생각에는 자기가 여호와의 군대 대장이었을 것이기 때문이다. 자기가 나서서 이스라엘을 이끌고 가나안 정복 전쟁을 시작해야 하는 줄 알았는데 엉뚱하게도 지휘권을 가진 군대 대장이 따로 있었다. 그분이 바로 여자의 후손으로 오셔서 뱀의 머리를 상하게 하실 분이다. 이제 여호와의 군대 대장이 칼을 높이 빼들었으니 우리 역시 우리의 칼을 빼들고 그분의 뒤를 따라야 한다. 우리에게 맡겨진 일이 그런 일이다.

06 무너진 여리고

여호수아

요단강을 건넜다. 요단강과 길갈에 돌을 세웠다. 할례를 받고 유월절도 지켰다. 여호와의 군대 대장도 만났다. 남은 일은 가나안 정복이다. 드디어 그 유명한 여리고성 전투가 시작된다.

> 수 6:1〉 이스라엘 자손들로 말미암아 여리고는 굳게 닫혔고 출입하는 자가 없
> 더라

여리고성 사람들은 이미 전의를 상실했다. 지금까지는 여리고의 높은 성벽이 자기들을 지켜줬지만 이제는 아니다. 그들은 시시각각으로 다가오는 자기들의 최후를 알고 있었다. 하지만 그것뿐이다. 거기에 맞춰서 자기들을 변화시킬 마음은 없었다. 다가오는 미래는 알고 있었지만 그에 대한 준비를 하기에는 너무 완악했다. 그들이 할 수 있는 일은 고작해야 성문을 닫아 잠그는 일뿐이었다.

〈신은 위대하지 않다〉를 쓴 크리스토퍼 히친스라는 사람이 있다. 내가

아는 사람 가운데 가장 이름값을 못한 사람이다. 크리스토퍼라는 이름은 뱃사람을 뜻한다. 크리스토트랜스퍼(Christo-transfer), 즉 그리스도를 운반한다는 뜻이다. 뱃사람은 배로 물건만 나르는 사람들이 아니다. 이 나라에서 저 나라로, 이 바다에서 저 바다로 그리스도의 메시지를 전달하고 퍼뜨리는 사람들이다. 그런데 크리스토퍼 히친스는 그리스도를 전파한다는 이름을 가졌으면서도 평생 무신론 전파에 힘썼다.

식도암을 앓다가 지난 2011년에 62세를 일기로 세상을 떠났다. 그의 집요한 공격에 시달리던 사람들도 그의 식도암 소식을 들었다. 그한테 치유를 위해서 기도해도 되겠느냐고 물었는데, 그가 거부했다. 혹시 임종 전에 회심하지 않을까 하고 기대하는 사람도 있었지만 결국 무신론자로 죽음을 맞았다.

죽기 직전에 이런 말을 했다. "개인적으로 나는 죽음에 수동적으로 당하기보다는 적극적으로 죽기 원합니다. 죽음의 눈동자를 똑바로 쳐다보고, 그것이 다가올 때 무엇인가를 하려 합니다." 말은 참 멋있다. 죽음 앞에서 벌벌 떠는 사람과는 비교가 안 된다. 그런데 죽은 다음에는 어떻게 되었을까? 지금도 계속 죽음과 맞서서 싸우고 있을까?

죽음 앞에서 위트를 보이거나 오기를 부리는 것은 죽음이 얼마나 심각한지 모르는 탓이다. 더 자세히 얘기하면 죽음이 심각한 것이 아니라 죽음 이후가 심각하다. 이 세상 살다 죽는 것으로 존재가 소멸되어 모든 것이 끝난다면 죽음은 그리 심각하지 않다. 어쩌면 홀가분할 수도 있다. 이 세상에서 살 만큼 살다가 죽으면 그만이다.

그렇다면 여리고성 사람들도 괜찮다. 그런데 그게 아니면 어떻게 될까? 불신자는 불합격이고 신자는 합격이라는 뜻으로 쉽게 생각하지는 말자.

곧 망할 것을 알면서도 아무런 대책도 세우지 않는 모습이나 조만간 하나님의 나라가 선포된다는 사실을 알고 있으면서도 하나님의 백성답게 살기에 게으른 모습이나 오십보백보일 수 있다.

그런 상황에서 하나님께서 말씀하신다. 성 주위를 매일 한 번씩 칠 일 동안 돌되 일곱째 날에는 일곱 번 돌고, 특히 제사장이 언약궤 앞에서 행하라고 했다. 아닌 게 아니라 여리고성은 칠 일 동안 성 주변을 돌자, 저절로 무너진 것으로 유명하다.

하지만 성을 맴도는 것이 성을 무너뜨리는 원동력이 될 수는 없다. 여리고성이 무너진 이유는 이스라엘이 그 주변을 맴돌았기 때문이 아니라 하나님께서 "보라 내가 여리고와 그 왕과 용사들을 네 손에 넘겨주었으니 너희 모든 군사는 그 성을 둘러 성 주위를 매일 한 번씩 돌되 엿새 동안을 그리하라" 하고 말씀하셨기 때문이다. 그런 말씀이 없었다면 성을 맴돌았다고 해서 멀쩡한 성이 무너질 이유가 없다.

제사장은 병역 의무에서 제외된 사람이다. 그런데 여리고성을 맴돌 때는 가장 앞장섰다. 여리고성 전투는 군사력에 따른 전투가 아니었다. 전적으로 영적인 전투였다. 칠 일간 성을 맴돌았다는 사실도 그렇다. 성을 칠 일간 맴돌았으면 그중 하루는 안식일이다. 아마 성을 일곱 바퀴 돈 마지막 날이 안식일이었을 것이다. 아닐 수도 있지만 어쨌든 이때 이스라엘은 안식일에도 성을 맴돌았다. 안식일에는 일체의 일이 금지되어 있다. 안식일에 할 수 있는 일은 죄를 몰아내고 생명을 살려내는 일뿐이다.

대학생인 조카한테 남자 친구 있느냐고 물은 적이 있다. 조카가 답했다. "준비는 항상 되어 있는데, 아직 없어요." 그 말이 무척 재미있었다. 예전에는 애인이 있어도 없다고 했는데 요즘은 다른 모양이다. 그나저나 조카가 얼마나 준비가 되어 있을까? 누구든지 사귀자고 말만 건네면 무조건 OK할까? 그럴 리는 없다. 남자 친구를 사귀고 싶은 마음이 아무리 굴뚝같아도 볼 것은 보고 따질 것은 따지는 법이다.

여리고성이라고 해서 다르지 않다. 여리고성은 누구든지 맴돌기만 하면 무너지기로 작정된 성이 아니다. 설마 모압이나 암몬 족속이 와서 맴돌아도 무너졌을까? 할례를 받아서 그 몸에 하나님의 백성 된 표지를 새긴 사람이 맴돌아야 한다. 그리고 그런 할례는 아무나 받을 수 있는 것이 아니었다. 죽음을 담보로 하고 받는 것이었다. 그런 사람이 성을 맴돌아야 무너진다.

예전에 실소를 금할 수 없는 얘기를 들은 적이 있다. 대치동에 있는 아파트가 탐이 나면 새벽마다 일곱 바퀴씩 돌아보라는 것이었다. 하나님이 전능하신데 뭐가 문제냐는 말도 보탰다. 이스라엘이 칠 일 동안 성을 맴돌자, 여리고가 무너졌다는 얘기가 어떻게 해서 그렇게 적용되는지 모르겠다.

혹시 이스라엘이 하나님께 그렇게 간청이라도 드렸다는 얘기일까? "하나님, 저희가 칠 일 동안 여리고를 맴돌겠습니다. 그 성을 저희에게 주십시오."라는 얘기는 성경 어디에도 없다. 그런데 그런 터무니없는 말이 왜 나올까?

비슷한 경우를 한 가지 더 알고 있다. "소원이 있으면 일천 번제를 드리라"라는 말이 그렇다. 솔로몬이 일천 번제를 드렸을 때 하나님께서 소원을 물은 것에 착안한 것인데, 황당하기는 매일반이다. 솔로몬이 언제 "하나님, 제가 일천 번제를 드릴 테니 제 소원을 들어주십시오."라고 했던가?

하지만 문제의 심각성은 따로 있다. 성경의 문맥을 몰라서 이런 말을 하는 것이 아니기 때문이다. 국어 실력이 없는 때문이 아니라 신앙 실력이 없는 때문이다. 신앙은 언제나 세상을 살아가는 원칙이지, 방법이 아니다. 신앙이 있으면 자기한테 좋은 일이 생기는 것이 아니라 자기가 좋은 사람이 된다. 세상을 잘살게 되는 것이 아니라 세상을 바르게 살게 된다. 그런데 신앙의 이름으로 세상에서 덕을 볼 궁리만 하니 그런 얘기에 혹하는 것이다.

한때 우리나라 기독교에 성경 쓰기 열풍이 불었던 적이 있다. 기독교 서점마다 성경 필사 노트를 쌓아놓고 팔았다. 신앙에 관심이 있는 사람이라면 성경 쓰기를 시작하지 않은 사람이 드물 정도였다. 하지만 성경을 다 쓰는 것은 보통 일이 아니다. 성경 쓰기를 시작했다는 사람 명단은 전화번호부로 한 권 알고 있지만 다 썼다는 사람은 열 손가락으로 꼽아도 남는다.

그런데 비슷한 시기에 성경 쓰기를 마친 두 사람을 알고 있다. 한 사람은 성경을 다 쓴 다음에 그 사실이 감사하다며 교회에 복사기를 헌물했다. 성경을 다 쓰는데 꼬박 3년이 걸렸는데, 그 3년 동안 하나님께서 은혜를 주셨다는 것이다.

그런데 다른 사람은 전혀 생각이 달랐다. 그 분에게는 직장 생활도 제대로 하지 않고 걸핏하면 술을 마시고 들어오는 아들이 있었다. 장성한 아들이 직장이 없는 것은 문제일 수 있지만, 믿지 않는 집안이라면 술을 마시고 들어오는 것은 별 흉이 아닐 수 있다. 하지만 그 분은 신앙에 남다른 열심이 있는 분이었으니 아들에 대한 고민이 상당했다. 그 분이 성경을 다 쓴 다음에 푸념을 늘어놓았다. "제가 성경을 다 썼잖아요. 그러면 하나님이 가상히 여겨서라도 제 아들을 변화시켜주셔야 하는 것 아닌가요? 저는 팔이 떨어지게 성경을 썼는데 달라진 것이 없어요. 제가 왜 그 고생을 했나 싶어요."

한 사람은 자기가 성경을 다 쓴 사실을 놓고 하나님께서 은혜를 주셨다며 감사했다. 다른 사람은 그것을 하나님의 은혜를 받을 수 있는 자격으로 여겼다. 이런 경우에 어느 쪽이 진짜 신앙인지 모르는 사람은 없을 것이다.

맥스 루케이도가 쓴 〈내게 남은 날이 일주일밖에 없다면〉에 라세일 대학 농구 코치 스피디 모리스 얘기가 나온다. 마침 면도를 하고 있는데 아내가 〈스포츠 일러스트레이티드〉 사에서 전화가 왔다고 했다. 그는 자기 학교 농구 팀이 전국적으로 알려졌나 보다 하는 기대로 무척 흥분이 되어 서둘러 면도를 마쳤다. 그 바람에 얼굴을 베기까지 했다. 전화 건 사람을 기다리게 해서는 안 된다는 생각에 욕실에서 달려 나오느라 중심을 잃고 계단에서 구르기까지 했다. 얼굴에 피와 거품 범벅을 한 채 절뚝거리며 수화기를 들었다. "스포츠 일러스트레이드 사입니까?" 가쁜 숨을 몰아쉬며 말했다. "예, 그렇습니다. 권당 75센트만 내면 1년 동안 저희 잡지를 구독하실 수 있습니다." 스피디 모리스의 실망이 얼마나 컸을까? 자기한테 관심이 있는 것이 아니라 자기 지갑에 관심이 있었다. 어쩌면 나름대로 신앙 열심을 보인다는 사람한테 하나님이 늘 하는 실망일 수 있다.

각설하고, 이때 하나님께서는 남녀노소와 소나 양, 나귀를 막론하고 여리고성에 있는 모든 생명을 멸하라고 하셨다. 일체의 자비나 긍휼이 개입될 여지를 허락하지 않으셨다. 이런 전쟁을 '헤렘'(거룩한 전쟁)이라고 한다.

하나님께서는 여리고를 죄 자체로 간주하셨다. 여리고성 전투는 영토를 빼앗는 전투가 아니라 죄와의 싸움이었다. 그래서 병역 의무가 없는 제사장이 동원되었고, 안식일에도 성을 맴돌았으며, 하나님께서는 일체의 긍휼도 베풀지 않으셨다.

이런 여리고성 전투를 놓고 대치동에 있는 아파트가 탐이 나면 새벽마다 일곱 바퀴씩 돌아보라는 식으로 적용을 하고, 그런 얘기에 목청껏 "아멘!"을 하는 사람도 있으니 기가 찰 노릇이다. 잘못 가르친 때문인지, 잘못 배운 때문인지를 따지는 것은 의미가 없다. 요컨대 틀렸다.

예전에 인터넷에서 씁쓸한 기사를 읽은 기억이 있다. 신자들한테 투자금 197억을 모은 목사가 항소심에서도 징역 6년을 선고받았다는 내용이었다. 하나님의 계시에 따라 주식 투자를 해서 높은 수익률을 올리고 있다며 투자를 유도했다고 한다. 그 기사를 읽은 사람마다 어떻게 목사가 사기를 치느냐고 했겠지만 내 생각은 조금 다르다. 목사가 사기를 친 것이 아니라 사기꾼이 목사 행세를 한 것 아닐까? 사기꾼이 사기를 치려면 무엇을 못하겠는가?

물론 말장난일 수 있다. 목사가 사기를 친 것인지, 사기꾼이 목사 행세를 했는지 따져본들 별 의미는 없다. 그보다 그런 사기 행각에 넘어간 사람들은 대체 무슨 생각이었을까? 아마 그들은 "목사님이 그렇다는데 어떻게 합니까?"라고 할 것이다. 그런데 과연 그럴까? 목사의 얘기가 성경의 가르침과 상관이 없다는 사실을 정말 몰랐을까? 만일 주식 투자를 해서 많은 이익을 남겨주겠다는 말을 한 것이 아니라 일흔 번씩 일곱 번이라도 용서하라거나 자기를 부인하고 자기 십자가를 지라는 말을 했으면 어떻게 반응했을까? 사람은 아무 말이나 듣지 않는다. 자기가 듣고 싶은 말을 듣는다. 어떤 말을 듣고 싶어 하는지가 그 사람이 어떤 사람인지를 말해준다.

물론 극단적인 예일 수 있다. 그런 식의 사기성 발언 때문에 갈등하는 사람은 별로 없다. 그렇다고 해서 성경에 없는 내용에 끌릴 사람도 없다고 할 수 있을까? 성경은 늘 우리한테 영원한 생명을 얘기한다. 그런데 영원하지 않은 생명에 마음이 팔릴 우려가 다분히 있다. 자기를 거룩하게 가꾸는 일에는 관심이 없고 세상에서 예수 믿은 덕을 보는 것을 중요하게 여기면 그렇게 된다.

여리고는 인류 역사상 가장 오래 된 도시이다. 신석기 시대부터 사람들이 모여 살았다. 그만큼 살기 좋은 곳이었다는 뜻이다. 여리고를 일명 종려나무 성읍이라고 한다. 종려나무가 많기 때문이다. 종려나무는 물이 넉넉한 곳에서만 자란다. 팔레스타인 지방에서 물이 많으면 인근의 모든 사람들이 탐낼 만한 곳이다. 그만큼 전쟁도 많았고 주인도 자주 바뀌었다. 여리고성은 그만큼 견고했을 것이다.

여기에 비해 이스라엘은 오합지졸이다. 아무런 전투 경험도 없고 군사 훈련을 받은 적도 없다. 무엇보다 공성전에 대해서는 철저히 무능했다. 지난 2017년에 상영된 〈안시성〉을 본 사람은 공성전에 동원된 이름 모를 장비들을 기억할 것이다. 화약무기가 개발되기 전까지 성은 최고의 방어 수단이었다. 그런 성을 공격하는 것은 어지간한 병력이나 장비로는 어림도 없다. 정상적인 전투로 하면 이스라엘이 여리고를 함락시킬 수 없어야 한다.

이런 상황에서 하나님께서는 성을 맴돌라고 하셨고 이스라엘은 그 말씀대로 순종했다. 사실 이스라엘로서는 답답한 일일 수 있다. 당장 성을 무너뜨려야 하는데 '강강술래'만 하고 있으면 어떡하란 얘기인가? 그나마 성을 하루 맴돌았을 때 성의 1/7이 무너지고, 이틀을 맴돌았을 때 2/7가 무너지고… 하는 식으로 진행된 것도 아니다. 엿새가 지나도록 성은 아무런 변화가 없었다. 대체 무엇을 하자는 얘기인가?

이스라엘만 황당한 것이 아니다. 여리고성 주민들은 어떤 마음으로 이스라엘을 내려다보았을까? 처음에는 영문도 모른 채 겁에 질렸을지 몰라도 나중에는 이스라엘이 우스꽝스럽게 보이지 않았을까? 싸움을 돋우려면 칼과 창을 든 군사들이 나와야 하는데, 나팔을 든 사람들이 '이상한 상자'(언약궤) 앞에서 행진만 반복하고 있으니 아마 한심하기 짝이 없는 사람들로 보였을 것이다.

우리가 이 세상에서 받는 평가가 바로 그렇다. 이 세상은 우리를 이해하지 못한다. 만일 세상이 우리를 속속들이 이해한다면 우리 역시 세상에 속한 사람일 것이다.

신학을 하기 전, 직장에 다닐 때의 일이다. 사순절에 오전 금식을 한 적이 있다. 당시 나는 일찍 출근해서 아침을 회사에서 먹었는데 늘 같이 먹던 동료가 있었다. 적당히 얼버무리는 것도 하루 이틀이지, 계속 얼버무릴 수가 없어서 금식 중이라는 얘기를 했더니 깜짝 놀라는 표정으로 말했다. "아니, 무슨 예수를 밥까지 굶어가면서 믿어?" 그러고는 한마디를 더 했다. "예수를 믿으면 남들 한 그릇 먹을 때 두 그릇 먹어야지, 그나마 먹던 것도 못 먹으면 예수 믿는 게 오히려 손해잖아?" 불신자는 우리를 이해하지 못한다. 아니, 우리한테 있는 신앙을 이해하지 모한다.

토요일에 친구 전화를 받은 학생이 있다.

"내일 나하고 어디 좀 가자."

"안 돼. 교회 가야지."

"그냥 같이 가면 안 돼?"

"안 되지."

"왜? 내일 뭐 맡은 거 있어?"

"아니"

"그럼 그냥 예배만 드리는 건데도 안 돼?"

"응"

"너, 교회에 미쳤구나?"

불신자들은 우리한테 있는 정상적인 신앙생활도 광신인 줄 안다. 굳이 그렇게까지 해야 하느냐는 것이다.

불신자를 흉보는 것은 의미가 없다. 남의 염병도 제 고뿔만 못하니 급한 것은 우리들이다. 도스토예프스키의 〈카라마조프가의 형제들〉에 〈대심문관〉 이야기가 나온다. 작품 속에 등장하는 또 하나의 작품이다.

16세기 스페인의 세비야가 배경이다. 가톨릭 추기경이 대심문관이 되어서 숱한 사람을 이단으로 몰아 죽인다. 그러던 어느 날, 예수님이 나타났다. 병자를 고치고 죽어가는 사람을 일으키자, 많은 사람들이 예수님을 따랐다. 대심문관은 그 사람이 예수님인 것을 알았다. 그런데도 체포해서 감옥에 가둔다. 그리고 밤중에 몰래 찾아가서 심문한다. 아주 고압적으로 예수님을 비난한다. "지난 1,500년 동안 우리는 당신의 가르침을 지키기 위해서 치열하게 살았다. 하지만 당신 방식으로는 절대 안 된다. 사람들을 가르치려면 힘이 있어야 한다. 그나마 우리가 잘해서 교회가 유지되고 있다. 우리가 지금까지 얼마나 고생하며 여기까지 왔는데 왜 방해하느냐? 이제 와서 다시 옛날처럼 하면 어떡하란 말이냐?"

대심문관이 계속 얘기한다. 그때 마귀가 돌로 떡덩이를 만들라고 했을 때 왜 만들지 않았느냐는 것이다. "이 세상에는 빵을 준다고 하면 엎드리지 않을 사람이 없다. 빵이면 최고다. 그때 떡을 만들었으면 이 세상의 모든 근심과 걱정이 사라졌을 것이다. 그때 그렇게만 했으면 기독교는 지금 정말 대단했을 것이다."

작품 속 배경은 16세기지만 도스토예프스키는 19세기 인물이다. 그 시대에 이런 문제가 있었으면 지금은 어떨까? 빵을 준다는데 교회 안 올 사람이 있을까? 이때 빵은 돈이고 또 세속적인 욕망인데 빵이 아닌 하나님 말씀을 찾을 사람이 얼마나 있을까? 바울이 〈갈라디아서〉에서 "그러나 그때에 육체를 따라 난 자가 성령을 따라 난 자를 박해한 것 같이 이제도 그러하도 다"라고 한 말에 빗대면, 그때에 이스마엘이 이삭을 희롱한 것 같이 지금은 세속적인 신자가 영적인 신자를 가르치려들지는 않을까?

어쨌든 이스라엘이 여리고성을 맴돌았다. 그것이 여리고성을 무너뜨리는 것과 무슨 상관이 있는지 납득은 안 되었지만 그렇다고 해서 그 문제로 토론을 벌이지는 않았다.

부교역자 시절, 남편이 예수를 믿지 않는 집에 심방을 간 적이 있다. 예배를 마치고 다과를 나누는 중에 남편 얘기가 나왔다. "남편이 교회에 출석만 안 하지, 마음으로는 다 믿어요. 제가 주일 아침에 조금만 늑장을 부리면 왜 빨리 안 가느냐고 채근하거든요. 그게 다 마음으로는 믿는다는 증거 아니겠어요?"

남편이 신자로 인정되기를 바라는 마음에서 나온 말인 것을 모르지는 않는다. 하지만 그 말이 맞다면 이스라엘도 여리고성을 마음으로 도는 것이 가능해야 한다. 누군가 종려나무 그늘에 앉아서 성을 맴도는 사람들을 칭찬만 하면 그 사람도 같이 성을 맴돈 사람이 된다.

그런데 믿음에 대해서 이런 식의 오해가 있는 것이 현실이다. 믿음을 마음의 문제로 생각하는 것이다. 고등학교 졸업과 동시에 교회까지 졸업해버린 청년을 만난 적이 있다. 이 얘기, 저 얘기 하는 중에 집 바로 옆에 교회가 있어서 주일마다 찬송 소리가 들린다는 말을 했다.

"야! 그러면 소리만 듣지 말고 교회에 가야 할 거 아냐?"

그 청년의 답이 가관이었다.

"몸은 집에 있어도 마음은 항상 교회에 있어요. 찬송 소리가 들릴 때마다 교회 생각하거든요."

"야, 그럼 말이다. 다음부터는 마음은 집에 두더라도 몸은 꼭 교회 가라."

밥을 마음으로 먹거나 영화를 마음으로 보는 사람이 있을까? 그런데 그 정도가 아니다. 세상에서는 마음이 전 인격이라는 뜻으로 쓰인다. "마음으로 존경한다"라고 하면 전 인격으로 존경한다는 뜻이다. 마음으로 복종한다고 해도 마찬가지다. 그런데 교회에서는 "최소한의 성의마저 없는 것은 아니다"라는 뜻으로 쓰인다. 대체 왜 이렇게 되었을까?

나아만이 문둥병 때문에 엘리사를 찾아온다. 이때 엘리사는 요단강에 일곱 번 몸을 씻으라고 했다. 그 얘기에 나아만이 노를 발하며 돌아가려고 했지만 종들이 만류한다. 그보다 더 힘든 일이라도 했을 텐데 그 정도를 못할 까닭이 있느냐는 것이었다. 그 조언을 들은 나아만이 요단강에 일곱 번 씻자, 문둥병이 나았다.

잠깐 성경에 없는 상상을 해보자. 그때 나아만이 어떤 마음이었을까? 보나마나 "이 늙은이, 내가 몸을 씻기는 한다만 낫지만 않아봐라. 국물도 없다!"라는 마음이었을 것이다.

그럼 문둥병은 어떻게 나았을까? 한 번 씻자 고름이 멈추고, 두 번 씻자 진물이 마르고, 세 번 씻자 헌 데가 아물고, 네 번 씻자 새 살이 돌고… 하는 식으로 나았을 것으로는 생각되지 않는다. 여섯 번째까지는 아무런 변화가 없다가 일곱 번 몸을 씻자, 그때 나았을 것이다. 그러면 여섯 번 씻을 때까지 나아만은 불만으로 가득했을 수밖에 없다.

같은 일이 여리고성에서는 없었을까? 엘리사가 나아만에게 요단강에 일곱 번 몸을 씻으라고 한 것처럼 하나님도 칠 일 동안 성을 돌라고 하셨다. 하루에 한 바퀴씩 돌고 칠 일째 일곱 바퀴를 돌면 성이 무너질 것이라고 했다. 그렇다고 해서 이스라엘이 전부 "아멘!" 하는 마음은 아니었을 것이다.

성을 한 바퀴 돌자 하늘에서 천둥 벼락이 치고, 두 바퀴 돌자 성벽이 흔들리고, 세 바퀴 돌자 성벽에 조금씩 금이 가고, 네 바퀴 돌자 벽돌이 떨어지기 시작하고… 하는 식으로 진행된 것이 아니다. 여섯 바퀴를 돌 때까지 아무 일도 없었다. 그때 이스라엘이 무슨 생각을 했을까? 사흘이나 나흘쯤 지나면서부터 슬슬 불평하는 사람이 있지 않았을까?

명심하자. 믿음은 중간 결산하는 것이 아니다. 나아만이 여섯 번 몸을 씻고는 아무런 차도가 없는 것에 실망해서 포기했다면 처음부터 안 씻은 것과 똑같게 된다. 이스라엘도 마찬가지다. 여섯 째 날까지 아무런 조짐이 안 보였지만 하나님의 역사는 그런 것에 상관없다.

드디어 일곱 째 날이 되었다. 이 날은 일곱 바퀴를 돌아야 했다. 그리고 한꺼번에 외쳤다. 이때의 외침은 "하나님, 저희가 하나님께서 하라고 하신 것을 다 했습니다!"라는 외침이었다. 그것으로 성이 무너졌다. 하나님께서는 여리고에 있는 모든 생명을 다 멸하라고 하셨다. 모든 피조물에게 생명을 주신 하나님께서 그 생명을 도로 거두시는 것이다.

단, 라합과 그의 가족은 예외였다. 라합이 정탐꾼을 숨겨주었을 적에 그렇게 약조가 되어 있었다. 하나님의 백성을 편들었으니 하나님의 백성으로 대접받는 것이 당연하다. 이 얘기는 뒤집어도 성립한다. 세상을 편들면 세상과 동류가 된다. 신앙은 늘 이처럼 양자택일이다.

기드온의 삼백 용사가 미디안을 격파한 다음의 일이다. 패주하는 미디안을 쫓아 서둘러 요단강을 건넌 다음 숙곳 사람들에게 먹을 것을 요청했다가 거절당했다. 브누엘 사람들한테도 거절당했다. 숙곳과 브누엘은 요단강 동편에 있었다. 지리적으로 미디안과 가까웠다. 섣불리 기드온을 도와 줬다가 나중에 앙갚음을 당할 수 있다. 그래서 몸을 사렸던 것인데, 이런 매국적인 작태를 기드온이 용납하지 않았다. 미디안 패잔병을 마저 괴멸시킨 다음 돌아오는 길에 숙곳과 브누엘도 철저히 응징했다. 그들은 혈통만 이스라엘이었지, 사실은 이스라엘이 아니었다.

그 열매로 나무를 아는 법이다. 좋은 나무는 좋은 열매를 맺고 나쁜 나무는 나쁜 열매를 맺는다. 좋은 열매를 맺을 수 없는 나름대로의 사정은 용납이 안 된다. "내가 비록 나쁜 열매를 맺기는 했지만 하나님은 나를 좋은 나무로 인정해주실 것이다."라는 얘기는 성경 어디에도 없다. 만일 라합이 정탐꾼을 숨겨주기를 거절하면서 "그래도 이다음에 나와 나의 가족을 구해 주시오."라고 하는 것이 말이 되는가?

> 수 6:26〉 여호수아가 그 때에 맹세하게 하여 이르되 누구든지 일어나서 이 여리고 성을 건축하는 자는 여호와 앞에서 저주를 받을 것이라 그 기초를 쌓을 때에 그의 맏아들을 잃을 것이요 그 문을 세울 때에 그의 막내아들을 잃으리라 하였더라

라합 일가를 제외한 모든 것을 철저하게 멸하기를 명령한 여호수아가 여리고성에 대한 저주를 선포한다.

안타깝게도 이 저주는 아합 시대에 실제로 성취된다. 왕상 16:34에 "그 시대에 벧엘 사람 히엘이 여리고를 건축하였는데 그가 그 터를 쌓을 때에 맏아들 아비람을 잃었고 그 성문을 세울 때에 막내아들 스굽을 잃었으니 여호와께서 눈의 아들 여호수아를 통하여 하신 말씀과 같이 되었더라"라고 되어 있다.

아합은 이스라엘 역사상 가장 악한 왕으로 꼽힌다. "그 시대에 이런 일이

있었다"라는 얘기는 "이스라엘 역사상 가장 악한 왕 아합의 시대에 이런 일이 있었다"라는 뜻이다. 아합 시대가 어떤 시대였는가 하면, 하나님께서 무너뜨린 것을 다시 세우려는 시대였다. 악한 시대일 수밖에 없다.

여호수아가 이 맹세를 한 것이 주전 1400년경이다. 그리고 아합은 주전 900년경 사람이다. 500년의 격차가 있다. 짧은 시간이 아니다. 이성계가 조선을 건국할 때 태어난 사람이 일본의 조선 침탈이 가시화되는 것을 보고 죽어야 500년을 산 셈이다. 그런 시간이 지나도록 여호수아의 맹세를 기억하는 사람이 있었을까? 하지만 관계없다. 기억하는 사람이 없어도 하나님 말씀은 성취되게 마련이다.

혹시 우리한테는 같은 잘못이 없을까? 주님께서 십자가를 지심으로 우리의 모든 죄를 결박하셨는데, 주님께서 결박하신 죄를 자기 안에서 다시금 풀어놓아 다니게 하는 우매함이 혹시 있다면 맏아들을 잃고 막내아들을 잃어서 통곡하기 전에 속히 돌이켜야 한다. 하나님께서 사랑하시는 것을 사랑하지 않는 것만 잘못이 아니라 하나님께서 미워하시는 것을 미워하지 않는 것도 잘못이다. 여리고가 무너지는 것을 보면서 이스라엘은 이 사실을 가슴 깊이 새겨야 했다.

07 누가 아간인가?

여호수아

여리고가 무너졌을 때 이스라엘이 얼마나 감격했을까? 그런데 엉뚱한 일이 벌어진다. 유다 지파에 속한 아간이 범죄한 것이다. 하나님께서 여리고에 속한 것은 무엇이든지 다 멸하라고 하셨는데 금 오십 세겔(571g)과 은 이백 세겔(2,284g), 그리고 시날산 외투 한 벌을 몰래 챙겼다. 1세겔이 11.42g이다. 금과 은은 요즘 시가로 대략 삼천사백만 원 정도인데 그보다는 외투가 시날산인 것이 마음에 걸린다. 바벨탑을 쌓은 곳이 시날 평지였기 때문이다. 그 옛날 인류가 바벨탑을 쌓았던 곳이 원산지인 외투가 왜 그렇게 탐이 났을까? 누구든지 그리스도와 합하기 위하여 세례를 받은 사람은 그리스도로 옷 입었다고 했는데, 아간은 대체 누구와 합하기 위하여 어떤 옷을 입고 싶어 했다는 말인가? 나중에 이스라엘(남 왕국 유다)을 멸망시킨 나라 이름이 바벨론인 것이 우연일까?

하지만 이스라엘은 아직 이 사실을 모른다. 여리고를 무너뜨렸으니 다음은 벧엘 동쪽 벧아웬 곁에 있는 아이성을 공략할 차례다. 하나님께서 진노하고 계신 줄도 모르고 이스라엘은 나름대로 자기들의 일을 진행한다. 우선 정탐을 보냈다. 당연한 수순일 수 있지만 자기한테 무엇이 잘못된 줄도 모르고 열심히 세상을 살아가는 사람들의 모습을 보는 것 같아서 괜히 낯익다.

벧엘은 하나님의 집이라는 뜻이고 벧아웬은 죄악의 집이라는 뜻이다. 히브리어로 '벧'이 집이다. 예수님이 태어나신 베들레헴은 떡집, 언약궤가 돌아온 벧세메스는 황금의 집, 오병이어 기적을 베푼 벳새다는 물고기의 집, 예수님이 38년 된 병자를 고친 베데스다는 자비의 집이다.

하나님의 집과 죄악의 집 사이에 있는 아이는 어떤 곳일까? 이스라엘은 그곳에서 하나님을 만날까, 자기들의 죄를 만날까? 답을 미리 공개하면, 자기들의 죄를 통해서 하나님을 만날 것이다.

아이는 여리고에 비하면 상당히 작았던 모양이다. 정탐한 사람들이 보고하기를, 전부 다 갈 것 없이 이삼천 명만 가면 족하겠다고 했다. 뭔가 이상하다. "여리고는 큰 성이었기 때문에 우리가 다 힘을 모아야 했지만 아이는 그럴 필요가 없다."라는 뜻이기 때문이다.

여리고를 누가 무너뜨렸는가? 이스라엘이 힘을 합해서 성을 맴돌았기 때문에 무너진 것일까? 여리고성은 하나님께서 무너뜨리셨다. 그런데 마치 자기들이 여리고를 정복한 것처럼 착각하고 있다.

설령 자기들이 여리고성을 무너뜨렸다고 해도 그렇다. 아이성을 점령한 다음에 아이성 주민을 다 죽였는데 남녀가 일만 이천 명이었다. 그러면 이십 세 이상으로 싸움에 나갈 만한 남자가 사천 명은 족히 되지 않았을까? 그런데 고작 이삼천 명만 있으면 충분하다는 것은 웬 '근자감'일까? 격은 방어에 비해 세 배의 군사력이 필요하다는 사실을 감안하지 않고 숫자만 비교해도 터무니없는 호언장담이다.

어쨌든 그런 호언장담에 따라 삼천 명이 아이성을 치러 갔다가 그만 패퇴하고 말았다. 이런 경우를 가리켜서 '쌤통'이라고 한다. 지금까지는 이스라엘로 인해서 가나안 주민의 마음이 녹았는데 이제는 반대로 되었다. 이스라엘의 마음이 녹았다. 그렇다고 해서 이스라엘이 처참한 패배를 당한 것은 아니다. 전사자가 서른여섯 명이었으니 패배의 규모가 크지는 않았다.

하지만 여기에 담겨 있는 의미는 그렇지 않다. 이스라엘은 하나님의 전쟁을 수행하는 중이다. 그런 전쟁에서 진다는 것은 하나님께서 승리를 주시지 않았다는 뜻이다. 그래서 낙심했다. 방금 전까지만 해도 마치 전쟁의 승패가 자기들 손에 있는 것처럼 큰소리를 쳤는데 패전을 경험하자, 사태가 심각하게 돌아가고 있다는 것을 깨달은 것이다.

> 수 7:7-9〉 이르되 슬프도소이다 주 여호와여 어찌하여 이 백성을 인도하여 요단을 건너게 하시고 우리를 아모리 사람의 손에 넘겨 멸망시키려 하셨나이까 우리가 요단 저쪽을 만족하게 여겨 거주하였더면 좋을 뻔하였나이다 주여 이스라엘이 그의 원수들 앞에서 돌아섰으니 내가 무슨 말을 하오리이까 가나안 사람과 이 땅의 모든 사람들이 듣고 우리를 둘러싸고 우리 이름을 세상에서 끊으리니 주의 크신 이름을 위하여 어떻게 하시려 하나이까 하니

어딘가 잘못되었다는 것은 알면서도 구체적인 이유는 알 길이 없는 여호수아가 하나님께 기도했다. 지금까지 하나님께서 인도하셨는데 더 이상 인도하시지 않으면 자기들은 어떻게 하란 말인가? 그야말로 꼼짝없이 죽은 목숨이다.

그 정도가 아니다. 자기들이 패하면 하나님의 이름은 어떻게 되는가? 가

나안 주민들은 마치 자기들의 신이 이스라엘의 신을 이긴 것처럼 방자하게 굴 것이다. 하나님 이름에 누를 끼치는 일이다. 하지만 하나님께서는 기꺼이 망신을 당하셨다.

어떤 집 애가 부모가 사주지 않은 학용품을 가지고 있었다. 영문을 추궁했더니 문구점에서 슬쩍 집어온 것이라고 한다. 이런 경우에 모른 척하는 부모는 없다. 집에서 회초리를 드는 것은 물론이고 애 손목을 잡고 그 문구점에 데리고 가서 용서를 구하게 한다. 아이에게만 망신이 아니라 부모에게도 망신이지만 별 수 없다. 부모는 아이를 교육하기 위해서 기꺼이 망신을 감수한다. 하나님께서 이스라엘을 위하여 그렇게 하신다는 뜻이다.

> 수 7:10-11〉 여호와께서 여호수아에게 이르시되 일어나라 어찌하여 이렇게 엎드렸느냐 이스라엘이 범죄하여 내가 그들에게 명령한 나의 언약을 어겼으며 또한 그들이 온전히 바친 물건을 가져가고 도둑질하며 속이고 그것을 그들의 물건들 가운데에 두었느니라

범죄한 사람은 아간이다. 그런데 하나님은 아간 개인이 아니라 이스라엘이 범죄한 것으로 간주하신다.

감기에 걸릴 때마다 몸살을 앓는 사람도 있고, 기침을 심하게 하는 사람도 있다. 내 경우는 항상 목에 탈이 난다. 그 사람의 가장 약한 부위에 감기 증상이 나타나는 것이다. 이번 사건이 바로 그렇다. 이스라엘의 죄성이 아간을 통해서 표출된 것이다. 그래서 하나님께서는 직접 아간을 말씀하시지 않고 이스라엘을 말씀하셨다.

아간의 범죄는 부모 주머니에서 지폐 한 장을 슬쩍한 것과 성격이 다르

다. 이 일을 놓고 하나님께서는 '언약을 어겼다'고 하셨다. 외투나 은, 금이 문제가 아니라 하나님의 언약이 문제였다. 이스라엘은 하나님과 언약으로 맺어진 사이이기 때문이다.

〈사도행전〉 2장에서 오순절 성령 강림으로 교회가 시작된다. 3장에서는 베드로가 나면서부터 걷지 못하던 자를 일으킨다. "은과 금은 내게 없거니와 내게 있는 이것을 네게 주노니 나사렛 예수 그리스도의 이름으로 일어나 걸으라"라는 유명한 말씀이 행 3:6 말씀이다. 이제 시작된 교회는 은과 금이 아닌 예수 그리스도의 이름이 있는 곳이다. 교회는 은이나 금으로 힘을 삼지 않고 예수 그리스도의 이름으로 힘을 삼는다. 4장에서는 이 일로 인해서 베드로와 요한이 곤욕을 치르고 5장에 아나니아, 삽비라 부부 얘기가 나온다.

아나니아, 삽비라가 땅을 팔기 전에 요셉이 먼저 땅을 팔았다. 요셉보다 바나바라는 별명이 더 유명한 사람이다. 위로의 아들이라는 뜻이다. 그런 별명을 가진 요셉이 밭을 팔아서 그 돈을 사도들의 발 앞에 두었다는 얘기로 4장이 끝나고 5장을 시작하면서 아나니아, 삽비라가 땅을 팔았다는 얘기가 나온다.

당시는 모든 물건을 서로 통용하고 자기 재물을 조금이라도 자기 것이라고 하는 이가 없었다. 요셉이 밭을 팔아서 헌금한 돈은 그런 초대교회에 상당히 유용하게 쓰였을 것이다. 바나바(위로의 아들)라는 별명이 괜히 붙은 것이 아니다. 모두가 그를 칭송했을 것이다. 아나니아, 삽비라가 땅을 판 이유를 여기에서 추론할 수 있다. 바나바가 받는 칭송이 부러웠던 것이다. 하지만 막상 땅 판 돈을 헌금하려니 슬그머니 아깝다는 생각이 들었다. 그래서 일부를 숨겼다.

땅을 팔면 전부 헌금해야 한다는 법은 성경에 없다. 땅을 팔아도 십일조를 하지 않을 사람이 수두룩하다. 그런 사람에 비하면 아나니아, 삽비라는 상당히 많은 액수를 헌금했다. 그런데도 죽었다. 헌금을 떼먹었기 때문이 아니다. 사람들의 칭송을 돈으로 사려는 마음으로 성령을 속였기 때문이다. 신앙의 형식을 빌리면서 '하나님의 시선'이 아니라 '사람들의 칭찬'에 마음을 두었다. 오순절 성령 강림으로 교회가 시작되어 이 땅에 하나님 나라가 실현되던 때에 하나님과의 관계를 깨는 사건이 발생한 것이다. 나면서부터 걷지 못하던 사람이 일어난 사건으로 교회가 나아갈 방향을 제시했다면 아나니아, 삽비라 사건으로 교회가 가장 경계해야 할 내용을 보여주었다.

아간의 범죄도 그렇다. 가나안 지경 첫 성인 여리고가 함락되었다. 전투력이 아니라 말씀에 대한 순종이 관건이었다. 가나안 정복 전쟁이 어떻게 수행되어야 하는지를 보여주었다. 이제 본격적으로 하나님의 나라가 선포될 것이다. 그러던 차에 아간의 범죄가 발생했다. 하나님 나라에 역행하는 사건이 벌어진 것이다. 하나님만 정확한 때 역사하시는 것이 아니다. 마귀도 정확한 때 역사한다.

이렇게 해서 범인 색출 작업이 벌어진다. 하나님 말씀대로 이스라엘 모든 백성이 제비를 뽑았다. 이스라엘 열두 지파에서는 유다 지파가 뽑혔고, 유다 지파에서는 세라 족속, 세라 족속에서는 삽디가 뽑혔고, 삽디 가족 중에서 갈미의 아들 아간이 뽑혔다.

아간은 자기가 지목되는 순간까지 두려움에 떨었을 것이다. 하지만 아무런 대응도 하지 않았다. 마땅히 회개하고 돌이켜야 할 시간을 탕진하고 말았다. 여리고성 주민들이 자기들의 멸망을 예견하면서도 문을 굳게 닫았던 것과 흡사하다. 에드윈 콜이 "물에 빠져 죽는 사람은 없다. 물에 머물렀기 때문에 죽는 것이다."라고 했던가? 죄인이 멸망하는 것은 하나님의 긍휼이 부족한 때문이 아니라 자신의 패역함 때문이다.

결국 아간의 죄가 백일하에 드러났다. 문득 궁금해진다. 아간이 어떤 사람이었을까? 평소에 "내가 이스라엘 백성이기는 하지만 기회만 오면 신앙을 버리고 한몫 챙겨야지."라는 생각을 하는 사람이었을까? 혹시 금과 은, 그리고 시날산 외투를 보기 전에는 다른 사람과 별 차이가 없는 사람은 아니었을까?

전남 영광에 있는 염산교회는 순교자가 많은 것으로 유명하다. 6·25 때 교인 2/3인 77명이 순교했다. 죽창에 찔려 죽기도 하고, 돌이 목에 묶인 채 수장 당하기도 하고, 생매장을 당하기도 했다. 그 교회 교인들이 순교하는 것을 멀리서 지켜본 마을 주민들의 증언에 따르면, 그들은 전부 "내 주를 가까이 하게 함은…"을 찬송하며 죽음을 받아들였다고 한다. 수장을 당하면서도 허우적거리는 대신 그 찬송가를 불렀고, 죽창에 찔리면서도 그 찬송가를 불렀다.

염산교회는 1947년에 설립되었다. 교인들 대부분 예수를 주로 고백한 지 3년이 채 되지 않았는데도 그랬다. "내 주를 가까이 하게 함은…"은 교회에서 참 즐겨 부르는 찬송인데 예배 때만 부를 게 아니라 죽음을 앞둔 상황에서도 부를 수 있어야 하지 않을까 싶다.

난리가 끝났다. 1/3 남은 교인들이 모였다. 예배를 드리는데 "내 주를 가까이 하게 함은…"은 차마 부르지 못하고 "환난과 핍박 중에도 성도는 신앙 지켰네"를 불렀다. 그때 그들이 어떤 마음이었을까? 그들은 분명히 환난과 핍박 중에도 신앙을 지킬 마음으로 불렀을 것이다. 혹시 우리가 예배 때 그 찬송가를 부른다면 과연 그때 그들과 같은 마음일까?

신앙이 있으면 그 신앙은 모름지기 환난이나 핍박이 있을 때도 나타나야 한다. 텅 빈 운동장에서는 운전을 할 수 있는데 차가 다니는 거리에서는 운전을 못하는 사람은 운전을 못하는 사람인 것처럼 아무 일도 없으면 신앙을 나타낼 수 있는데 환난이나 핍박이 있을 때는 신앙을 나타내지 못한다면 그것은 이미 신앙이 아니다.

환난과 핍박을 유혹으로 바꾸면 어떨까? 아간이 정말 하나님의 백성이라면 금, 은이나 시날산 외투와 관계없이 하나님 백성이어야 한다. 그것들이 눈에 띄지 않았으면 하나님의 백성으로 살 수 있었는데 그것들이 눈에 띄는 바람에 별 수 없었다는 것은 말이 안 된다.

그러면 아간과 다른 사람의 차이는 무엇일까? 아간만 불합격이고 다른 사람은 다 합격이라는 보장이 없다. 그 금과 은, 시날산 외투가 다른 사람 눈에 띄었으면 어떻게 되었을까?

아간은 3,400년 전 사람이라서 실감이 덜할 수 있다. 요즘 상황으로 바꿔보자. 지난 2019년 12월 2일에 환경미화원 A씨가 점유 이탈물 횡령 혐의로 광주 북부 경찰서에 불구속 입건되었다. 거리를 청소하다가 현금 일천만 원 뭉치를 주워서 몰래 챙긴 혐의다. 한 건설업자가 근로자들에게 지급할 급여를 실수로 흘렸는데 그것을 발견하고는 주머니에 넣은 것이다. 피해자는 당연히 신고를 했고 경찰은 현장 폐쇄회로 영상을 분석해서 A씨를 검거했다. 이런 경우에 A씨와 우리의 차이는 무엇일까? 우리였으면 당연히 주인을 찾아 돌려줬을 텐데 유독 A씨가 탐심이 많았을까?

아간의 범죄는 아간 혼자의 문제가 아니었다. 이스라엘의 죄가 아간에게 투영된 것이다. 이런 아간에 대한 처벌은 심히 가혹했다. 아간만이 아니라 아간한테 속한 모든 것이 다 처벌 대상이었다. 아간이 숨긴 금과 은, 외투는 물론이고 아간의 아들들과 딸들, 아간의 소들과 나귀들, 양들과 아간의 장막과 아간에게 속한 모든 것을 다 이끌고 아골 골짜기로 가서 온 이스라엘이 돌로 치고 불살랐다. 그러고는 후세에 경계하는 뜻으로 돌무더기를 쌓았다.

찬송가 323장에 나오는 아골 골짜기에서 바로 이런 일이 있었다. 아골 골짝 빈들에 복음 들고 간다고 찬송만 하지 말고 떡 한 접시 들고 아파트 옆집 문이라도 두드려 보았으면 좋겠다는 생각을 해본다.

각설하고, 애초에 하나님께서 여리고에 속한 것은 다 멸하라 하셨으니 아간이 숨긴 금과 은, 시날산 외투는 같이 불태우는 것이 맞다. 그런데 범죄 당사자인 아간은 물론이고 아간의 자식들과 가축들까지 전부 같은 취급을 받았다.

하나님께서 이런 말씀을 하신 적이 또 있다. 바로 아말렉이다. 아말렉에 속한 것은 어린아이나 가축을 막론하고 다 멸하라 하셨다. 아말렉은 죄를 상징하기 때문이다. 죄에 속한 것은 철저히 멸해야 한다.

아간한테 같은 원칙이 적용되었다. 아간을 통해서 이스라엘의 죄가 표출되었으니 당연한 셈법이다. 아간한테 속한 것은 다 도려내서 이스라엘 공동체를 보호해야 한다.

고대 로마에서 시행되던 가장 무거운 형벌은 '10분의 1처형'이라는 군법이었다. 예를 들어 집단으로 군율을 어기면 이런 벌을 받았다. 추첨을 해서 10분의 1 비율로 처형하는데, 뽑힌 사람은 동료들의 죄를 모두 짊어지고 심한 채찍질을 당한 후 참수형에 처해졌다. 이것이 가장 무거운 벌인 이유는 자신도 같은 죄를 지었으면서 동료를 처형하는 일을 맡아야 했기 때문이다. 이때 동료한테 채찍질을 하는 사람은 자신을 채찍질하는 심정이었을 것이다.

아간을 돌로 치는 이스라엘은 어떤 마음이었을까? "네 죄를 네가 알렸다!"라는 식이면 곤란하다. 그들이 돌로 친 것은 아간이 아니라 자기 안에 있는 죄여야 했다. 이글거리는 증오의 눈빛으로 아간을 노려볼 것이 아니라 자기 안에 있는 죄를 노려보아야 했다. 하나님의 영광보다 바벨론에서 만든 옷을 더 좋아하고 하나님의 언약보다 은이나 금을 더 좋아하는 마음은 당연히 돌로 쳐서 죽이고 불에 태워 없애야 한다.

아나니아, 삽비라의 경우를 봐도 그렇다. 아나니아, 삽비라 사건은 "온 교회와 이 일을 듣는 사람들이 다 크게 두려워하니라(행 5:11)"라는 말로 끝난다. 사람들이 왜 두려워했을까?

만일 아나니아 같은 사람, 삽비라 같은 사람을 찾아내서 열심히 정죄하는 것이 신앙이라면 "온 교회와 이 일을 듣는 사람들이 다 크게 이를 갈더라"라고 해야 어울린다. 그런데 이를 간 것이 아니라 두려워했다. 자기들한테도 같은 마음이 있었기 때문에 소름이 오싹했던 것이다. 차이가 있다면 아나니아와 삽비라처럼 드러나지 않았을 뿐이다. 요컨대 신앙은 다른 사람의 문제가 아니라 자기 자신의 문제이다. 자기 주변을 고치는 것이 신앙이 아니라 자기 자신을 고치는 것이 신앙이다.

08. 아이성을 점령하다

여호수아

아간이 처형되었으니 다시 아이성을 공략할 차례다. 아니, 아간으로 대표되는 이스라엘의 죄를 청산했으니 아이성을 공략할 차례다.

> 수 8:1-2〉 여호와께서 여호수아에게 이르시되 두려워하지 말라 놀라지 말라 군사를 다 거느리고 일어나 아이로 올라가라 보라 내가 아이 왕과 그의 백성과 그의 성읍과 그의 땅을 다 네 손에 넘겨주었으니 너는 여리고와 그 왕에게 행한 것 같이 아이와 그 왕에게 행하되 오직 거기서 탈취할 물건과 가축은 스스로 가지라 너는 아이 성 뒤에 복병을 둘지니라 하시니

앞에서 이스라엘은 삼천 명으로 아이성을 쳤다가 실패했다. 아이성 주민은 남녀를 합해서 일만 이천이었으니 삼천 명으로 공격한 것은 엄청난 교만이었다. 그렇다고 해서 육십만이나 되는 이스라엘이 전부 갈 이유가 있을까? 그것도 하나님께서 승리를 주셨다고 하면서 군사를 다 거느리고 가라고 하셨다. 이왕 승리를 주셨으면 기드온의 삼백 용사처럼 군사가 적게 갈

수록 하나님의 영광이 더 잘 드러나는 것 아닐까?

그런데 군사를 다 거느리고 가라고 하셨다. 그만한 군사력이 필요하기 때문이 아니다. 죄와의 싸움이기 때문이다. 죄를 몰아내는 싸움에는 어느 한 사람도 열외가 있으면 안 된다. 모두가 다 참여해야 한다.

여리고성과 차이가 있다면 여리고성에서는 그 성에 속한 모든 것을 불태우라고 했는데 아이성에서는 전리품을 취하는 것이 허락되었다. 여리고가 가나안 지경 첫 성이기 때문이다. 첫 열매는 온전히 하나님께 바쳐져야 한다.

이렇게 해서 아이성 싸움이 시작된다. 전쟁에는 모든 이스라엘이 다 동원되었지만 아이성 주변이 육십만이나 되는 군사가 한꺼번에 전쟁을 할 수 있을 만큼 넓지는 않다. 실제 전투에는 삼만 명이 참여했다.

우선 성읍 서편에 오천 명이 매복했다. 그리고 성읍 북편에서부터 공격을 시작하다가 거짓으로 패하여 도망했다. 아이 왕은 이스라엘이 전처럼 패주하는 줄 알고 기세 좋게 뒤를 쫓다가 그만 낭패를 당하게 된다. 아이성이 간단하게 함락되었다.

아이 왕이 기고만장했던 이유는 전에 한 번 이겼기 때문이다. 그때는 이스라엘이 하나님 보시기에 옳지 않게 행해서 패한 것이었는데 그 일이 도리어 아이성을 공략하는데 도움이 되었다. 하나님은 우리의 불성실까지도 사용하시는 분이다. 마음 놓고 게을러도 된다는 뜻이 아니다. 하나님께서는 우리의 미련함에 우리의 인생을 맡기지 않으시고 손수 책임지신다는 뜻이다.

나에게는 지우고 싶은 '흑역사'가 있다. 대학 시절을 당구장에서 보냈다는 사실이다. 밤을 꼬박 새워서 당구를 친 날이 부지기수였다. 출석이 까다로운 몇몇 강의 빼고는 전부 대리 대답으로 때웠다. 한 학기 내내 달랑 두 번 강의실에 들어간 과목이 한둘이 아니다. 수업은 한 번도 듣지 않은 채 중간고사와 기말고사만 치른 것이다.

그런 식으로 대학 시절을 보내고 취직을 해서 직장 생활을 하다가 남들보다 조금 늦게 신학을 했다. 1997년의 일이다. 당시 나는 전임전도사로 사역하면서 중고등부와 청년부를 지도했다. 중고등부 학생들에게 전도상으로 공중전화카드를 내걸었는데 그것이 상당한 효과를 보았다. 요즘은 중고등학생도 대부분 핸드폰이 있지만 그때는 삐삐가 대세였다. 공중전화에 매달려 삐삐 음성을 확인하는 모습을 쉽게 볼 수 있었다. 그런 시절에 "새 친구를 데려오면 5,000원짜리 전화카드 두 장 줄 테니 한 장씩 나눠 가져라."라고 한 것이다. 매주 새 친구가 줄을 이었다.

그러던 중에 반가운 사실을 알게 되었다. 전화카드 때문에 한두 주 교회 출석한 학생들이 교회 인근에 있는 당구장에 출입하는 것이었다. 그때가 아마 방학이었을 것이다. 보충수업을 마치면 그다음 코스가 당구장이었다. 당구에 재미를 들이면 잘 때 천장에서 당구공이 왔다 갔다 하고, 교실에서는 앞에 있는 학생들의 뒤통수가 다 당구공으로 보인다. 바로 그런 시기를 보내고 있었다.

당구장에 갔더니 낯익은 얼굴들이 보였다. 나를 보더니 당황했는지 당구를 치다 말고 내 눈치를 살핀다. 하기야 전도사가 당구장에 나타났으니 그럴 만도 하다. "괜찮아, 계속 쳐. 난 그냥 앉아서 구경할게." 하고는, 첫날은 구경만 하다 왔다. 다음날에 또 갔다. 이번에는 살짝 코치를 했다. "야, 그건 그렇게 치지 말고 이렇게 쳐봐라." 자리에서 일어서지는 않고 앉아서 말로만 코치를 했는데, 많이 얘기하지는 않았다. 다음날에 또 갔다. 이번에는 서서 가르쳐줬다. 그런 식으로 며칠을 보냈더니 나중에는 먼저 물어보기도 했다. 심지어는 공의 위치를 종이에 그려 가지고 와서는 "이런 경우에는 어떻게 쳐야 합니까?" 하고 묻기도 했다. 성경에 대해서는 궁금한 것이 없어도 당구에 대해서는 궁금한 것이 많았던 모양이다. 하여간 그렇게 해서 그때 그 학생들이 전부 교회에 정착했다. 고3 때는 11명 전원 수련회에 참석했고, 졸업한 다음에는 교회학교 교사와 찬양대원으로 봉사하기도 했다.

예배 때 그들이 찬양대석에 앉아있는 모습을 보면 괜히 콧등이 시큰거렸다. 대학 시절, 당구장에서 보낸 시간이 나한테는 '잃어버린 시간'이었는데 하나님은 그것조차도 쓰신다고 생각하니 참으로 기가 막혔다. 하나님은 나의 불성실마저도 사용하시는 분이다. 하물며 성실했다면 얼마나 더 잘 사용하실까?

결국 이스라엘이 이겼다. 전에는 이스라엘이 하나님 눈 밖에 난 상태라서 아이 왕이 이길 수 있었지만 이스라엘이 하나님과 화목했으니 상황이 다르다. 아이 왕한테 하나님과 불화한 이스라엘을 이길 힘은 있었지만 하나님과 화목한 이스라엘을 이길 힘은 없었다. 우리가 하나님을 편드는 이상 죄는 절대 우리를 이길 수 없다.

아이성 싸움은 여리고성 싸움과 그 양상이 전혀 달랐다. 하나님께서 여리고에서는 성이 저절로 무너지는 초월적인 방법을 쓰셨는데 이번에는 일반적인 방법으로 싸울 것을 말씀하셨다. 그것도 압도적인 군사력을 내세워서 일거에 무너뜨리게 한 것이 아니다. 마치 군사력이 비슷한 것처럼 복병을 하면서 조심스럽게 싸우게 했다. 이스라엘 백성들한테 아이성을 얕보는 마음이 있었기 때문이다. 죄와의 싸움은 언제나 신중해야 한다. 죄를 만만하게 본다면 그것으로 이미 패한 것이다. 하나님께서 승리를 약속하신 싸움이지만 우리는 언제나 최선을 다해서 그 싸움에 임해야 한다.

결국 아이성을 정복했다. 여호수아가 성을 불살라 그것으로 영원한 무더기를 만들었고 아이 왕은 저녁때까지 나무에 달았다가 해질 때에 나무에서 내려 돌로 큰 무더기를 쌓았다.

> 수 8:29〉 그가 또 아이 왕을 저녁때까지 나무에 달았다가 해 질 때에 명령하여 그의 시체를 나무에서 내려 그 성문 어귀에 던지고 그 위에 돌로 큰 무더기를 쌓았더니 그것이 오늘까지 있더라

아이 왕의 최후가 왠지 낯익다. 아간의 최후가 바로 이랬기 때문이다. 바야흐로 하나님의 나라가 이루어지는 것을 보면서도 죄의 정욕에 사로잡혔던 아간이나 고작해야 일만 이천 밖에 안 되는 숫자로 하나님의 통치가 실현되는 것에 끝까지 항거했던 아이 왕이나 결국 같은 사람이기 때문이다. 혹시 우리 안에 하나님의 나라가 실현되는 것을 싫어하는 마음이 있다면 당연히 죽여 없앤 다음에 그 위에 돌무더기를 쌓아서 다시는 그런 일이 없도록 경계를 삼아야 한다.

이렇게 해서 여리고성 싸움과 아이성 싸움이 끝났다. 그러면 다음에는 어떤 내용이 나와야 할까? 이스라엘이 더욱 힘을 내어 가나안 원주민을 몰아내는 내용이 있어야 하지 않을까? 이스라엘이 가는 곳마다 하나님 나라가 선포되고 하나님께서 영광 받으시는 내용이 나와야 할 것 같은데 그렇지 않다.

> 수 8:30-32〉 그때에 여호수아가 이스라엘의 하나님 여호와를 위하여 에발산에 한 제단을 쌓았으니 이는 여호와의 종 모세가 이스라엘 자손에게 명령한 것

과 모세의 율법책에 기록된 대로 쇠 연장으로 다듬지 아니한 새 돌로 만든 제
단이라 무리가 여호와께 번제물과 화목제물을 그 위에 드렸으며 여호수아가
거기서 모세가 기록한 율법을 이스라엘 자손의 목전에서 그 돌에 기록하매

아이성 싸움을 끝낸 여호수아가 에발산에 제단을 쌓았다. 이런 일이라면
가나안 정복 전쟁을 다 마친 다음에 하는 것이 어울릴 것 같은데 그렇지 않
다. 아이성 싸움은 실패와 성공을 모두 경험한 싸움이다. 그 싸움을 통해서
이스라엘은 자기들한테 죄가 있으면 실패하고 하나님 말씀에 의지해야 성
공한다는 사실을 체험했다. 바로 그런 싸움이 있은 연후에 제단을 쌓았다.
그러니 모든 싸움이 다 끝난 다음에 제단을 쌓는 것보다 지금이 훨씬 자연
스럽다. 앞으로 전개될 모든 전쟁은 철저하게 하나님의 뜻에 따라서 수행되
어야 하기 때문이다.

수 8:34-35〉 그 후에 여호수아가 율법책에 기록된 모든 것 대로 축복과 저주
하는 율법의 모든 말씀을 낭독하였으니 모세가 명령한 것은 여호수아가 이스
라엘 온 회중과 여자들과 아이와 그들 중에 동행하는 거류민들 앞에서 낭독하
지 아니한 말이 하나도 없었더라

본래 이스라엘은 사람 숫자를 셀 때 스무 살 넘는 남자만 센다. 여자나
아이들은 세지 않는다. 홍해를 건넌 이스라엘이 육십만 삼천오백오십 명이
라는 것도 스무 살 넘는 남자가 그렇다는 얘기이고, 예수님이 보리떡 다섯
개와 물고기 두 마리로 오천 명을 먹인 오병이어 기적도 스무 살 넘는 남자
가 오천 명이었다는 얘기다.

하지만 율법을 낭독할 때만은 그렇지 않았다. 스무 살 넘는 남자만이 아니라 여자들과 아이들 심지어는 그들 중에 동행하는 거류민까지도 율법을 들어야 했다. 율법 앞에서 어떻게 살아가느냐에 따라서 복과 저주로 나누어진다고 하는 사실에는 누구도 예외일 수 없기 때문이다.

거류민도 율법을 들어야 했다는 것이 무슨 뜻이겠는가? 우리가 이 세상에서 거류민이기 때문이다. 우리가 이 세상을 거류민으로 살아갈 때도 하나님 말씀 앞에서 살아가야 한다. 하나님의 공동체인 교회로 모여 이스라엘로 살아갈 때만 율법을 들어야 하는 것이 아니라 세상을 살아갈 때도 율법을 들으면서 살아가야 한다. 거기에서 우리의 복과 저주가 구분되기 때문이다.

09 기브온의 지혜

여호수아

여리고성 전투와 아이성 전투를 마친 이스라엘이 에발산에 제단을 쌓는 동안 가나안 원주민들은 무엇을 하고 있었을까? 그들이라고 해서 여리고성이나 아이성 소식을 모를 리 없다.

복음서에 바리새인들이 헤롯당과 함께 예수님을 죽일 방안을 꾸미는 얘기가 나온다. 바리새인은 당시 종교 지도자였다. 율법을 지키는데 남다른 열심이 있었다. 반면 헤롯당은 로마에 야합해서 정권을 잡은 사람들이다. 바리새인들이 보기에는 도무지 상종 못할 부류들이다. 아무리 정권이 좋아도 어떻게 이방 족속과 같은 편이 된단 말인가? 그런 헤롯당을 찾아갔다. 예수님을 죽이는 일이 그만큼 중요했다.

이 내용을 우리한테 적용시키면, 우리는 예수님을 높이기 위해서 평소 원수로 알고 지내던 사람도 찾아갈 수 있어야 한다는 뜻이 된다. 아무나 할 수 있는 일이 아니다. 성격 좋은 사람이 할 수 있는 일이 아니라 신앙이 무엇인지 아는 사람이 할 수 있다.

신앙은 영적인 문제다. 자기가 있는 곳을 하나님 나라로 선포하느냐,

이 세상 나라로 선포하느냐의 싸움이다. 우리는 어둠 권세에 맞서 이 땅에서 하나님 나라를 실현하는 사람들이다. 이런 사실을 염두에 두면 교인끼리 불화하는 것은 엄청난 불신앙이다. 그것이 누구를 편드는 일인지 몰라서 그렇다. 하나님을 기쁘시게 해드리지 못하는 것도 송구스러운데 마귀 새끼가 좋아할 일을 할 이유가 없다.

바리새인들이 헤롯당과 손을 잡는다는 얘기는 더 이상 바리새인이기를 포기한다는 뜻이다. 그렇게 해서라도 예수님을 해칠 수만 있으면 바랄 게 없다는 사람들을 무슨 수로 감당할까? 마찬가지다. 예수님을 높이기 위해서라면 자기 이익이나 자존심은 전혀 문제가 안 된다는 사람을 사탄은 절대 감당하지 못한다.

> 수 9:1-2〉 이 일 후에 요단 서쪽 산지와 평지와 레바논 앞 대해 연안에 있는 헷 사람과 아모리 사람과 가나안 사람과 브리스 사람과 히위 사람과 여부스 사람의 모든 왕들이 이 일을 듣고 모여서 일심으로 여호수아와 이스라엘에 맞서서 싸우려 하더라

예수님을 대적하기 위해서라면 바리새인과 헤롯당도 힘을 합하는 마당에 가나안 족속이라고 해서 가만히 있을 리 없다. 헷 사람, 아모리 사람, 가나안 사람, 브리스 사람, 히위 사람, 여부스 사람 할 것 없이 힘을 모아 싸울 차비를 차렸다. 본래는 따로 살아가는 족속이었지만 하나님 나라에 대항하기 위해서 기꺼이 힘을 모았다. 하나님을 향한 악의 항전은 자기들이 멸망할 때까지 그치지 않는 법이다.

수 9:3-6〉 기브온 주민들이 여호수아가 여리고와 아이에 행한 일을 듣고 꾀를
내어 사신의 모양을 꾸미되 해어진 전대와 해어지고 찢어져서 기운 가죽 포도
주 부대를 나귀에 싣고 그 발에는 낡아서 기운 신을 신고 낡은 옷을 입고 다 마
르고 곰팡이 난 떡을 준비하고 그들이 길갈 진영으로 가서 여호수아에게 이
르러 그와 이스라엘 사람들에게 이르되 우리는 먼 나라에서 왔나이다 이제 우
리와 조약을 맺읍시다 하니

히위 족속에 속한 기브온 주민은 달랐다. 그들은 여리고와 아이 소식을
듣자마자 자기들끼리 방안을 강구했다. 꾸물대다가 이스라엘이 들이닥치
면 그것으로 끝이다. 이스라엘이 오기 전에 먼저 화해를 청하기로 했다.

하지만 자기들이 가나안 원주민인 것을 알면 화해에 응할 리가 없다. 해
어진 전대와 해어지고 찢어져서 기운 가죽 포도주 부대, 낡아 기운 신, 낡은
옷, 마르고 곰팡이 난 떡 등으로 먼 길을 온 사람처럼 위장하고는 이스라엘
이 진을 치고 있는 길갈로 찾아갔다. 화해를 이루면 살 수 있지만 화해를
이루지 못하면 죽기 때문에 그들의 모든 관심이 여기에 집중되어 있었다.

그러면 우리의 관심은 무엇일까? 기브온 주민들의 모든 관심은 이스라엘
과 화해하는 것 한 가지였던 것처럼, 우리의 관심은 하나님께 더 가까이 가
는 것 한 가지여야 한다. 우리 삶의 이유와 목적이 거기에 있다.

어떤 청지기가 있었다. 주인의 재산을 허비하는 청지기였다. 그 사실을
안 주인이 그를 불러서 보던 일을 셈하라고 했다. 꼼짝없이 쫓겨나게 생겼
다. 땅을 파자니 힘이 없고 빌어먹자니 부끄러운데 이 노릇을 어떻게 하면
좋단 말인가? 고민하던 청지기가 엉뚱한 일을 벌인다. 주인에게 빚을 진 사
람들을 일일이 불러서 그 빚을 탕감해 준 것이다. 기름 백 말을 빚진 사람에

게는 기름 오십 말이라고 하고, 밀 백 석을 빚진 사람에게는 팔십 석이라고 했다. 그렇게 하면 자기가 청지기 자리에서 쫓겨났을 때 그 사람들이 자기를 영접할 것이기 때문이다. 그러자 주인은 청지기가 지혜 있게 일을 처리했다며 칭찬했다고 한다. 예수님이 말씀하신 불의한 청지기 비유인데, 알다가도 모를 일이다.

그는 주인의 재산을 허비한 나쁜 사람이다. 그 일이 들통 나서 청지기 자리에서 쫓겨날 지경이 되자 이번에는 차용증서를 뜯어고치는 일을 저질렀다. 요즘 말로 하면 처음에는 업무상 횡령을 했고 나중에는 사문서를 위조했다. 그런데 왜 칭찬을 들어야 할까?

탕감해 준 내용도 이상하다. 기름 백 말을 빚진 사람은 오십 말로 탕감해 주고 밀 백 석을 빚진 사람은 팔십 석으로 탕감해 주었으니 형평성이 맞지 않는다. 남의 돈을 인심 쓰면서도 자기 입맛대로 하는 것일까?

이것은 당시 이자율 때문이다. 지금은 물건을 빌려주고 물건을 돌려받는 경우가 거의 없지만 예전에는 그렇지 않았다. 돈보다도 물건으로 빌려주고 물건으로 돌려받는 경우가 훨씬 많았다. 그리고 물건에 따라서 이자율이 달랐다. 가령 기름은 이자율이 100%였다. 기름 오십 말을 빌리면 그에 따른 이자가 또 기름 오십 말이었다. 원금과 이자를 합하면 기름 백 말이 된다. 밀은 이자율이 25%였다. 밀 팔십 석을 빌리면 이자가 밀 이십 석이었다. 원금과 이자를 합하면 밀 백 석이 된다. 아무런 원칙 없이 마음 내키는 대로 빚을 탕감해 준 것이 아니라 이자를 탕감해 준 것이다.

예수님이 말씀하신 비유는 "주인이 이 옳지 않은 청지기가 일을 지혜 있게 하였으므로 칭찬하였으니 이 세대의 아들들이 자기 시대에 있어서는 빛의 아들들보다 더 지혜로움이니라(눅 16:8)"로 끝난다.

주인이 옳지 않은 청지기를 칭찬했다. 그 청지기는 주인 보기에 옳지 않은 청지기였다. 주인이 그 청지기의 총체적인 인격이나 도덕성, 의로움을 칭찬했다. 단지 다가오는 앞날을 예비하는 지혜를 칭찬한 것이다. 비록 행실은 올바르지 않지만 머리 하나는 잘 돌아가더라는 얘기다. 정직하지도 않았고 진실하지도 않았지만 자기 살 길은 마련했다. 그의 생활 태도나 사람 됨됨이는 본받을 것이 없지만 자기에게 다가올 앞날을 대비하는 지혜만큼은 우리에게 시사하는 바가 있다.

군인들은 첫 휴가 때 영어책 한두 권씩 가지고 복귀한다. 군대에서 공부하라고 잔소리하는 사람은 없다. 오히려 공부를 하려면 고참 눈치가 보인다. 그런데도 그 바쁜 군 생활을 쪼개어 틈틈이 공부를 한다. 자기가 진짜 인생을 살아야 할 곳이 군대가 아니라 사회인 것을 알기 때문이다.

군 생활을 대충해도 된다는 얘기가 아니다. 당연히 성실하게 해야 한다. 하지만 성실하게 하는 군 생활 속에서도 궁극적인 관심은 제대한 다음에 있어야 한다. 군 생활을 하면서 남들이 못 가는 포상휴가를 나올 수 있다. 그 가치가 얼마나 될까? 군대에서는 가끔 건빵이 나온다. 건빵에는 별사탕도 들어 있다. 한번은 옆 동료가 받은 건빵에 별사탕이 두 봉지 들어 있었다. 지금 생각하면 유치하지만 그때는 다 부러워했다.

군대에서 포상휴가를 받는 것도 그때는 대단하게 보였지만 지금 생각하면 별사탕 두 봉지가 든 건빵 받은 것과 별 차이가 없다. 군대는 자기의 진짜 인생을 사는 곳이 아니기 때문이다. 포상휴가를 누가 많이 나왔느냐, 별사탕을 누가 많이 먹었느냐는 그리 중요하지 않다. 그렇게 근무하다가 제대한 다음에 어떻게 지내느냐가 중요하다.

기브온 사람들이 그랬다. 그들은 다가오는 미래를 알았다. 그들의 모든 지혜를 동원해서 그 날을 대비했다. 그들한테 그보다 더 중요한 다른 일이 없었다.

장자옥 씨가 쓴 〈마지막 남은 생명〉에 군 형무소에 수감된 사형수 얘기가 나온다. 전방에서 근무하다가 총기를 난사해서 민간인 몇 사람을 죽였기 때문에 사형을 선고 받고 집행일을 기다리는 사람이었다. 죽기 전에 무엇을 할까 하다가 맛있는 음식이나 실컷 먹었으면 좋겠다는 생각을 했다. 어려서부터 가난하게 자란 탓에 음식에 대한 욕심이 있었던 것인지도 모른다. 하지만 돈이 있을 리 없다. 맛있는 음식을 사식으로 넣어 줄 사람도 없었다. 궁리 끝에 자기 몸을 대학 병원에 해부용으로 팔기로 하고 선금 10만 원을 받았다. 그 돈으로 죽기 전에 먹고 싶었던 고기를 주문해서 실컷 먹었다. 그가 한창 먹고 있을 때 감방 동료가 "야! 그거 맛있겠구나." 하고 말을 건넸다. 그가 퉁명스럽게 대답했다. "맛은 무슨 맛? 내 몸뚱이 팔아서 먹는 건데…" 몸뚱이를 팔아서 먹는 고기에 무슨 맛이 있겠느냐는 가슴 섬뜩한 한마디를 남기고 형장의 이슬로 사라졌다.

그는 자기에게 어떤 일이 기다리고 있는지 알았다. 자기 앞일에 대한 지식은 있었다. 하지만 지식만 있었다. 자기에게 어떤 일이 기다리고 있는지 알았으면 그다음에는 그 일을 대비해야 했는데, 그런 지혜는 없었다.

별 수 없는 노릇이다. 그는 이 세상 살다 죽으면 그것으로 끝인 줄 알았던 사람이다. 다음 세상이 있는 것을 모르니 고작해야 목숨이 붙어 있는 동안 맛있는 음식이나 실컷 먹는 것이 유일한 소원이었고, 가진 것이 없으니 자기 몸뚱이라도 팔아서 음식 값에 보태는 것이 그에게는 일종의 지혜였다.

헷 사람, 아모리 사람, 가나안 사람, 브리스 사람, 히위 사람, 여부스 사람도 자기들끼리 힘을 모아 싸울 차비를 차리는 것이 나름대로의 지혜였을까? 지렁이도 밟으면 꿈틀한다는 식으로 마지막 발악을 하는 것이 그들이 할 수 있는 최선이었을까?

그런 점에서 기브온 사람들은 달랐다. 먼 나라에서 온 것처럼 꾸미고는 화친 조약을 청했다. 여호수아가 영문을 물을 것은 당연하다. 그들이 어디에 사는 어떤 족속이며 왜 화친하려 하는지 물었다.

> 수 9:9-10〉 그들이 여호수아에게 대답하되 종들은 당신의 하나님 여호와의 이름으로 말미암아 심히 먼 나라에서 왔사오니 이는 우리가 그의 소문과 그가 애굽에서 행하신 모든 일을 들으며 또 그가 요단 동쪽에 있는 아모리 사람의 두 왕들 곧 헤스본 왕 시혼과 아스다롯에 있는 바산 왕 옥에게 행하신 모든 일을 들었음이니이다

기브온 사신들은 상당히 주도면밀했다. 그들이 화친하려는 이유는 여리고성과 아이성이 어떻게 되었는지 알았기 때문이다. 하지만 그 얘기를 하면 자기들이 멀리서 오지 않았다는 사실이 들통난다. 그래서 애굽이나 요단 동편처럼 오래 전에 있었던 일만 얘기했다. 그들의 복장이나 소지품은 물론이고 대화 소재도 '이스라엘과의 화해'라는 한 가지 목표에 응집시켰다. 그 목표에 도움 되는 말은 하지만 도움 되지 않는 말은 할 이유가 없다.

> 무릇 더러운 말은 너희 입 밖에도 내지 말고 오직 덕을 세우는 데 소용되는 대로 선한 말을 하여 듣는 자들에게 은혜를 끼치게 하라(엡 4:29)

어쩌면 성경에 이처럼 요즘 세태에 딱 맞는 말씀이 있나 싶다. 버스나 전

철에서 학생들이 하는 얘기를 들으면 정말 그렇다. 욕을 빼면 대화가 안 될 정도다.

하지만 성경은 우리의 언어 정화가 아니라 영혼 정화에 관심이 있는 책이다. 특히 본문은 더러운 말과 고운 말을 대조하는 것이 아니라 더러운 말과 덕을 세우는 데 소용되는 선한 말을 대조하고 있다. 성경이 말하는 더러운 말은 상스러운 욕설이 아니라 덕을 세우는데 방해되는 말이다.

출애굽한 이스라엘이 가나안 접경에 이른 다음 열두 명의 정탐꾼을 보낸다. 그런데 사십 일 동안 정탐을 마친 열두 명 중에 열 명이 엉뚱한 말을 한다. 그 땅의 성읍은 크고 견고하며 거주민은 전부 장사들이어서 자기들은 도무지 상대가 안 된다고 했다. 그 땅에 들어가는 것보다 차라리 애굽으로 돌아가는 것이 낫다는 것이다. 그런 말이 우리가 입 밖에 내지 말아야 할 더러운 말이다. 정탐꾼들이 육두문자를 쓰면서 얘기했기 때문이 아니다. 바람직한 신앙생활을 방해하는 말이기 때문이다. 하나님의 은혜를 기대하게 하는 말이 아니고 세상 앞에서 낙심하게 하는 말이기 때문이다.

우리가 일상생활에서 들을 수 있는 가장 더러운 말은 단연 TV 광고일 것이다. 전철이나 버스에서 하는 학생들의 거친 말투에 마음을 빼앗기는 사람은 없다. "저런 말투가 요즘 트렌드로구나. 잘 기억했다가 나도 써먹어야지."라고 하는 것이 아니라 "대체 뉘 집 자식들일까? 설마 우리 애는 안 그러겠지."라고 할 것이다. 그런데 TV 광고에는 마음을 빼앗긴다. 멀쩡한 세탁기가 갑자기 구식으로 보이고 잘 쓰고 있는 냉장고가 불편하게 느껴진다.

주님은 우리한테 아무것도 부족한 것이 없다고 하는데 광고는 늘 우리한테 부족한 것이 있다고 한다. 광고를 통해서 행복을 느껴본 사람이 있으

면 나와 보라고 하자. 백화점에서는 행복을 파는 것처럼 광고하지만 쇼핑
백을 열어 보면 행복은 없고 물건만 있다. 한 달 후에는 청구서도 날아올
것이다.

몇 년 전에 "요즘 어떻게 지내느냐는 동창의 질문에 그랜저로 대답했습니
다."라는 자동차 광고가 있었다. "당신이 사는 곳이 당신을 말해줍니다."
라는 아파트 광고도 있었다. 참 나쁜 광고다. 차나 집으로 사람을 설명하
는 법이 어디 있는가? 사람이 집을 평가하는 것이 맞을까, 집이 사람을 평
가하는 것이 맞을까? 그렇게 광고한 아파트에 살고 그렇게 광고한 차를
타고 다니는 사람한테 "그래서 행복하십니까?" 하고 물어보면 뭐라고 할
까? 굳이 물어보지 않아도 답은 다 안다. 그런데도 "그래도 그렇게 살아봤
으면 좋겠다."라고 한다. 사람들이 그렇게 우매하니까 그런 광고가 있는
것이다.

바울이 로마교회에 편지를 쓰면서 "너희는 이 세대를 본받지 말라"고 했
다. 영국의 목회자이며 성경번역가인 필립스는 그 말씀을 "세상이 당신을
세상의 주형틀에 넣고 찍어내게끔 하지 마십시오."라고 의역했다. 또 유진
피터슨은 "문화에 너무 잘 순응하여 아무 생각 없이 동화되어 버리는 일이
없도록 하십시오."라고 했다. 표현이 과격하고 부드러운 차이는 있지만 뜻
은 다 같다. 하나님의 장단에 춤을 춰야 하는 우리가 세상의 장단에 춤을
출 수는 없지 않은가?

세상은 어차피 세속적이다. 세상이 우리한테 신자로 살아가는데 도움이
되는 얘기를 할 리는 만무하다. 문제는 우리들이다. 세상이 하는 얘기를 듣
고 고개를 끄덕이고 그 얘기를 다시 옮기면 안 된다. 우리는 덕을 세우는 데
소용되는 대로 선한 말을 해야 하는 사람들이다. 남보다 좋은 집에 살고

남보다 편리하게 사는 것이 가치 있는 인생인 양 부추기는 말이 우리 입에서는 나오지 말아야 한다. 그런 말이 나오지 않으려면, 그런 생각이 없어야 한다.

기브온 사신들은 철저하게 이 원칙을 지켰다. 이스라엘과 화친하는데 방해되는 최근 일은 입 밖에도 내지 않았고 오직 화친하는 데 소용되는 예전에 있었던 일만 얘기했다. 결국 화친을 얻어냈다.

이 세상 사람들도 자기들의 앞날을 예견하여 자기들의 모든 언행을 거기에 맞춘다면 영원한 소망을 안고 살아가는 우리가 이들보다 못할 수는 없다. 우리의 언어와 행실은 당연히 우리의 경건에 초점이 모아져야 한다. 과연 경건에 유익인지를 기준으로 말하고 행동해야 한다. 기브온 주민들이 이스라엘과 화해하는데 방해되는 말은 하지 않았던 것처럼 우리 역시 경건에 유익하지 않은 말은 입에 담지 말아야 한다.

사람들은 흔히 옳고 그른 것에 절대 가치를 두는 경향이 있다. 남의 가슴에 못을 박는 말을 해놓고도 "왜? 내가 틀린 말했어?"라고 한다. 경건에 유익하지 않은 말은 입에 담지 말라는 얘기는 바로 그런 것을 하지 말라는 뜻이다. 옳고 그른 것이 전부가 아니라 우리가 궁극적으로 추구하여야 할, 그보다 더 큰 가치가 있음을 알아야 한다.

하나님은 우리가 죄인인지 의인인지를 명백히 판정하는 것에 관심을 두지 않았다. 죄인인 우리를 의인으로 만드는 것에 관심이 있었다. 오죽했으면 그 아들을 십자가에 못 박았다. 우리는 그 은혜를 아는 사람들이다. 그러면 이제는 우리 차례다. 우리의 모든 언행도 하나님의 관심과 궤를 같이 해야 한다. 하나님의 관심이 있는 곳에 우리의 관심이 있어야 하고, 하나님께서 중요하게 여기는 문제를 우리도 중요하게 여겨야 한다. 그 일을 위해서 우리는 덕을 세우는 데 소용되는 대로 선한 말을 하여 듣는 자들에게 은혜를 끼쳐야 한다. 요컨대 신앙에 도움이 되는 말을 해야 한다.

> 수 9:14-15〉 무리가 그들의 양식을 취하고는 어떻게 할지를 여호와께 묻지 아니하고 여호수아가 곧 그들과 화친하여 그들을 살리리라는 조약을 맺고 회중 족장들이 그들에게 맹세하였더라

이스라엘이 감쪽같이 속고 말았다. 곰팡이가 핀 떡을 보고는 멀리서 온 것으로 단정해서 화해 요청을 받아들였다. 성경은 이 사실을 놓고 "여호와께 묻지 않고 그들과 화친했다"고 지적한다.

그렇다고 해서 "기도하지 않고 결정해서 그렇다. 우리는 어떤 일을 하든지 먼저 기도해야 한다." 하고 단순하게 적용하는 것은 조심스럽다. 물론 이때 여호수아를 비롯한 족장들이 기도하지 않고 일을 그르친 것은 맞지만 '기도' 자체가 우리의 책임은 아니기 때문이다. 우리가 기도했다고 해서 그 기도에 이어지는 일이 항상 하나님 보시기에 합당하다는 보장은 없다. 밥 먹기 전에 기도한다고 해서 그 밥 먹고 하는 일이 언제나 하나님 보시기에 옳은 것은 아니다.

예전에 어떤 분이 물었다. "목사님, 기도는 좋은 것이잖아요. 그런데 왜 교회에서 시끄러운 사람들은 전부 기도 많이 하는 사람들이죠?" 마땅히 대답할 말이 없어서 그냥 웃고 말았다. 기도라는 행위가 바람직한 신앙 인격으로 연결되지 않는 예가 왕왕 있다. 기도를 할수록 하나님의 뜻을 헤아려야 하는데 오히려 하나님께 자기 뜻을 헤아려 달라고만 하기 때문이다.

심지어는 완곡한 거절을 나타낼 때 "기도하고 결정하겠다."라고 한다.

기도는 본래 하나님과 우리를 연결하는 통로인데 그런 기도가 자기의 난처한 입장을 가려주는 단어가 된 것이다. 말로는 '기도'라고 하는데 전혀 기도가 아닌 예가 얼마든지 있다.

제법 오래 된 일이다. 모처럼 고등학교 동창 모임에 갔더니 회장을 맡고 있는 친구가 말했다.

"와! 오랜만이다. 너, 목사라면서?"

"응"

"혹시 우리 동창 차원에서 너희 교회를 도울 수 있는 일이 있으면 얘기해라."

다분히 인사치레로 하는 말이다. 그런 말에는 "됐다, 말만이라도 고맙다."라고 하면 되는데, 괜한 장난기가 발동했다.

"도와줄 일 있지."

"뭔데?"

"오는 주일에 동창들 중에 백 명만 우리 교회에 등록하게 해라."

"야, 그런 거 말고 다른 건 없냐?"

"곤란하냐? 그럼 동창회에서 매주 100만 원씩만 우리 교회로 헌금해라."

"농담 말고, 할 수 있는 걸 좀 얘기해봐라."

"야! 사람도 못 오고 돈도 못 오면서 대체 무엇으로 돕는다는 얘기냐?"

"알았다. 동창회에서는 그냥 기도만 하마."

물론 그 얘기도 정말로 기도하겠다는 얘기가 아니다. "교회도 다니지 않으면서 누구에게 기도하겠다는 얘기냐? 네가 기도하면 그 기도는 누가 듣는데?" 하고 물으려다, 너무 면박을 주는 것 같아서 그냥 넘어갔다.

그 친구는 불신자라서 그렇다 치고, 신자는 다를까? 요즘은 크리스마스

카드가 보이지 않지만 부교역자 시절에는 그렇지 않았다. 크리스마스 때만 되면 제법 많은 카드를 받았다. 내용은 대부분 "…항상 건강하시기를 기도드립니다.", "…주님의 은총이 늘 함께 하기를 기도합니다."처럼 나를 위해 기도한다는 말로 끝을 맺었다. 속으로 생각했다. "얘가 나를 위해서 기도한다고 했는데, 정말로 기도할까…?" 아무리 상상하려고 해도 그런 모습이 상상되지 않았다. 정말로 기도한다는 뜻이 아니라 그렇게 되기를 바란다는 뜻이다.

내가 쓴 책 중에 〈하늘에 닿는 기도〉라는 책이 있다. 그 책이 나올 적에 출판사에서 "기도에 대한 책은 팔립니다."라고 했다. 그 말이 한동안 머리에서 떠나지 않았다. 기도에 대한 책이 왜 팔릴까? 답을 알 것도 같았다. 교인이면 누구나 기도에 대한 부담감이 있다. 그런데 실제로 기도를 하지는 않는다. 그래서 책을 산다. 기도에 대한 부담감이 기도로 이어져야 하는데 책 구입으로 이어지는 것이다. 기도에 대한 책을 읽으면 기도를 더 잘하게 될까?

기도에 대한 그런 부담감이 있으니 '기도'라는 말만 나오면 껌뻑 죽는다. "맞아, 기도해야지. 여호수아도 기도하지 않아서 그랬어." 하고 넘어간다. 기도하면 백 점이고 기도 안 하면 빵 점인 줄 아는 모양이다.

우리에게는 계시의 완성인 성경이 있다. 하지만 구약시대에는 계시가 완성되지 않은 때였다. 그래서 하나님께서 즉각적으로 응답하는 것으로 하나님의 뜻을 나타내셨다. 하지만 지금은 그런 식으로 응답하지 않으신다. 우리는 기도를 하면서도 과연 하나님의 뜻인지 여부를 모르는 경우가 허다하다.

결국 본문에서 여호수아와 족장들이 '기도하지 않고 결정하는 잘못'을 범했지만, 그 내용을 우리한테 적용하면 '하나님의 뜻에 관심을 두지 않은 채 결정했다'고 해야 한다. 우리는 무슨 일을 하든지 하나님 뜻을 살펴야 한다. 자기한테 유리한지, 불리한지는 전혀 중요하지 않다. 하나님 보시기에 옳은지, 옳지 않은지가 중요할 뿐이다.

그런데 '하나님의 뜻'에 대해서는 이상한 오해가 있다. 어떻게 하는 것이 유리할지를 고민하면서 하나님의 뜻이라는 말을 갖다 붙이는 경우를 본다. 예컨대 "제가 취직을 하는 것이 하나님의 뜻입니까, 장사를 하는 것이 하나님의 뜻입니까?"라고 물으면 뭐라고 답해야 할까?

다니엘은 사자 굴에 들어갔다 나온 것으로 유명하다. 그런데 교회사에는 사자 굴에 들어가기만 하고 나오지 못한 사람이 수두룩하다. 초대교회 때 크리스천이라는 이유로 사자 밥이 된 사람이 한둘이 아니다. 예전에 어떤 분이 하나님이 다니엘은 보호해주셨는데 왜 초대교회 교인들은 보호해주지 않으셨느냐고 하면서, 둘 사이에 무슨 차이가 있느냐고 물었다.

탈레스를 철학의 아버지라고 한다. 탈레스에 대해서 우리가 알고 있는 것은 만물의 근원을 물이라고 했다는 사실 정도일 것이다. 그런 탈레스를 철학의 아버지라고 하는 것이 의외일 수 있다. 그가 남긴 업적은 소크라테스나 플라톤에 전혀 미치지 못한다. 만물의 근원이 물이라는 얘기도 그다지 공감이 되지 않는다.

탈레스를 철학의 아버지라고 하는 이유는 만물의 근원을 명쾌하게 정의했기 때문이 아니다. "만물의 근원이 무엇인가?"라는 질문을 했기 때문이다. 답이 훌륭한 것이 아니라 질문이 훌륭했다. 철학은 근원에 대한 질문에서 시작한다. 그래서 철학의 아버지라고 한다.

답보다 중요한 것이 질문이다. "이 문제의 답이 무엇이냐?"보다 "이런 것을 문제 삼는 것이 과연 옳은가?"를 먼저 따져야 한다. 하나님이 다니엘은 보호해주셨는데 왜 초대교회 교인들은 보호해주지 않으셨느냐는 질문도 그렇다. 그것이 왜 궁금할까? 질문이 잘못되었다. 정작 궁금하게 여겨야 할 것은 그런 것이 아니다.

다니엘의 신앙은 사자 굴에 들어갔다 나와서 확인된 것이 아니다. 사자 굴에 들어가는 것 자체가 신앙이다. 다니엘은 신앙을 위해서라면 기꺼이 죽을 준비가 되어 있었다. 초대교회 교인들도 마찬가지다. 사자 밥이 된다고 해도 신앙을 포기하지 않았다. 그런 사실을 떠올리면서 "다니엘도 죽을 준비가 되어 있었고 초대교회 교인들도 죽을 준비가 되어 있었다. 나는 과연 죽을 준비가 되어 있는가?"를 질문해야 한다.

하나님이 다니엘은 보호해주셨는데 왜 초대교회 교인들은 보호해주지 않으셨는지를 궁금하게 여기는 이유가 무엇일까? 죽을 마음이 없기 때문이다. 자기는 이름 없이 죽어간 초대교회 교인들이 아니라 다니엘을 하고 싶기 때문이다. 하나님 앞에서는 둘 사이에 아무 차이가 없는 것을 모르지는 않는다. 그래도 신앙을 이유로 죽는 것보다는 세상에서 총리 자리에 오르는 것이 더 좋은 것을 어떻게 할까?

명심해야 한다. 답보다 중요한 것이 질문이다. "제가 취직을 하는 것이 하나님의 뜻입니까, 장사를 하는 것이 하나님의 뜻입니까?"라는 질문을 왜 할까? 취직을 하는 것이 자기한테 유리할지, 장사를 하는 것이 자기한테 유리할지를 궁금하게 여기면서 '하나님의 뜻'이라는 표현을 쓴 것이다. 취직을 하든지 장사를 하든지 하나님 보시기에 바르게 하는 것이 하나님의 뜻이다. 동기에는 하나님이 없으면서 과정에서만 하나님을 찾는 것은 무효다.

그런 경우만 있는 것이 아니다. 제럴드 싯처라는 사람이 있다. 미국 휘트

워스 대학의 종교 및 철학 교수로 아내 린다와의 사이에 2남2녀를 둔 행복한 가장이었다. 그런데 교통사고를 당해서 모든 것이 엉망이 되고 만다. 그 사고로 어머니 그레이스와 아내 린다, 그리고 네 살 난 딸 다이애나 제인이 현장에서 즉사했다. 다른 자녀 캐서린(당시 8세)과 데이비드(당시 7세), 존(당시 2세)도 물론 다쳤다.

제럴드 싯처가 갈등에 빠진다. 그때까지는 린다와의 결혼이 하나님의 뜻이라는 확신이 있었다. 여섯 식구로 가정을 꾸린 것도 하나님의 뜻으로 생각했고, 함께 누리는 행복도 하나님의 뜻인 줄 알았다. 그런데 순식간에 모든 것이 뒤죽박죽이 되고 말았다.

제럴드 싯처가 그런 일을 당한 것이 하나님의 뜻일까? 그렇다면 하나님은 가학적인 신이다. 뒷골목 깡패처럼 남을 괴롭히기 좋아하는 하나님이라면 우리가 신뢰할 수 없다. 그러면 하나님의 뜻이 아닐까? 하나님의 뜻이 아닌데도 그런 일이 일어났으면 하나님은 무능한 신이다. 그런 나약한 하나님이라면 우리가 인생을 걸고 의지할 이유가 없다.

대체 그 사건에서 하나님이 맡은 역할은 어떤 것일까? 아무리 궁리해도 알 수가 없었다. 생각할수록 혼란스럽기만 했다. 몇 날 며칠을 고민하다가 문득 한 가지를 깨닫는다. 하나님이 맡으신 역할을 궁금해 하느라 자기가 맡은 역할은 까맣게 잊고 있었다는 사실이다. 하나님이 사고에 어떻게 개입하셨든지 간에 자기는 자기대로 할 일이 있다. 그 사고 때문에 평생 하나님을 원망하며 사느라고 남은 삶을 망치는 것이야 말로 진짜 하나님의 뜻이 아니다. 우리가 하나님의 뜻을 속속들이 알 수는 없지만 그렇다고 해서 알고 있는 것마저도 안 할 수는 없다.

우리가 하나님의 뜻을 무슨 수로 다 알겠는가? 하지만 순종할 수 있을 만큼은 안다. 우리의 책임은 하나님의 뜻을 속속들이 아는 것이 아니라 하루하루를 하나님 보시기에 옳게 사는 것이다.

어쨌든 이스라엘은 하나님의 뜻에 관심이 없었고, 기브온 사신들은 목적을 달성했다. 이스라엘과 화친 조약을 맺은 것이다. 그리고 이스라엘은 계속 행진하면서 여러 성읍을 지났는데 사흘 만에 기브온에 이르렀다. 기브온 사신들한테 속은 것을 알아차렸다. 하지만 이미 화친을 한 상태였다. 거짓으로 화친했으니 원인 무효가 아니냐고 할지 몰라도, 걸려있는 것이 여호와의 이름이었다. 여호와의 이름으로 맹세한 것을 번복할 수는 없는 노릇이다. 이스라엘은 자기들의 경거망동을 후회했지만 이미 엎질러진 물이고 시위를 떠난 화살이었다.

여기에는 재미있는 사실이 숨어 있다. 일찍이 야곱의 딸 디나가 겁간 당했을 적에 시므온과 레위가 속임수를 써서 자기 누이를 겁간한 사람의 종족을 몰살시켰는데 그들이 바로 히위 족속이었다. 그런데 몇 세대를 지나서 반대되는 일이 벌어졌다. 이번에는 이스라엘이 히위 족속에게 감쪽같이 속았다. 그것이 전부가 아니다. 시므온과 레위가 쓴 속임수가 할례였다. 참람하게도 하나님의 언약을 속임수의 도구로 썼다. 그런데 이스라엘은 하나님의 이름으로 맹세를 했다는 사실 때문에 꼼짝없이 화친 조약을 인정해야 했다.

그런데 이어지는 내용이 이상하다. 왜 제대로 알지도 못하면서 화친을 했느냐고 이스라엘 회중이 족장들을 원망한 것이다. 대체 왜 원망했을까? 족장들이 잘못한 것은 맞다. 그렇다고 해서 회중들한테 족장들을 원망할 자격이 있다고 생각되지는 않는다. 자기들은 하나님 말씀대로 살고 싶었는데 하나님 말씀을 어기고 가나안 주민과 화친하게 되었다고 원망했을까? 아마 아닐 것이다. 하나님 뜻에 아둔한 순서대로 족장을 세운 것도 아닐 텐데 이스라엘 회중이 족장들의 수준을 넘을 수는 없다.

그러면 원망할 수 있는 이유는 뻔하다. 잘못된 의사 결정이 자기들 책임이 아니기 때문이다. 교회에서 반주자를 칭찬하는 경우는 없다. 반주자가 자기 할 일을 제대로 하고 있으면 표가 나지 않는다. 그런데 어쩌다 실수를 하면 모두 주목한다. 회중들도 그런 식으로 족장들을 원망했을 수 있다. 잘하면 정상이고 못하면 욕먹는 일이 어디에나 있다. 비단 지도자만 그런 위치에 있는 것이 아니다. 교회에서 봉사를 해도 그렇다. 잘할 때 격려해주는 사람은 없는데 실수를 했을 때 비난하는 사람은 한둘이 아니다. 비난하는 이유는 간단하다. 자기가 한 일이 아니기 때문이다. 다른 사람을 책잡으면 자기는 저절로 괜찮은 사람이 되는 줄 아는 모양이다.

이런 우여곡절을 거쳐서 기브온 주민이 생명을 보장받는다. 그 대가로 이스라엘의 종이 되었는데, 그들이 맡은 일은 여호와의 제단을 위해서 나무를 패며 물을 긷는 일이었다. 악인의 장막에 거하는 것보다 하나님의 문지기로 있는 것이 좋다고 했던가? 비록 이방인이었지만 자기의 앞날을 알고 거기에 대비하는 지혜가 있었던 그들은 하나님의 처소에서 섬기는 복까지 얻게 되었다.

이때가 주전 1410년경이다. 나중에 이스라엘은 사사시대를 거쳐 왕정시대에 들어가게 된다. 이스라엘 초대 왕이 사울이다. 두 번째가 다윗, 세 번째가 솔로몬인데 솔로몬이 죽은 다음에 나라가 둘로 갈라진다. 남 왕국 유다와 북 왕국 이스라엘이다. 다윗 왕조의 정통성은 남 왕국에 있었다. 북 왕국 이스라엘은 주전 722년에 앗수르에 망해서 나라가 없어지고 만다. 남 왕국 유다는 주전 586년에 바벨론에 망해서 포로로 끌려가는데, 바벨론은 다시 바사에게 망한다. 남 왕국 유다의 운명이 바벨론에서 바사로 넘어간 것이다. 바사 왕 고레스가 유다 백성들은 고국으로 돌아가서 성전을 지어도 좋다는 칙령을 반포한다. 주전 538년의 일이다.

이때 바벨론 포로에서 돌아온 사람들 명단에는 느디님 사람들도 있었다. 느디님은 '바쳐진 사람들'이라는 뜻으로 성전에서 레위인을 도와 나무를 패고 물을 긷던 사람들이다. 바로 기브온 주민의 후손들이다. 처음에는 미천한 종의 신분이었지만 성전을 섬기면서 점차 이스라엘에 동화되었고 바벨론 포로 후에 같이 귀환하여 하나님의 백성들의 족보에까지 이름을 올린 것이다.

이처럼 이방인조차도 다가오는 앞날을 대비하는 지혜가 있었다면 이제 곧 하나님의 나라가 선포되는 것을 알고 있는 우리야말로 더욱 하나님의 사람답게 살기를 힘써야 하지 않을까?

10년 후에 이 세상이 왼손잡이 천국으로 바뀐다고 가정해 보자. 세상은 온통 왼손잡이 천국이 되어 오른손잡이는 전부 처형되고 왼손잡이만 살아남을 것이다. 왼손을 어느 만큼 잘 쓰느냐에 따라서 사회적인 지위가 달라질 것이다. 그런 세상이 온다면 어떻게 해야 할까? 그런 세상이 오거나 말거나 지금처럼 살다가 10년 후에 죽음을 맞이할 수는 없다. 남은 10년 동안 무슨 수를 써서라도 왼손잡이가 되어야 한다. 밥도 왼손으로 먹고, 글씨도 왼손으로 쓰고, 물건도 왼손으로 집어야 한다. 무심결에 오른손이 나가면 소스라치게 놀라서 얼른 왼손으로 바꿔야 한다. 왼손으로 밥을 먹고 글을 쓰고 물건을 집으려면 불편하기 그지없지만 별 수 없다. 거기에 장래가 달려 있기 때문이다.

그러면 장차 이 땅에 하나님의 나라가 선포된다면 지금 무엇을 해야 할까? 왼손잡이 세상이 와서 오른손잡이는 전부 처형되고 왼손을 쓰는 정도에 따라 받는 대접이 달라지는 세상은 오지 않지만 하나님 나라는 조만간 이루어진다. 그 날을 바라보면서 우리는 마땅히 하나님의 사람으로 사는 것을 연습해야 한다. 어쩌다 이 세상 습관이 나오면 소스라치게 놀라면서 자기를 고쳐야 한다. 거기에만 우리의 살길이 있다. 기브온 주민이 모든 노력을 기울여 이스라엘과 화친했던 것처럼 우리 역시 모든 노력을 기울여서 하나님의 사람답게 살기를 힘써야 한다. 그런 사람은 하나님의 처소에 거하는 복을 얻게 될 것이다.

10 가나안 남부 연합군

여호수아

　'내로남불'이라는 말이 있다. 내가 하면 로맨스이고 남이 하면 불륜이라는 뜻이다. 비슷한 얘기는 많다. 차에 타고 있을 때는 늦게 가는 행인을 욕하고, 횡단보도를 건널 때는 빵빵대는 운전사를 욕한다. 남이 천천히 차를 몰면 소심 운전이고, 자기가 천천히 몰면 안전 운전이다. 남의 남편이 설거지를 하면 공처가라서 그렇고, 내 남편이 설거지를 하면 애처가라서 그렇다. 며느리는 남편에게 쥐어 살아야 하고, 딸은 남편을 휘어잡고 살아야 한다. 남의 자식이 어른에게 대드는 것은 버릇없이 키운 탓이고, 내 자식이 어른에게 대드는 것은 주관이 뚜렷해서 그렇다.

　그러면 기브온은 어떤가? 우리는 기브온한테 우호적이다. 하지만 가나안 족속이 보는 기브온은 그렇지 않다. 전향과 배신은 결국 같은 상황에 대한 다른 표현이다.

　한 가지 알아야 할 사실이 있다. 기브온이 그리 만만한 성읍이 아니다. 혹시 솔로몬이 일천 번제를 드린 곳이 어디인지 아는가? 당연히 예루살렘 아니겠느냐고 할지 모르겠는데 당시는 예루살렘 성전이 건축되기 전이었다. 바로 기브온에서 일천 번제를 드렸다. 기브온이 결코 작은 성이 아니었다는 뜻이다.

그런 기브온이 이스라엘에 항복했다. 자기들의 힘이 워낙 미약해서 겁에 질렸던 것이 아니라 자기들한테도 나름대로의 힘이 있었지만 그것으로 다가오는 하나님의 나라를 막을 수 없는 것을 알았기 때문이다. 아이성의 무모함이 더욱 두드러진다.

그나저나 가나안으로서는 충격이 아닐 수 없다. 기브온이 큰 성일수록 충격도 클 것이다. 이런 상황에서 성경은 예루살렘 왕 아도니세덱을 소개한다.

> 수 10:1-2〉 그때에 여호수아가 아이를 빼앗아 진멸하되 여리고와 그 왕에게 행한 것 같이 아이와 그 왕에게 행한 것과 또 기브온 주민이 이스라엘과 화친하여 그 중에 있다 함을 예루살렘 왕 아도니세덱이 듣고 크게 두려워하였으니 이는 기브온은 왕도와 같은 큰 성임이요 아이보다 크고 그 사람들은 다 강함이라

우리는 예루살렘에 대해 막연히 우호적이다. 다윗의 왕도이기도 하고 솔로몬이 성전을 세운 곳이기도 하다. 하지만 예루살렘이 이스라엘 영토로 편입된 것은 다윗이 왕이 된 다음이다. 아직은 가나안 족속의 땅인데, 당시 예루살렘 왕은 아도니세덱이었다. 아브라함을 위해서 축복한 살렘 왕 멜기세덱이 '의의 왕'이라는 뜻이고 아도니세덱은 '의의 주'라는 뜻이다. 그 아도니세덱이 여리고성과 아이성 그리고 기브온 주민의 소식을 듣고는 두려움에 싸였다.

이제 아도니세덱은 여리고와 아이 그리고 기브온 사이에서 어느 쪽을 모델로 삼을지 선택해야 한다. 여리고성과 아이성 사람들처럼 이스라엘과 원수가 될 수도 있고, 기브온 사람들처럼 항복을 할 수도 있다. 중립은 없다. 이스라엘과 원수가 되기로 작정한다면 따로 할 일이 없다. 가만히 있으면 된다. 하지만 화해하는 것은 그렇지 않다. 모든 지혜를 동원해서 갖은 노력을 다 기울여야 한다.

꽃밭을 돌보려면 신경 써야 할 일이 한두 가지가 아니다. 아침마다 물도 줘야 하고 잡초도 뽑아야 한다. 진딧물도 잡아야 한다. 꽃밭을 망치는 것은 어떨까? 꽃밭을 일부러 파헤칠 필요는 없다. 모래나 자갈을 퍼부을 필요도 없고 굳이 잡초를 옮겨 심을 필요도 없다. 더 이상 돌보지 않고 가만히 두면 된다. 그것으로 충분히 망가진다. 우리 심령이 바로 그렇다. 하나님과 원수가 되기 위해서는 특별히 노력할 것이 없다. 가만히 있으면 저절로 된다. 하지만 하나님과 화목하기 위해서는 날마다 자기를 부인하고 자기 십자가를 져야 한다.

이때 아도니세덱은 기브온을 응징하기로 마음먹었다. 헤브론 왕 호함, 야르뭇 왕 비람, 라기스 왕 야비아, 에글론 왕 드빌에게 사자를 보냈고 이렇게 해서 아모리 다섯 왕이 군대를 몰고 기브온을 압박했다. 얼마 전까지만 해도 기브온이 자기들과 같은 편이었지만 이제는 아니다. 그들이 보는 기브온은 변절자 집단이다.

이 세상에서 하나님께로 돌아서면 세상과 원수가 되는 법이다. 세상은 절대 방관하지 않는다. 하다못해 깡패 집단에서 손을 씻으려고 해도 맞아 죽을 각오를 하고 빠져 나와야 한다. 기브온 주민이 바로 그런 격이다.

유기성 목사가 쓴 〈나는 죽고 예수로 사는 복음〉에 동료 목사가 일본에서 목회할 때의 일화가 나온다. 한번은 다른 교회에서 설교를 했는데 남성 중창단의 찬송 순서가 있었다. 그런데 찬양하러 나온 세 명의 남자를 보고 깜짝 놀랐다. 전부 야쿠자들이었기 때문이다. 큰 체구에 걸어 나오는 자세나 입고 있는 라운드 티, 팔과 목에 있는 문신들이 보기에도 위압적이었다. 찬양을 마치고 그들 중 한 명이 짧은 간증을 했다.

"우리에게는 세 가지 공통점이 있습니다. 하나는 우리가 다 야쿠자였다는 사실입니다. 또 하나는 아내가 다 한국 사람이라는 사실입니다. 그리고 세 번째는…" 하면서 세 사람 다 왼손을 앞으로 펼쳤다. 놀랍게도 세 명 다 새끼손가락이 없었다. 그 자리에 있던 일본 사람들은 그것이 무엇을 뜻하는지 잘 알기에 모두 숙연해졌다.

예수님을 영접하고 구원의 은혜를 체험하자 비록 야쿠자의 중간 간부였지만 그 생활을 계속 할 수 없었다. 두목한테 사실대로 얘기한 다음 조직을 떠나겠다고 했다. 두목이 처음에는 농담으로 알고 건성으로 듣다가 진심임을 알고는 조직원들이다 모인 자리에서 그 사실을 발표했다. 그리고 앞에 있는 탁자에 칼을 꽂았다. 그 칼로 자기들의 손가락을 자르고 나서야 조직에서 나올 수 있었다.

유기성 목사한테 이 일화를 들려준 동료 목사가 이렇게 물었다고 한다. "여러분은 예수님을 믿고 따르기 위해서 무엇을 잘라내었습니까?"

죄의 종으로 살 것인지, 하나님의 자녀로 살 것인지 분명히 결정을 해야 한다. 이런 맥락에서 "예수 잘 믿으면 복 받는다"는 식의 기복 신앙은 참으로 유감스럽다. 누군가 "결혼 잘해서 팔자 고치자"라고 한다면, 그 사람과 누가 결혼하고 싶어 할까?

우리는 이 세상에 속했다가 하나님의 소유가 된 사람들이다. 세상이 우리를 곱게 볼 리가 없다. 그런데 하나님께 속했다는 이유로 세상에서 대접 받기를 기대하는 사람들이 있다. 본문을 빌려서 얘기하면 기브온이 이스라엘과 화친한 사실을 놓고 아모리 다섯 왕이 모여서 "장하다, 기브온! 우리는 엄두도 못 내는 일인데 네가 큰 결심을 했구나!" 하고 모두가 칭찬하고 상을 줬다는 격이다. 분명히 어불성설이다. 성경에는 그런 말이 없는 것을 알면서 자기에게 그런 일이 이루어지기를 바란다면 어딘가 이상하다.

잠깐 딴 얘기를 하면 성경에서 에브라임은 두 가지로 쓰인다. 이스라엘 열두 지파 중의 한 지파일 수도 있고 북 왕국의 별명일 수도 있다. 솔로몬이 죽은 다음 이스라엘이 남 왕국 유다와 북 왕국 이스라엘로 갈라졌는데 그때 북 왕국에서 제일 강성한 지파가 에브라임이었기 때문이다. 아모리도 그렇다. 본래 가나안은 가나안, 헷, 히위, 브리스, 여부스, 기르가스, 아모리 일곱 족속으로 이루어져 있다. 아모리는 가나안 일곱 족속 중의 한 족속일 수도 있고 가나안의 다른 이름일 수도 있다.

하여간 기브온의 상황이 급박하게 되었다. 화급하게 이스라엘에 구조 요청을 했다. 만일 이스라엘이 속아서 화친한 사실이 억울하면 도와주지 않으면 된다. 하지만 그럴 수는 없다. 하나님은 자기 백성을 끝까지 보호하시는 분이라는 사실이 나타나야 하기 때문이다. 비록 기브온이 한때는 이방인이었지만 이제는 하나님의 백성으로 편입되었다. 하나님의 보호를 입을 권리가 있다.

이렇게 해서 아모리 다섯 왕과 이스라엘 사이에 전쟁이 벌어졌는데, 이스라엘의 일방적인 승리로 끝난다.

전쟁을 앞두면 사람들의 관심은 "어떻게 싸울 것인가?"에 몰리게 된다. 하다못해 축구나 야구를 해도 그렇다. 일단 전략이 중요하다. 이겨야 하기 때문이다. 자칫 전략이 잘못되면 이길 수 있는 경기를 내줄 수도 있다. 그런데 성경에 나오는 전쟁에는 그런 얘기가 없다. 출애굽한 이스라엘이 르비딤에서 아말렉과 싸운 전투도 그렇고 기드온이 삼백 용사로 미디안을 물리친 전투도 그렇고, 앞에서 살펴본 여리고성 전투, 아이성 전투도 그렇다. 전쟁은 여호와께 달린 것이라는 사실을 보여주는 데 초점이 있다.

이번 전쟁이라고 해서 다를 이유가 없다. 하나님께서 여호수아에게 "그들을 두려워하지 말라 내가 그들을 네 손에 넘겨주었으니 그들 중에서 한 사람도 너를 당할 자 없으리라"라고 하셨다. 여호수아는 이미 약정된 승리를 확인하면 그것으로 족했다. 하나님께서는 큰 우박 덩이로 아모리를 치셨는데, 이스라엘의 칼에 죽은 자보다 우박에 죽은 자가 더 많았다. "태양아 너는 기브온 위에 머무르라 달아 너도 아얄론 골짜기에서 그리할지어다"라는 유명한 기도가 이때 나왔다. 여호수아가 행여 날이 저물어서 전쟁에 지장이 있을까 싶어서 태양과 달이 멈추기를 기도했고 하나님께서는 이스라엘의 대적을 치는 일에 시간이 모자라지 않도록 그 기도를 들으셨다.

태양이 멈추는 일이 어떻게 가능할까? 당시 사람들에게는 태양이 멈춘 것처럼 보였겠지만 지금 우리에게는 그렇지 않다. 태양이 멈춘 것은 지구의 자전과 공전이 멈춘 것이다. 성경에 있는 이런 기록은 신자와 불신자 모두에게 문제가 된다. 불신자들은 이처럼 말도 안 되는 일이 어떻게 있을 수 있느냐며 성경의 기록을 의심하고, 신자들은 성경에 있는 이런 기적이 왜 자기가 필요할 때는 일어나지 않는지를 서운하게 여긴다.

불신자들한테 이런 내용을 논리적으로 설명하는 것은 불가능하다. 그들은 하나님께서 천지를 지으셨다는 사실조차도 믿지 않기 때문이다.

1977년에 미국에서 토성 탐사선 보이저 1호를 발사했다. 그때 보이저

1호는 하루에 120만 km의 속도로 달렸다. 지구에서 달까지의 거리가 384,000km이니, 하루에 달을 한 번 왕복하고도 한 번 더 갈 수 있는 속도다. 그런 속도로 3년 2개월을 달려서 토성에 도착했다. 지구에서 토성까지가 얼마나 먼 거리인지 우리로서는 상상을 못할 지경이다. 이것이 우주 전부가 아니다. 우주의 극히 일부인 태양계가 그렇다. 태양계는 우주에 비하면 작은 점에 불과하다.

허블 우주 망원경으로는 대략 120억 광년 떨어진 별도 관찰이 가능하다고 한다. 용골자리라는 별자리가 있다. 그 별자리의 에타라는 별은 태양보다 5백만 배나 더 밝다고 한다. 태양보다 5백만 배나 더 밝은 것이 어떤 것인지 상상이 되는가? 지구에서 640광년 떨어진 곳에 베텔게우스라는 별이 있다. 지름이 무려 1억6천만km나 되는 초거성이다. 지구에서 태양까지의 거리가 1억5천만km이니, 지구에서 태양까지의 거리보다 더 큰 별이다. 이런 엄청난 우주를 하나님이 만드셨다.

누군가 우주의 광활함에 비하면 인간은 너무 초라하다고 했는데, 우주의 광활함은 인간이 얼마나 보잘것없는 존재인지를 말하는 것이 아니라 하나님이 얼마나 광대하신 분인지를 말하는 것이다.

그 하나님께서 지름 13,000km인 지구를 만드시고 시속 1,500km로 회전하도록 하셨다. 1억 5천만km 이상 떨어진 태양 주변을 초속 20km의 속도로 365일 5시간 48분 46초마다 한 바퀴씩 돌게 만드셨다. 이런 사실을 믿는 사람이라면 하나님께서 태양과 달을 잠시 멈추게 하셨다는 얘기에 아무런 거부감도 느끼지 않을 것이다. 오히려 그런 일을 할 수 없는 분이라면 하나님이 아닐 것이다. 하나님의 능력을 인간의 이성으로 제한하려는 시도야말로 어리석기 짝이 없는 일이다.

우리에게 정작 문제가 되는 것은 이런 거창한 기적들이 왜 성경에만 있고 자기가 원할 때는 나타나지 않느냐 하는 것이다. 예전에 청년들과 성경 공부를 하면서 하나님이 어떤 분인지 물은 적이 있다. 한 청년이 "전능하신데 그 전능이 나한테는 도움이 안 되는 분"이라고 대답했다. 일리 있는 얘기다. 홍해가 갈라지고 죽은 사람이 살아나고 물위를 걷는 기적까지는 바라지도 않는다. 애가 대학에 합격하거나 아파트 분양에 당첨되는 '쉬운' 기적조차 일어나지 않는 것은 대체 왜 그럴까?

중학생 시절, "일생에 도움이 안 된다."라는 말이 일종의 유행어였다. 미술 도구 빌려달라고 했는데 없다고 하면, "넌 일생에 도움이 안 되냐?"라고 한다. 숙제 내용을 잘 몰라서 옆 친구한테 물었는데 모른다고 해도 일생에 도움이 안 된다고 했다. 어쩌면 우리가 하나님께 같은 얘기를 하고 싶은 것이 아닌지 모른다. 하나님은 전능하시다고 하는데, 그 전능하심을 우리가 필요한 영역에 쓸 수는 없다. 하나님은 일생에 도움이 안 되는 분이다.

그러면서 걸핏하면 "예배 빼먹지 마라, 십일조해라, 봉사해라, 신자답게 살아라."라고 하니까 그런 얘기가 귀에 들어오지 않는다. 하나님이 우리 인생에 제대로 도움만 되면 왜 그렇게 하지 않겠는가? 그때는 말 안 해도 다 알아서 잘할 것이다.

한번 따져 보자. 하나님이 우리 요구를 들어주셔야 할까, 우리가 하나님의 요구에 순응해야 할까? 누가 누구의 요구에 민감해야 할까? 하나님이 우리 요구에 민감해야 할까, 우리가 하나님의 요구에 민감해야 할까? 이런 얘기를 하면 속으로 "그래도 기왕이면 하나님이 우리 얘기를 들어주시면 좋잖아요? 그럼 우리도 신앙생활 더 잘할 텐데…"라는 생각을 한다. 어쩌면 "하나님이 나한테 신경을 써주지 않는 한 나 역시 하나님께 신경 쓰지 않겠다."라는 발상일 수 있다. 자기가 신앙에 불성실한 것이 하나님 책임이라는 것이다.

하나님께서 태양과 달을 멈추신 이유가 무엇인가? 이스라엘이 하나님의 백성 된 본분을 힘써 행하도록 하기 위해서였다. 하나님께서 맡기신 일을 수행하는데 시간이 부족하면 안 되기 때문이다. 그런 놀라운 기적이 있었음에도 불구하고 이스라엘의 할 일은 조금도 줄어들지 않았다는 사실에 주목해야 한다.

우리 인생에 기적이 없는 이유가 여기에 있다. 우리는 기적의 결과를 자기가 향유하려고 하는데 하나님께서는 그런 기적을 허락하신 예가 없다. 하나님께서는 우리가 하나님의 백성으로 살아가는데 방해가 되는 것이 있다면 기꺼이 기적을 행사하실 것이다. 하지만 하나님의 백성으로 살아야 할 책임을 대신 때우는 기적을 원한다면 차라리 무당이나 점쟁이를 찾아가는 편이 낫다.

출애굽 때를 생각해 보자. 하나님께서 홍해를 가르셨다. 하늘에서 만나를 내리셨고 반석에서 물이 나오게 하셨다. 이스라엘이 그런 기적의 현장에 있었다. 하지만 그들이 할 일은 조금도 줄어들지 않았다. 홍해를 건넌 다음 가나안까지 걸어야 할 거리는 그대로였다. 하나님은 그들의 옷이 해어지지 않고 발이 부르트지 않게는 해주셨지만 걸어야 할 거리를 줄여주시지는 않았다.

기적을 은혜로 바꿔도 달라지는 것은 없다. 어떤 선교사가 있다고 하자. 10년 동안 열심히 사역한 끝에 예배당을 지었다. 복음의 불모지에서 그동안 고생한 얘기를 하면 책 한 권을 써도 모자라다. 그가 입당예배를 드리면서 무슨 말을 할까? "하나님의 은혜입니다. 전부 하나님께서 하셨습니다.

저는 그저 하나님께서 일하시는 한쪽 귀퉁이에 자리만 차지하고 있었을 뿐입니다."라고 하지 않을까? 그만큼 겸손하다는 얘기가 아니다. 사실이 그렇다. 하나님의 도우심이 아니면 사람이 무엇을 할 수 있다는 말인가? 전적인 하나님의 은혜가 맞다. 그렇다고 해서 그 선교사는 매일 놀았을까? 그렇지 않다. 하루 24시간이 모자라게 애썼을 것이다. 모든 것이 하나님의 은혜인데 그 선교사가 할 일은 조금도 줄어들지 않았다.

많은 사람이 하나님의 은혜를 기대한다. 그런데 뭔가 이상하다. 자기 책임을 면제 받는 은혜, 조금 심고 많이 거두는 은혜를 기대하기 때문이다. 설마 그런 은혜도 있을까? 손 안 대고 코 푼다는 얘기가 세상에는 존재하지만 하나님의 은혜는 그런 식으로 나타나지 않는다. 하나님은 절대 은혜를 낭비하는 분이 아니다.

은혜는 죄를 가려주는 넓은 천막 같은 것이 아니다. 말씀대로 살게 해주는 힘이다. 특히 설교를 듣고 은혜 받았다고 하는 표현은 조심해야 한다. 설교 내용에 공감한 것이 무슨 은혜일까? 설교를 듣고 공감한 대로 사는 것은 은혜가 맞지만 맞는 말이라고 고개를 끄덕거리는 것은 아직 은혜가 아니다. 그럴 수밖에 없다. 하나님의 은혜의 결정판이 우리의 구원이다. 은혜가 은혜일 수 있으려면 그 은혜는 우리를 하나님께 가까이 인도하는 것이어야 한다. 은혜를 받은 만큼 하나님 쪽으로 진도가 나가야 한다.

자기가 기대하는 것이 은혜인지 아닌지를 확인할 수 있는 방법이 있다. 은혜를 핑계로 자기 할 일이 경감되기를 기대한다면 그것은 절대 은혜가 아니다. 자기한테 유리한 일을 은혜라는 단어로 포장하는 것은 아예 말할 나위도 없다.

이스라엘과 아모리 다섯 왕의 전투에서 하나님은 기적을 동원해서 이스라엘에 승리를 주셨다. 이스라엘이 그런 놀라운 은혜를 체험했다. 하지만 이스라엘이 할 일은 조금도 줄어들지 않았다. 그들은 전부 이를 악물고 싸웠다. 그 싸움에서 목숨을 잃은 사람도 있었을 것이고 한쪽 팔이 잘린 사람도 있었을 것이다.

아모리 다섯 왕은 허겁지겁 막게다 굴에 숨었다. 그 사실을 안 여호수아가 싸움이 완전히 끝날 때까지 굴 입구를 막게 했다. 자기들을 지켜주기를 바라고 피한 굴이 도리어 감옥이 되어 버렸다. 그것이 끝이 아니다. 싸움이 모두 끝나자 여호수아가 그들을 끌어내게 하여 죽이고는 석양이 이르도록 나무에 매달았다가 시체를 그 굴에 던지고 입구를 막았다. 이번에는 무덤이 되었다. 세상에 속한 것으로 힘을 삼는 사람들의 최후가 그렇다. 자기를 지켜줄 줄 알았던 것이 오히려 자기들을 사로잡더니 결국 그것으로 인해 멸망하게 된다.

이런 아모리 다섯 왕의 죽음은 그들의 죽음으로 끝나지 않았다. 막게다, 립나, 라기스, 에글론, 헤브론, 드빌이 다 이때 정복되었다. 그 모든 성이 여리고처럼 되었다. 하기야 악을 심판하는 데 차별이 있을 수 없다. 여리고와 한통속이라면 그 최후도 여리고처럼 되는 것이 맞다.

이스라엘이 가나안을 정복하면서 행한 일이 우리가 우리 안에 있는 죄의 정욕에게 행해야 할 내용들이다. 그 옛날 가나안에 있었던 여리고, 막게다, 립나, 라기스, 에글론, 헤브론, 드빌이 자기 안에도 있는 것을 알거든 거기에 대해서는 일체의 타협도 없이 철저하게 몰아내야 한다. 가나안 원주민을 몰아내는 것이 이스라엘에게 맡겨진 과업이었듯이 우리에게 있는 죄를 몰아내는 것이 우리에게 주어진 과업이다.

11 가나안 북부 연합군

여호수아

    기브온의 항복 소식에 듣고 일어났던 예루살렘, 헤브론, 야르뭇, 라기스, 에글론은 가나안 남부에 있는 성읍들이다. 그 소식이 가나안 북부에 있는 성읍들을 자극할 것은 당연하다. 가나안 남부가 예루살렘 왕 아도니세덱을 중심으로 뭉쳤다면 북부는 하솔 왕 야빈을 중심으로 뭉치게 된다.

> 수 11:1-5〉 하솔 왕 야빈이 이 소식을 듣고 마돈 왕 요밥과 시므론 왕과 악삽 왕과 및 북쪽 산지와 긴네롯 남쪽 아라바와 평지와 서쪽 돌의 높은 곳에 있는 왕들과 동쪽과 서쪽의 가나안 족속과 아모리 족속과 헷 족속과 브리스 족속과 산지의 여부스 족속과 미스바 땅 헤르몬 산 아래 히위 족속에게 사람을 보내매 그들이 그 모든 군대를 거느리고 나왔으니 백성이 많아 해변의 수많은 모래 같고 말과 병거도 심히 많았으며 이 왕들이 모두 모여 나아와서 이스라엘과 싸우려고 메롬 물가에 함께 진 쳤더라

    하솔은 상당히 큰 성이었다. 고고학 자료에 따르면 성의 규모가

800km²에 달했다고 한다. 여리고가 32km², 므깃도가 48km², 라기스가 72km²였으니 그만큼 독보적이었다.

그런 하솔 왕 야빈이 가나안 남부 연합군이 무너졌다는 소식을 듣고는 가나안 다른 족속에게 사람을 보냈다. "어떤 소식을 듣고 어떻게 행했다"라는 표현은 〈여호수아〉에 상당히 자주 나온다. 앞에서 기생 라합은 이스라엘이 애굽에서 나올 때 홍해가 갈라진 것과 요단 동편의 헤스본 왕 시혼과 바산 왕 옥이 멸망했다는 소식을 들었다고 했다. 기브온 주민들은 여리고성과 아이성이 무너졌다는 소식을 들었다. 그래서 서둘러 하나님의 백성으로 편입했다. 하지만 아도니세덱은 여리고성과 아이성 그리고 기브온 주민의 소식을 듣고는 군사를 일으켰다. 하솔 왕 야빈도 마찬가지다. 결국 자기가 들은 소식에 어떻게 반응할지 선택해야 한다. 자기 선택에는 물론 자기 책임이 따른다.

이렇게 해서 마돈 왕 요밥과 시므론 왕과 악삽 왕과 및 북쪽 산지와 긴네롯 남쪽 아라바와 평지와 서쪽 돌의 높은 곳에 있는 왕들과 동쪽과 서쪽의 가나안 족속과 아모리 족속과 헷 족속과 브리스 족속과 산지의 여부스 족속과 미스바 땅 헤르몬 산 아래 히위 족속이 군대를 거느리고 모였다. 가나안 모든 족속이 총출동한 느낌이다.

오순절 마가 다락방에 성령이 임하는 것으로 교회가 시작된다. 베드로가 설교를 하자, 사람들이 찔려서 자기들이 어찌해야 하는지를 물었다. 그때 베드로는 회개해서 예수 그리스도의 이름으로 세례를 받고 죄 사함을 받으라고 권면했다. 설교에 대한 반응이 항상 이렇게 나타나면 얼마나 좋을까? 〈사도행전〉에는 스데반의 설교도 나온다. 사람들은 그때도 찔렸다. 그런데 회개를 한 것이 아니라 스데반을 돌로 쳐서 죽이고 말았다. 하나님 말씀에 대한 반응이 둘로 극명하게 갈라진 셈이다.

예전에 이 내용을 이렇게 설교한 기억이 있다. "제가 설교를 하면 회개를 하든지, 저를 돌로 쳐서 죽이든지 둘 중의 하나는 하십시오. 제발 부탁드리 건대 둘 다 안 하지는 마십시오. 우리는 태도를 분명히 해야 합니다. 하나 님 편을 하든지, 하나님 반대편을 하든지 둘 중 하나입니다. 중립은 없습니 다."

바울이 갈라디아교회 교인들한테 "내가 이르노니 너희는 성령을 따라 행 하라 그리하면 육체의 욕심을 이루지 아니하리라"라고 권면했다. 성령을 따라 행하지 않으면 육체의 욕심을 이루게 된다는 뜻이다. 그런데 많은 사 람들이 자기가 비록 성령을 따라 행하고 있지는 않지만 그렇다고 해서 육체 의 욕심을 이루고 있지도 않은 것처럼 착각한다. 우등상은 바라지 않지만 낙제 점수도 아니라는 것이다.

만일 기생 라합이 정탐꾼을 영접하지 않았으면 어떻게 되었을까? 영접하 지도 않고 밀고하지도 않으면 하나님 나라를 위해서 공헌한 것은 없지만 해롭게 한 것도 없는 것일까? 기브온 주민들이 서둘러 화친을 청하지 않고 가만히 있었으면 어떻게 되었을까? 마찬가지다. 가나안 북부 족속들이 하 솔 왕 야빈의 부름에 응하지 않았으면 그것이 중립일까?

카이사르와 폼페이우스, 크라수스가 로마의 권력을 나누었던 적이 있다. 흔히 1차 삼두정치라고 한다. 그들 앞 세대에는 술라와 마리우스가 있었 다. 술라가 집권했을 때 마리우스와 그 추종자들은 다 쫓겨났다. 하지만 술라의 독재 권력이 마냥 지속되지는 않았다. 술라가 원정을 떠난 사이에 마리우스가 재기에 성공했다. 불과 닷새 만에 천 명 이상이 참수되었고, 그 목이 거리에 내걸렸다. 마리우스가 그만큼 피에 굶주렸다. 자신을 추종하던 사람들이나 친척들까지도 처단했다. 그의 논리는 명쾌했다. "내가 쫓겨날 때 뭘 했느냐? 그때 목숨을 걸고 나서지 않았으니 지금 목숨을 바쳐라!" 자기를 반대한 죄를 물은 게 아니라 자기를 위해서 아무것도 하지 않은 죄를 물었다. 요컨대 중립은 없다.

각설하고, 이렇게 해서 다시 전운이 감돈다. 하솔 왕 야빈을 주축으로 가나안 북부 지방 족속들이 다 모였다. 지금까지는 서로 다른 통치 질서와 생활양식으로 각자의 삶을 살았지만 이스라엘을 막아야 한다는 절대 명제 아래 모두 하나가 되었다.

이 세상은 교회를 대항하여 곧잘 힘을 모은다. 교회가 공동의 적인 셈이다. 그러면 교회 역시 세상이 힘을 모으는 것 이상으로 힘을 모아야 한다. 서로 힘을 모아서 세상 풍조에 대항하고 하나님 나라를 이루어야 한다. 그런데 어떻게 된 영문인지 교회 안에서 오히려 힘겨루기를 한다. 자기들이 싸워야 할 대상이 누구인지 모르는 모양이다.

1592년에 임진왜란이 있었다. 그런 대란이 어느 날 갑자기 일어날 수는 없다. 전쟁 2년 전에 조선에서 통신사를 보냈다. 겉으로는 양국의 관계를 돈독하게 하기 위한 것이었지만 사실은 과연 일본이 전쟁을 일으키려고 하는지를 파악하기 위한 것이었다. 이때 정사였던 서인 황윤길은 전쟁이 있을 것이라고 했고 부사인 남인 김성일은 전쟁이 없을 것이라고 했다. 둘의 의견이 갈리니 조정에서는 갑론을박이 이어졌다. 유성룡이 김성일에게 물었다. "경의 얘기가 황윤길의 얘기와 전혀 다른데, 어찌 그리 자신하시오?" 김성일이 답했다. "황윤길이 본 것을 저라고 못 보았겠습니까만 그의 말이 너무 과한 듯해서 그랬소이다." 이게 무슨 어처구니없는 답변인가? 자기가 누구이고 어느 나라 신하인지 몰랐을까?

교육전도사 시절, 모든 부서의 여름 행사가 끝나면 항존직들과 교역자들이 모여서 평가회를 하곤 했다. 장로 한 분이 발언권을 얻더니 얘기했다. 어느 부서 수련회에 참석했는데 한 학생이 할아버지라고 부르더라고 하면서, 이런 기초적인 것도 안 가르치고 무슨 신앙 교육을 하느냐고 개탄조로 말했다.

그것이 왜 그리 문제가 되는지 의아했다. "장로님" 소리를 못 들은 것이 그렇게 서운했을까? 그런데 그것이 끝이 아니었다. 평가회를 마친 다음에 부목사 한 분이 말했다. "그 장로님은 매해 그 말씀하시니까 신경 안 써도 돼." 알고 봤더니 상습이었다. 교역자들한테 당부할 것이 그것 한 가지였던 모양이다. 교회 학교의 여름수련회는 1년 농사를 좌우하는 큰 행사인데, 그 기간 동안 고작 "장로님께 인사 잘해야 한다."를 가르쳐 달라는 것이 말이 되는가?

요컨대 예수를 믿는 것이 무엇인지 몰라서 그렇다. 예수를 믿는 것이 심각하지 않으니 엉뚱한 것이 심각하다. 자기 자존심을 세우는 문제가 심각하고, 남들이 자기를 어느 만큼 알아주는지가 심각하다. 이 문제를 위해서 열심히 입에 거품을 물어야 하고 심지어는 예수 이름으로 기도하면서까지 핏대를 세워야 한다. "그는 흥하여야 하겠고 나는 쇠하여야 하리라"라고 한 세례 요한의 얘기가 다시금 새롭다.

하던 얘기를 계속해보자. 하솔 왕 야빈을 중심으로 가나안 북부 지방이 연합군을 결성했다. "그들이 그 모든 군대를 거느리고 나왔으니 백성이 많아 해변의 수많은 모래 같고 말과 병거도 심히 많았으며"라고 했으니 아도니세덱을 중심으로 모였던 남부 지방 연합군보다 훨씬 규모가 큰 것 같다.

그렇다고 해서 하나님 나라가 위축되는 것은 아니다. 많이 모이면 많이 죽을 뿐이다. 이 세상이 하는 일은 늘 그렇다. 하나님을 거슬러 열심을 부릴수록 자기만 피곤하다. 가시채를 뒷발질하기가 고생인 것과 같다.

주후 1세기의 유대 역사가 요세푸스에 따르면 이때 모인 가나안 연합군은 정예 보병이 30만, 기병이 1만, 병거 부대가 2만이었다고 한다. 얼핏 생각하면 장정만 60만인 이스라엘에 비해서 오히려 열세일 것 같지만 그렇지 않다. 당시 이스라엘은 전투 경험이 없는 오합지졸이었다. 게다가 기병과 병거 부대는 요즘 말로 하면 기갑 부대에 해당한다. 전투력을 기준으로 하면 이스라엘은 그들 상대가 아니었다.

하여간 이렇게 해서 가나안 땅의 주인을 가리는 싸움이 시작된다. 만일 이스라엘이 지면 지금까지 이긴 모든 전공이 수포로 돌아간다. 가나안도 절박하기는 마찬가지다. 이미 남부 지방을 빼앗긴 마당에 북부 지방을 빼앗기면 모두를 잃게 된다. 이번 싸움은 양쪽 다 사력을 다한 싸움이 될 것이다. 하지만 싸움의 관건은 누가 더 잘 싸우느냐에 있는 것이 아니다. 하나님께서 여호수아에게 승리를 약속하셨다.

> 수 11:6〉 여호와께서 여호수아에게 이르시되 그들로 말미암아 두려워하지 말라 내일 이맘때에 내가 그들을 이스라엘 앞에 넘겨주어 몰살시키리니 너는 그들의 말 뒷발의 힘줄을 끊고 그들의 병거를 불사르라 하시니라

〈여호수아〉에는 '두려워 말라'는 말씀이 유독 자주 나온다. 하나님께서 이 말씀을 한두 번 하신 게 아니다. 모세가 죽었을 때, 아이성 싸움에 한 번 패하고 두 번째 싸울 때, 가나안 남부 연합군과 싸울 때 계속 두려워 말라고 하셨다. 여호수아가 두려워하고 있는 것을 아셨다는 뜻이다.

한 번 싸움에 이겼다고 해서 늘 그 경험을 간직한 채 싸울 수 있는 것이 아니다. 더구나 싸움의 규모가 점점 커지고 있으니 두려워할 만하다. 하나님께서 그런 여호수아의 마음을 충분히 헤아리셨다.

그런데 그다음 말씀이 이상하다. 전쟁에서 이긴 다음에 전리품으로 얻은 말 뒷발의 힘줄을 끊고 병거를 불사르라고 했다. 요즘 말로 하면 적군에게서 노획한 장갑차의 타이어를 빼버리고 탱크를 부수라는 격이다. 도무지 납득이 되지 않는다. 가나안 전쟁이 완전히 끝나려면 아직 멀었다. 그런데 왜 그것을 활용하지 못하게 할까?

답은 뻔하다. 이스라엘의 힘이 말과 병거에 있지 않고 하나님께 있기 때문이다. 군사력으로 힘을 삼으면 두려움을 떨쳐버릴 수 없다. 전쟁이 있을 때마다 서로의 군사력을 비교하게 되고, 새로운 형태의 전쟁을 만나면 그때마다 두려워하게 된다. 하지만 하나님을 힘으로 삼으면 두려워할 것이 없다. 혹시 상대방이 하나님보다 강하면 곤란하지만 그렇지 않다면 문제될 것이 없다.

별로 어려울 것이 없는 얘기 같은데 실제로는 그리 만만하지 않다. 이스라엘이 전쟁에서 빼앗은 말 뒷발 힘줄을 끊고 병거를 불사를 수 있다면 하나님께서 승리를 주셨기 때문이다. 승리를 주신 분이 하나님인 것을 체험했으니 말이나 병거에 의지하려는 유혹에 빠지는 일도 없을 것 같은데 그렇지 않다.

다윗의 경우를 보자. 다윗은 분명히 하나님만 의지하는 사람이었다. 그렇지 않고서야 무슨 수로 골리앗과 맞선단 말인가? 사울을 피해 도망 다닐 적에는 사울을 죽일 수 있는 기회가 두 번이나 있었지만 죽이지 않았다. 심판은 하나님의 영역이라는 것이다. 그랬던 다윗이 왕이 되고 나라가 강성해지자 인구 조사를 했다.

인구 조사를 하지 않는 나라는 없다. 국정을 수행하려면 당연히 인구를 알아야 한다. 하지만 다윗의 인구 조사는 얘기가 다르다. 자기 힘을 가늠하는 것이었기 때문이다. 지금까지는 "하나님이 나를 통해서 어떤 일을 하실까?"에 관심이 있었다면 그때는 "내가 나의 힘으로 무엇을 할 수 있을까?"에 관심이 있었다.

힘이 없을 때 하나님을 의지하는 것은 쉬울 수 있다. 달리 의지할 수 있는 것도 없다. 하지만 힘이 있을 때 그 힘을 기꺼이 포기하고 하나님을 의지하는 것은 다르다. 그래서 하나님께서는 전쟁에서 이긴 다음 말의 뒷발 힘줄을 끊고 병거를 불사르라고 하셨다.

우리의 힘은 말과 병거가 아니고 하나님께 있다. 우리의 관심과 목표는 남보다 많은 말과 병거를 확보하는 것에 있지 않고 하나님과 가깝게 지내는 것에 있다. 혹시 하나님을 의지해서 세상을 이긴 다음에 그 결과를 향유하려는 마음이 있으면 당장 고쳐야 한다. 말과 병거가 없을 적에는 하나님을 의지했다가 말과 병거가 생긴 다음에는 말과 병거로 무장해서 하나님을 의지하면 더 큰 힘을 발휘할 수 있는 것이 아니다.

결국 이렇게 해서 이스라엘이 이겼다. 여호수아가 하솔 왕을 죽이고 성을 불태웠다. 하나님을 대적하는 사람의 결과는 언제나 이와 같다.

이제 가나안 일대 상당 부분이 정리되었다. 요단강을 건너 가나안 중부 지방으로 들어와서 여리고와 아이를 점령하고 다시 가나안 남부 지방을 점령한 다음 북부 지방 연합군까지 무찔렀다.

수 11:19-20〉 기브온 주민 히위 족속 외에는 이스라엘 자손과 화친한 성읍이

하나도 없고 이스라엘 자손이 싸워서 다 점령하였으니 <u>그들의 마음이 완악하</u>
<u>여 이스라엘을 대적하여 싸우러 온 것은 여호와께서 그리하게 하신 것이라</u> 그
들을 진멸하여 바치게 하여 은혜를 입지 못하게 하시고 여호와께서 모세에게
명령하신 대로 그들을 멸하려 하심이었더라

성경은 지금까지의 경과를 이렇게 설명한다. 기브온 빼고 나머지는 다 진
멸 당했다는 것이다. 기브온 주민이 살아남을 수 있었던 이유는 이스라엘
과 화친했기 때문이다. 말과 병거가 많았기 때문도 아니고 주변의 다른 족
속과 힘을 합했기 때문도 아니다. 이 세상을 살아가면서 하나님의 진노를
면할 수 있는 방법은 하나님의 백성으로 편입되는 방법뿐이다.

여기에 반해서 다른 족속은 심판을 면하지 못했다. 그런데 그 이유가 의
아하다. 그들의 마음이 완악하여 이스라엘을 대적하여 싸우러 온 것은 여
호와께서 그리하게 하신 것이라고 한다. 설마 하나님이 그런 분일 리는 없
다. 그들을 일부러 완악하게 만든 다음에 그에 대한 벌을 내리는 것은 말이
안 된다.

이 얘기는 그런 뜻이 아니다. 하나님께서 그들의 마음을 억지로 완악하게
만든 것이 아니라 그들의 마음을 완악한 그대로 놓아두셨다는 뜻이다. 하
나님께서 특별한 은총을 베풀지 않으면 그것이 곧 저주이다.

이 말을 뒤집으면 기브온 주민이 구원을 얻은 것은 하나님께서 은혜를 베
푸셨기 때문이 된다. 구원 얻은 것이 하나님의 은혜이면 구원 얻지 못한 것
은 하나님의 책임이어야 하고, 멸망하는 것이 자기 책임이면 구원 얻은 것은
자기 공로라야 하는데 성경은 그렇게 말하지 않는다. 구원 얻은 것은 하나
님의 은혜이고 구원 얻지 못한 것은 인간의 책임이다.

예정론은 은근히 복잡한 교리다. "하나님께서 우리의 구원을 예정하셨다."라고 하면 으레 "그렇다면 전도도 할 필요가 없는 것 아니냐?", "하나님이 예정하신 사람들이 구원을 얻으면 믿지 않는 사람들이 구원을 얻지 못하는 것도 하나님 책임 아니냐?" 같은 얘기가 나온다.

이런 의문은 예정론을 잘못 적용한 때문이다. 예정론은 인간의 책임이나 호기심 때문에 만들어진 교리가 아니다. 하나님의 은혜와 영광을 위하여 만들어진 교리다. 하나님의 예정을 이유로 하나님의 주권을 찬양하고 하나님께 영광을 돌리는 것은 가하지만 인간의 호기심을 충족시키려 하거나 인간의 책임을 모면하려고 하면 잘못이다.

남편 체중 때문에 걱정인 분이 있다. 의사는 살을 빼라고 하는데 남편은 밤참을 즐긴다는 것이다. 그만 먹으라고 잔소리를 할 때마다 살은 굶어서 빼는 것이 아니고 운동해서 빼는 것이라고 한다. 그런데 말만 그렇게 하고 운동은 하지 않는다. "살은 운동해서 빼야 한다."라는 말에 문제가 있는 것이 아니라 그 말을 제대로 적용할 실력이 없는 것이 문제다.

예정론이 그렇다. 제대로 적용하기만 하면 하나님의 영광을 그보다 더 잘 드러낼 수는 없다. "모든 것을 하시는 분은 하나님입니다. 인간의 공로는 조금도 들어있지 않습니다."라는 뜻이기 때문이다. 그런데 본성상 죄인인 인간에게는 하나님의 영광을 드러낼 실력이 없다. 그래서 전부 엉뚱한 생각을 한다. '예정'이라는 단어가 하나님의 은혜를 설명하는데 문제가 있는 것이 아니라 하나님의 은혜에 대한 얘기를 들으면서도 엉뚱한 생각을 하는 경건하지 못한 본성이 문제이다.

우리가 구원을 얻은 것은 전적으로 하나님의 은혜다. 그러면 구원을 얻지 못한 사람은 누구 책임인가? 그것은 그 사람 책임이다. 구원을 얻은 것은 하나님의 은혜라고 하면서 구원을 얻지 못한 것은 그 사람 책임이라고 하는 법이 어디 있는가? 우리 생각에는 말도 안 되는 억지 같지만 그렇지 않다. 그런 법이 있다.

빛은 파동이면서 동시에 입자이다. 파동이라는 얘기는 어떤 흐름이라는 뜻이고, 입자라는 얘기는 알갱이라는 뜻이다. 빛을 파동이라고 할 수 있는 대표적인 근거가 회절현상이다. 장애물을 만나면 휘는 현상을 말한다. 대기 중의 빛이 수면을 만나면 굴절하는 것이 그 예이다. 목욕탕 욕조에 서 있으면 물속에 있는 다리가 짧아 보이는 것이 회절현상 때문이다. 회절현상을 보이는 것은 빛이 파동이라는 단적인 예다.

본래 파동은 매질(파동을 매개하는 물질)을 통해서 퍼져나간다. 지진파는 지각을 통해 전파되고, 수면파는 물을 통해 전파된다. 진공상태에서는 소리가 전달되지 않는다. 소리 역시 파동의 일종인 음파인데, 파동이 전달되려면 매질이 있어야 한다. 진공상태에서는 아무런 매질도 없기 때문에 음파가 전달되지 않는 것이다.

그런데 빛은 진공상태에서도 퍼져나간다. 빛이 파동이 아닌 입자라는 뜻이다. 아닌 게 아니라 빛은 광자라고 불리는 아주 미세한 입자로 이루어져 있다.

빛은 파동인데 입자이고, 입자인데 파동이다. 분명히 모순인데 이런 모순이 엄연히 존재한다. 이런 내용을 놓고 '빛의 이중성'이라고 한다. 물리학자들이 이런 모순을 놓고 고민하다가 '빛의 이중성'이라는 말로 대충 얼버무린 것이다. 우리가 가진 언어로는 이 세상에 나타난 현상조차도 제대로 설명이 안 된다. 하물며 하나님께서 하시는 일을 일일이 표현하는 것은 불가능하다.

어떤 사람이 사법고시에 합격하고는 "제가 합격한 것은 전적으로 어머니의 헌신적인 뒷바라지 덕분입니다."라고 했다. 그러면 그 사람이 떨어졌으면 어떻게 되는가? "제가 떨어진 것은 어머니가 제대로 뒷바라지를 해주지 않은 때문입니다."라고 해야 할까? 우리가 구원을 얻은 것은 하나님의 은혜다. 하지만 구원을 얻지 못한 것은 하나님이 은혜를 베푸시지 않은 때문이 아니라 그 사람 책임이다.

잠깐만 중학교 때의 수학시간으로 거슬러 올라가보자. "A이면 B이다"라는 명제가 있을 때 "B이면 A이다"라는 명제를 역이라고 한다. 또 "A가 아니면 B가 아니다"라는 명제를 이라고 하고, "B가 아니면 A가 아니다"라는 명제를 대우라고 한다. 어떤 명제가 참일 때 대우는 참이지만 역이나 이는 참이라고 할 수 없다.

"볼펜은 학용품이다"라는 명제가 참이니까 "학용품이 아니면 볼펜이 아니다"라는 대우명제도 참이다. 하지만 "학용품이면 볼펜이다"라는 역명제나 "볼펜이 아니면 학용품이 아니다"라는 이명제는 참이 아니다.

"구원을 얻은 것은 하나님의 은혜다"라는 얘기도 그렇다. "하나님의 은혜가 아니면 구원을 얻지 못한다"는 참이다. 하지만 "구원을 얻지 못한 것은 하나님이 은혜를 주시지 않은 탓이다"라는 얘기는 성립하지 않는다.

그런데 "구원은 하나님께 달려 있다"라는 얘기를 들으면 "그렇다면 구원 얻지 못한 사람들은 하나님 책임 아니냐?"라는 얘기를 한다. 사람들의 논리 자체가 죄에 오염되어 있기 때문이다. "볼펜이 학용품이면 볼펜이 아닌 것은 학용품이 아니라는 얘기냐?", "고시에 합격한 것이 어머니 은혜이면 떨어진 것은 어머니 책임이냐?"라는 얘기가 논리적으로 옳지 못한 것은 누구나 알면서 "구원이 하나님의 은혜라면 구원 얻지 못한 것은 하나님 책임이냐?"라는 얘기는 논리적으로 옳은 얘기인 줄 안다.

명심해야 한다. 우리는 죄인이다. 말로만 죄인이 아니라 사고 구조 자체
가 죄로 왜곡된 사람들이다. 무슨 핑계를 대든지 하나님 반대쪽으로 가고
싶은 것이 우리 본성이다.

그러면 지금까지 시간이 얼마나 지났을까? 요단강 건너고 여리고성 무너
뜨리고 아이성 정복하고 가나안 남부 연합군 무찌르고 북부 연합군마저 무
찔렀으니 제법 지났을 텐데, 성경을 유심히 읽으면 답을 찾을 수 있다. 갈렙
이 다른 정탐꾼들과 함께 가나안 땅을 정탐할 때의 나이가 40세였다. 그리
고 38년 동안 광야를 방황하다가 가나안에 입국했는데 가나안 정복 전쟁
이 거의 끝날 무렵의 나이가 85세였다. 가나안 정복 전쟁에 7년이 걸렸다.
성경에는 몇 차례의 전쟁을 치른 것처럼 되어 있지만 이때 이스라엘은 꼬박
7년 동안 전쟁을 치렀던 것이다.

> 수 11:21-22〉 그때에 여호수아가 가서 산지와 헤브론과 드빌과 아납과 유다
> 온 산지와 이스라엘의 온 산지에서 아낙 사람들을 멸절하고 그가 또 그들의
> 성읍들을 진멸하여 바쳤으므로 이스라엘 자손의 땅에는 아낙 사람들이 하나도
> 남지 아니하였고 가사와 가드와 아스돗에만 남았더라

전쟁 막바지에 성경은 아낙 자손을 얘기한다. 아낙 자손은 가나안 족속
이 있기 전부터 가나안에 살던 원주민들로 거인족이다. 일찍이 가데스바네
아에서 정탐꾼들이 겁에 질린 보고를 했던 이유가 바로 아낙 자손 때문이었
다. 그러니 가나안 전쟁을 마무리하는 시점에 아낙 자손을 정벌했다는 얘
기를 할 만하다. 출애굽 1세대의 불신앙을 거울삼아 자기들의 마음을 다잡

을 수도 있고, 또 자기들이 진정한 가나안 땅의 주인임을 선포하는 효과도
있다.

그런데 왠지 석연치 않다. 아낙 자손을 완전히 섬멸한 것이 아니기 때문이
다. 가사, 가드, 아스돗에는 일부가 남아 있었다. 물론 패잔병에 불과했다.
가나안 정세에 영향을 미치는 것은 고사하고 무시해도 될 정도로 미미한 존
재였다. 그래서 대수롭지 않게 여겼다.

이들이 나중에 이스라엘에 커다란 올무로 작용한다. 삼손이 기생집에 출
입한 적이 있는데 그곳이 가사였다. 이스라엘을 벌벌 떨게 했던 골리앗이 가
드 사람이다. 이스라엘이 블레셋과의 전투에서 법궤를 빼앗긴 적이 있는데
그곳이 아스돗이었다.

임진왜란 때 조선을 도와서 왜군과 싸운 명나라 장수 이여송의 아버지 이
성량은 명나라 200년 역사상 가장 무공이 뛰어난 장수로 알려져 있는데 조
상이 한족(韓族)이었다. 그가 요동총겸을 맡고 있을 때 여진족을 쳐서 누
르하치의 아버지와 누르하치를 사로잡았다. 누르하치가 "하늘은 어찌 여
진족을 낳았고 어찌하여 여진족의 씨를 말리려는가?" 하고 울부짖자, 아버
지만 죽이고 누르하치는 살려주었다. 누르하치는 이성량 휘하에서 세력을
키운 뒤 만주로 가서 만주족을 통합했고, 나중에 명나라를 무너뜨리고 청
나라를 세웠다.

이성량이 누르하치를 살려주지 않았으면 명나라와 청나라의 운명이 어떻
게 되었을까? 지금 사소하게 보이는 일이라고 해서 끝까지 사소한 일로 남
는 것이 아니다. 브라질에서 나비가 날갯짓을 하면 텍사스에서는 돌풍이
될 수도 있다고 한다. 적어도 악은 철저하게 발본색원해야 한다. 꺼진 불도
다시 보자는 말이 괜히 있는 것이 아니다. 사과 안에 있는 씨는 셀 수 있지

만 씨 안에 있는 사과는 셀 수 없는 법이다.

> 수 11:23〉 이와 같이 여호수아가 여호와께서 모세에게 말씀하신 대로 그 온
> 땅을 점령하여 이스라엘 지파의 구분에 따라 기업으로 주매 그 땅에 전쟁이 그
> 쳤더라

전쟁이 그쳤다. 이스라엘이 각 지파별로 땅을 나누었다. 그런데 아직도 가나안 땅에 원주민이 남아 있었다. 이스라엘은 더 싸워야 할 싸움이 있는데도 전쟁을 매듭지어 버렸다.

하기야 그럴 수 있다. 가나안에 입성했을 적에는 당장 발 뻗을 땅이 없었지만 지금은 다르다. 이만하면 급한 불은 껐다. 아니, 편하게 다리를 뻗을 수 있다. 게다가 7년 동안이나 전쟁에 시달렸다. 그만 싸워도 먹고살 만하다.

12 중간 결산

여호수아

어쨌든 전쟁이 그쳤으니 결산을 해야 한다. 그동안 이스라엘은 자기 땅이 없었다. 애굽에 있을 적에는 물론이고 광야를 방황할 때도 마찬가지였다. 그런데 이제는 땅이 생겼다. 애굽에서는 아무리 벽돌을 구워봐야 자기들을 위한 것이 아니었는데 이제부터는 다르다. 무엇을 심고 가꾸든지 전부 자기들을 위한 것이다. 땀을 흘린 만큼 그 대가를 누릴 수 있다. 그런 땅이 생겼다. 전쟁을 마친 여호수아가 그 땅을 점고한다.

> 수 12:1-6〉 이스라엘 자손이 요단 저편 해 돋는 쪽 곧 아르논 골짜기에서 헤르몬산까지의 동쪽 온 아라바를 차지하고 그 땅에서 쳐 죽인 왕들은 이러하니라…
> (중략) …여호와의 종 모세와 이스라엘 자손이 그들을 치고 여호와의 종 모세가 그 땅을 르우벤 사람과 갓 사람과 므낫세 반 지파에게 기업으로 주었더라

이스라엘이 가나안에 입성하기 전에 요단 동편에서 얻은 땅이 있었다. 그 땅을 르우벤 지파와 갓 지파 그리고 므낫세 반 지파가 차지했는데 난데없

이 그 얘기를 한다. 이미 7년이나 지난 일이다. 그것도 자기들이 그동안 싸워서 얻은 땅을 얘기하기에 앞서 그 얘기를 한다.

요단 동편은 율법을 상징하는 모세를 통하여 얻은 땅이다. 그러면 율법 아래서 얻는 영광도 이만큼 넉넉하다는 뜻이 된다. 요단을 건넌 다음에 가나안에서 얻은 땅이 훨씬 넓다. 율법 아래서 얻는 영광보다 복음 아래서 얻는 영광이 훨씬 더 풍성한 법이다.

바울이 〈로마서〉에서 이스라엘을 얘기한다. 이스라엘에는 양자 됨과 영광과 언약들과 율법을 세우신 것과 예배와 약속들이 있다. 조상들도 그들의 것이고, 육신으로 하면 그리스도가 그들에게서 나셨다.

아브라함, 요셉, 모세, 다윗, 솔로몬이 전부 이스라엘의 조상이다. 조상이 없는 민족은 없다. 세종대왕이나 이순신, 광개토태왕이 전부 자랑스러운 우리 조상이다. 하지만 성경이 말하는 이스라엘의 조상은 경우가 다르다. 그들은 그리스도를 설명하기 위해서 등장하기 때문이다. 이스라엘은 그런 조상을 갖고 있다. 심지어는 그리스도도 이스라엘에서 태어났다. 이스라엘이 받은 은혜가 그만큼 풍성했다. 하지만 그리스도의 대속 사역을 힘입고 성령님의 내주하심이 있는 우리가 받고 있는 은혜는 거기에 비할 바가 아니다. 우리는 하늘을 두루마리 삼고 바다를 먹물 삼아도 다 기록할 수 없는 은혜를 입고 있는 사람들이다.

수 12:7-24〉 여호수아와 이스라엘 자손이 요단 이편 곧 서쪽 레바논 골짜기의 바알갓에서부터 세일로 올라가는 곳 할락 산까지 쳐서 멸한 그 땅의 왕들은 이러하니라… (중략) …모두 서른한 왕이었더라

7년 전에 요단 동편에서 얻은 전과를 얘기했으니 이제는 지난 7년 동안 얻은 전과를 얘기할 차례다. 이때 이스라엘은 여리고 왕, 아이 왕, 예루살렘 왕, 헤브론 왕, 야르뭇 왕, 라기스 왕, 애글론 왕, 게셀 왕, 드빌 왕, 게델 왕, 호르마 왕, 아랏 왕, 립나 왕, 아둘람 왕, 막게다 왕, 벧엘 왕, 답부아 왕, 헤벨 왕, 아벡 왕, 랏사론 왕, 마돈 왕, 하솔 왕, 시므론 므론 왕, 악삽 왕, 다아낙 왕, 므깃도 왕, 게데스 왕, 욕느암 왕, 돌 왕, 고임 왕, 디르사 왕, 모두 서른한 왕을 정벌했다. 성경을 읽을 때 대표적으로 재미없는 부분이다. 알지도 못하는 사람 이름만 나열되거나 어딘지도 모르는 지명만 나열되면 가뜩이나 읽기 지루한 성경이 더 지루하게 느껴진다.

〈마태복음〉을 예로 들어보자. 1장에 흔히 '낳고, 낳고'로 얘기하는 예수님 족보가 나온다. 그러면 모든 사람들이 똑같이 지루함을 느낄까? 그렇지 않다. 나오는 사람이 구면(?)이면 별로 지루하지 않다. 초면(?)이기 때문에 지루한 것이다. 적어도 예수를 믿는다면 인명이 나열되든 지명이 나열되든 지루하지 않게 읽을 수 있을 만큼 성경과 친밀했으면 좋겠다.

어쨌든 이스라엘이 서른한 왕을 정벌했다. 서른한 나라라고 하기보다는 서른한 성읍이라고 해야 하겠지만 이렇게 많은 나라를 정벌했다는 얘기는 우리가 예수 안에서 타파해야 할 폐습이 이만큼 많다는 뜻이다. 우리 안에는 각자 자기만의 왕국을 가지고 있는 죄의 정욕이 한두 가지가 아니다. 적어도 물과 성령으로 거듭 났다면 이 모든 것을 제압해야 한다. 한때 우리를 지배했던 죄의 정욕들이 이제는 우리의 포로가 되는 일이 예수 믿은 연수에 비례해서 점점 더 많아져야 한다. 이스라엘은 이 모든 왕을 정벌하는데 7년 걸렸다.

중국 오나라 손권 수하에 여몽이라는 장수가 있었다. 졸병이었다가 전쟁에서 공을 세워 장군이 되기는 했지만 본래 무식했다. 그를 아낀 손권이 학문에 힘쓰라고 권면하자, 그때부터 전장에서도 책을 놓지 않았다. 얼마 후 노숙이 여몽을 만났다. 노숙은 여몽과 친한 사이여서 여몽을 누구보다도 잘 알고 있었는데, 얘기를 나누는 중에 여몽의 박식함에 깜짝 놀라 묻는다. "이 사람, 언제 이렇게 공부했나? 내가 알던 여몽이 아닐세." 여몽이 웃으며 답했다. "선비가 헤어진 지 사흘이면 눈을 비비고 다시 봐야 할 정도로 달라져 있어야 하는 법이라네." 괄목상대(刮目相對)라는 말이 이렇게 해서 생겼다.

진지하게 고민해 보자. 사흘 간격으로 눈을 비비고 다시 보게 되기를 바라는 것은 언감생심이라 치고, 7년은 어떤가? 7년 전과 비교해서 신앙이 어느 만큼 자랐는가?

에이든 토저 목사가 그의 책 〈하나님 편인가 세상 편인가〉에서 태어날 때보다 성장하면서 오히려 더 작아지는 것이 온 우주에 딱 두 개 있는데, 하나는 장수말벌이고 또 하나는 교인이라고 했다. 장수말벌이 어떻게 해서 성장하면서 태어날 때보다 더 작아지는지는 모르겠다. 교인도 태어날 때보다 성장하면서 더 작아지는 것 같지는 않다. 하지만 자라지 않고 마냥 제자리인 것 같기는 하다. 예수 5년 믿었을 때의 모습이나 10년 믿었을 때의 모습이나 20년 믿었을 때의 모습이나 다 똑같다.

대체 무엇이 문제일까? 우리 안에 예수 생명이 있다면 예수 믿은 기간에 비례해서 신앙이 자라야 정상이다. 신앙이 자라지 않는다면 애초에 거듭나지 않았기 때문일 수 있다. 명심하자. 우리는 더욱 주님을 닮아가야 하고 날마다 주님을 닮아가야 하는 사람들이다. 우리가 이 세상을 어느 만큼 살게 될지 모르지만 바로 지금이 주님을 가장 덜 닮은 때여야 하고 이다음에 주님을 뵐 때가 가장 주님을 많이 닮은 때여야 한다.

13 대충 끝낸 숙제

여호수아

그나저나 이스라엘은 어떻게 되었을까? 그들은 7년을 전쟁터에서 보냈다. 군대 생활 18개월도 짧지 않은데 하물며 날마다 피가 튀고 살점이 떨어져 나가는 전쟁터에서 7년을 보낸다는 것은 보통 일이 아니다. 언제면 전쟁이 끝나서 가족과 함께 오순도순 살 수 있을지 날마다 고대했을 것이다. 그러다가 전쟁이 끝났다. 얼마나 홀가분했을까?

문제는 아직도 가나안 원주민이 남아 있었다는 사실이다. 이스라엘이 자기들한테 주어진 싸움을 다 싸워서 전쟁을 끝낸 것이 아니었다. 요단강을 건넌 직후에는 전쟁이 그들의 생존과 직결되는 문제였다. 땅을 빼앗지 않으면 발붙이고 살 곳이 없었다. 하지만 이제는 그렇지 않다. 전쟁을 하지 않아도 먹고살 만했다. 그래서 전쟁을 그만 둔 것이다. 각박한 이 세상에서 모든 소망을 다 날리고 빈털터리로 교회에 들어와서 죽기 살기로 예수를 믿다가 형편이 조금 풀리면 딴 사람이 되는 경우와 흡사하다.

〈여호수아〉는 크게 두 부분으로 나눌 수 있다. 1-12장은 가나안 땅을 정복하는 내용이고 13장부터는 땅을 분배하는 내용이다. 그런데 13장을 시작하는 말이 "여호수아가 나이가 많아 늙으매 여호와께서 그에게 이르시되 너는 나이가 많아 늙었고 얻을 땅이 매우 많이 남아 있도다"이다. 이스라엘 생각으로는 이만하면 되었다 싶어서 전쟁을 끝냈는데 하나님 보시기에는 그렇지 않았다.

앞에서 여호수아는 여호와의 군대 대장이 칼을 빼어 손에 들고 있는 것을 보았다. 여호와의 군대 대장이 칼을 빼들고 있는데 먼저 칼을 집어넣으면 어떡한단 말인가? 우리한테 옮기면 평화의 왕이 오셔서 친히 안식을 주시기까지 전쟁은 계속되어야 한다. 주님께서 평화를 주시기 전에 우리가 먼저 나서서 평화를 선언하는 것은 반칙이다. "이만하면 되지 않았습니까?"라는 얘기는 우리가 할 수 있는 얘기가 아니다.

내가 사는 아파트는 밤이면 제법 번쩍거리는 길에 이어져 있다. 새벽에 나올 때는 거리가 온통 쓰레기로 엉망이다. 얼마 전에 수요예배를 마치고 집에 갈 때의 일이다. 그날따라 평소보다 조금 늦어서 거의 11시가 된 시간이었다. 몇 발자국 앞에 청년 대여섯 명이 가고 있었다. 가운데 있던 청년이 양 팔로 양쪽 친구의 어깨를 감싸 안으며 말했다. "좋아! 오늘, 갈 데까지 가는 거야."

문득 부러웠다. 교회에서 저런 말을 들을 수 있으면 얼마나 좋을까 하는 생각이 들었다. "그래, 앞으로 죽기 살기로 예수 믿어보는 거야! 하나님이 그만하라고 하실 때까지!"라고 하면 얼마나 좋을까? 술집이나 노래방, 나이트에 가면 갈 데까지 가보자는 사람이 한둘이 아니다. 그런데 교회에서는 그런 사람이 없다. 전부 다 이만하면 됐다고 한다. 이만하면 됐다고 누가 정했을까?

우리는 적어도 신앙에 대한 한 '눈높이'를 높일 필요가 있다. "내가 신앙생활을 어떻게 하고 싶은가?"가 문제가 아니다. "하나님이 나에게 무엇을 원하시는가?"가 문제다. "내가 하나님을 어느 만큼 섬기고 싶은가?"가 문제가 아니라 "하나님이 나를 통하여 어느 만한 섬김을 받기 원하시는가?"가 문제다.

성경은 이스라엘이 가나안 땅을 차지하는 것을 안식의 개념으로 설명한다. 〈여호수아〉가 우선 그렇고(1:13, 15, 21:44, 22:4) 〈히브리서〉가 또한 그렇다(3:11, 18, 4:1, 3, 5, 8, 10, 11). 가나안을 젖과 꿀이 흐르는 땅이라고 한다. 그런 땅에 들어갔으면 마땅히 젖과 꿀이 흐르는 삶을 누려야 한다. 그것이 안식이다. 그러면 가나안 땅에 발을 디뎠다는 사실만으로 안식을 누릴 수 있는 것이 아니다. 가나안에 들어가서 모든 대적을 몰아내야 한다.

결국 앞에서 열거된 서른한 명의 왕은 이스라엘이 하나님의 싸움을 명예롭게 마친 전공이 아니라 "이 정도면 충분하다" 하고, 스스로 만족한 기록이다. 이스라엘이 계속 싸웠으면 훌륭한 '중간 성적'이 되었을 것이다. 하지만 전쟁을 멈춘 상태라면 아무리 많은 전공을 남겼어도 현실과 타협한 것밖에 되지 않는다.

가끔 "이렇게 해도 괜찮죠?", "꼭 그렇게 해야 하는 것은 아니죠?"라는 질문을 받는 수가 있다. 그때마다 참 답답하다. 대체 무엇을 묻는 것일까? "이렇게 해도 하나님께서 기뻐하시죠?"라는 뜻일까, "이렇게 해도 지옥 안 가죠?"라는 뜻일까? 그런 질문을 하는 이유는 뻔하다. 적극적인 신앙 열심이 없기 때문이다. 자기가 아는 신앙 원칙을 지키려고 묻는 질문이 아니라 지키지 않으려고 묻는 질문이다. 예수를 제대로 믿어서 하나님께 칭찬 받을 마음은 없고, 어떤 일까지는 해도 벌 받지 않는지가 궁금한 것이다. 연애를 하면서도 자기가 무엇을 해야 애인이 기뻐할지를 신경 쓰지 않고 자기가 어떤 일까지는 해도 결별 통보를 받지 않는지에만 신경 쓴다면 대체 연애를 왜 할까?

"내 머리에 가득한 것을 내 팬이 다 적기 전에 내가 죽음에 이를까 두렵다." 영국 낭만주의 서정시인 존 키츠가 한 말이다. 우리는 뭐라고 하면 될까? "내가 살아야 할 삶을 다 살기 전에 게으름에 안주하게 될까 두렵다."라고 하면 될까?

이스라엘은 7년 동안 서른한 나라를 정벌하고서 게으름에 안주했다. 이 경우 7년이나 서른한 나라는 별로 중요하지 않다. 게으름에 안주했다는 사실이 중요할 뿐이다. 혹시 우리는 어떤가? 우리 역시 죄의 정욕을 청산하다 말고 적당히 타협했을 수 있다. 만일 그렇다면 속히 돌이켜야 한다. 하나님께서 친히 "아직도 얻을 땅이 많다" 하고 재촉하시기 전에 우리가 스스로를 재촉해야 한다. 성경은 우리한테 그리스도의 장성한 분량에 이르도록 자라라고 한다. 하늘에 계신 우리 아버지의 온전함처럼 우리도 온전하라고 한다. 우리가 어느 만큼 신앙에 힘써야 하는지를 우리가 정하는 것이 아니다. 우리 안에 잃어버린 하나님의 형상을 온전하게 회복하는 날까지 우리의 신앙 싸움은 계속 되어야 한다.

> 수 13:1〉 여호수아가 나이가 많아 늙으매 여호와께서 그에게 이르시되 너는 나이가 많아 늙었고 얻을 땅이 매우 많이 남아 있도다

뭔가 잘못된 것이 분명하다. 앞에서 이스라엘은 자기들이 싸워야 할 싸움을 모두 끝낸 것처럼 얘기했다. 가사, 가드, 아스돗에만 약간의 패잔병이

있을 뿐, 가나안의 모든 족속을 다 소탕했다는 것이다. 그동안 세운 전공도 나열했다. 요단 동편에서 빼앗은 영토와 요단을 건넌 다음에 빼앗은 영토를 빠짐없이 점고했다. 자기들이 정복한 서른한 명의 왕을 일일이 확인할 때의 마음은 상당히 뿌듯했을 것이다.

하나님이 전혀 다른 말씀을 하신다. 아직도 얻어야 할 땅이 매우 많이 남아 있다는 것이다. 결국 이스라엘은 가나안 정복 전쟁을 제대로 완수한 것이 아니라 대충 마감해 버린 것이다. 하나님께서 말씀하신 가나안 정복 전쟁을 마치 처삼촌 묘에 벌초하듯 했다.

그렇다고 해서 "사실은 남겨진 싸움이 있지만 우리도 피곤하다. 여기서 마무리하고 하나님께는 적당히 말씀드리자." 하고 작당하지는 않았을 것이다. 정말로 그렇게 생각했을 것이다. 이스라엘이 보기에는 더 이상 남은 싸움이 없었다. 하지만 하나님께서는 정확히 지적하셨다. 스스로는 속을지 몰라도 하나님께서는 속지 않으신다.

주기도문에 "아버지의 뜻이 하늘에서와 같이 땅에서도 이루어지게 하소서"라는 구절이 있다. 구약시대에 주기도문이 있었으면 이스라엘도 이렇게 기도했을 것이다. 하나님의 뜻이 가나안에서 이루어지는 것을 자기들이 막았으면서도 그것을 몰랐을 것이다. 대체 어떻게 하면 모를 수 있을까?

별 수 없다. 그것이 이스라엘 수준인 것을 어떻게 하란 말인가? 달랑 숙제만 해놓고는 공부 다 했다고 우기는 아이한테 열심히 공부하는 것을 가르칠 수는 없는 노릇이다.

이스라엘이 바로 말귀를 알아들었을까? 그렇게 생각되지는 않는다. 입술이 뾰루퉁한 채 "이만하면 됐지. 땅이 남아 있으면 얼마나 더 남아 있다고 그렇게 말씀하시나?" 하고 자기들끼리 투덜대었을 수 있다.

그래서 계속 말씀하신다.

> 수 13:2-7〉 이 남은 땅은 이러하니 블레셋 사람의 모든 지역과 그술 족속의 모
> 든 지역 곧 애굽 앞 시홀 시내에서부터 가나안 사람에게 속한 북쪽 에그론 경
> 계까지와 블레셋 사람의 다섯 통치자들의 땅 곧 가사 족속과 아스돗 족속과
> 아스글론 족속과 가드 족속과 에그론 족속과 또 남쪽 아위 족속의 땅과 또 가
> 나안 족속의 모든 땅과 시돈 사람에게 속한 므아라와 아모리 족속의 경계 아
> 벡까지와 또 그발 족속의 땅과 해 뜨는 곳의 온 레바논 곧 헤르몬 산 아래 바
> 알갓에서부터 하맛에 들어가는 곳까지와 또 레바논에서부터 미스르봇마임까
> 지 산지의 모든 주민 곧 모든 시돈 사람의 땅이라 내가 그들을 이스라엘 자손
> 앞에서 쫓아내리니 너는 내가 명령한 대로 그 땅을 이스라엘에게 분배하여 기업
> 이 되게 하되 너는 이 땅을 아홉 지파와 므낫세 반 지파에게 나누어 기업이 되
> 게 하라 하셨더라

딸이 어머니한테 자랑스럽게 얘기한다. "제가 집안일 다 했어요. 청소도
하고 설거지도 하고 쓰레기도 버렸어요." 집안을 둘러본 어머니가 대답한
다. "청소는 네 방만 했네? 안방도 안 하고 거실도 안 하고 화장실도 안 하
고 현관도 안 하고 베란다도 안 하고…" 실제로 이런 대화가 오가면 어머니
가 너무 모질다는 말을 들을 것이다.

그럼 이스라엘과 하나님의 대화는 어떨까? 앞에서 이스라엘은 자기들이
할 일을 다 한 것처럼 자기들이 정복한 땅을 열거했다. 그런데 하나님은 거
기에 수긍하지 않고 점령해야 할 남은 땅을 열거하신다. 블레셋 사람의 모
든 지역과 그술 족속의 모든 지역 곧 애굽 앞 시홀 시내에서부터 가나안 사
람에게 속한 북쪽 에그론 경계까지와 블레셋 사람의 다섯 통치자들의 땅 곧

가사 족속과 아스돗 족속과 아스글론 족속과 가드 족속과 에그론 족속과 또 남쪽 아위 족속의 땅과 또 가나안 족속의 모든 땅과 시돈 사람에게 속한 므아라와 아모리 족속의 경계 아벡까지와 또 그발 족속의 땅과 해 뜨는 곳의 온 레바논 곧 헤르몬 산 아래 바알갓에서부터 하맛에 들어가는 곳까지와 또 레바논에서부터 미스르봇마임까지 산지의 모든 주민 곧 모든 시돈 사람의 땅이 아직도 고스란히 남아 있다는 것이다. 남아도 너무 많이 남아 있다.

이처럼 많은 땅이 남은 것으로 보아 이스라엘이 실수로 빠뜨린 것은 아니다. 아마 반드시 정복해야 한다는 생각이 없었을 것이다. 이스라엘은 요단 동편의 두 왕과 요단 건너편의 서른한 왕을 정벌한 것으로 만족하고 싶었던 것이다. 그런데 하나님께서 용납하지 않으셨다. 가나안 주민을 완전히 몰아내기까지 그들의 싸움은 끝날 수 없었다.

그래서 하나님께서 남은 땅을 말씀하시면서 그 땅을 이스라엘에게 분배해서 기업이 되게 하라고 하셨다. 우리 생각에는 땅을 빼앗은 다음에 나눠야 할 것 같은데 그게 아니었다. 일단 나누기부터 하라는 것이다. 떡 줄 사람은 생각도 안 하는데 김칫국부터 마시라는 얘기가 아니다. 그 땅도 이스라엘의 기업이 되게 하겠다는 하나님의 의지 선언인 동시에 그 땅을 반드시 정복해야 한다는 무언의 압력이다.

하나님께서 아브라함에게 "너는 복의 근원이 될지라"라고 말씀하셨다. 아브라함을 복의 근원으로 만드시겠다는 하나님의 의지가 담긴 표현이다. 그렇다고 해서 아브라함이 어느 날 갑자기 복의 근원으로 바뀌는 것이 아니다. 하나님께서 그 말씀을 하시는 순간부터 복의 근원이 되어야 하는 책임이 주어진 것이다. 아브라함은 아무리 힘들고 어려워도 그 길을 가야만 했다. 이스라엘이 바로 그렇다.

이렇게 해서 하나님께서는 아직 정복하지 않은 땅마저 이스라엘에게 주셨다. 이스라엘 입장에서는 하나님께로부터 받기는 했는데 자기들의 소유로 누리지는 못하고 있는 셈이다. 하나님 말씀은 언제나 '현찰'이 아니고 '어음'이다. 그것이 무슨 상관인가? 금고에 현찰이 있거나 어음이 있거나 든든하기는 마찬가지다. 때가 되면 그 어음도 현찰이 될 것이다.

그런데 그 '때'는 막연히 시간만 가면 되는 것이 아니다. 헬라어로 때를 나타내는 단어는 두 가지가 있다. '크로노스'와 '카이로스'다. '크로노스'는 시간만 가면 저절로 이르는 때이고, '카이로스'는 특정한 사건이 이루어지는 때를 말한다.

어떤 사람이 무술 고수를 찾아서 수련을 한다. 3년 기한으로 수련을 시작하고 3년이 지났으면 돌아갈 때가 된 것이다. '크로노스'이다. 하지만 일정 수준의 실력이 갖출 때까지로 정하고 그 수준이 되었으면 그 '때'는 '카이로스'이다.

이스라엘이 가나안 땅을 유업으로 얻는 것은 카이로스의 사건이다. 그 '때'까지 할 일이 있다. 아브라함으로 얘기하면 복의 근원이 되는 일이 시간만 가면 저절로 이루어지는 일이 아니었다. 일단 본토 친척 아비 집을 떠나는 일을 시작으로 숱한 우여곡절을 거쳐야 했다.

하나님께서 가나안 남은 땅을 이스라엘 아홉 지파와 므낫세 반 지파에게 나누어 기업이 되게 하라고 하셨다. 물론 "내가 그들을 이스라엘 자손 앞에서 쫓아내리니…"라는 말씀도 하셨다. 그렇다고 해서 칼과 창으로 무장한 천군 천사가 내려와서 가나안 원주민과 싸우는 것이 아니다. 그 싸움은 이스라엘이 싸워야 한다. 이미 경험하기도 했다.

수 13:32-22〉 요단 동쪽 여리고 맞은편 모압 평지에서 모세가 분배한 기업이 이러하여도 오직 레위 지파에게는 모세가 기업을 주지 아니하였으니 이는 그들에게 말씀하신 것과 같이 이스라엘의 하나님 여호와께서 그들의 기업이 되심이었더라

뜬금없이 레위 지파 얘기를 한다. 모세가 요단 동편에서 르우벤 지파와 갓 지파, 므낫세 반 지파에게는 기업을 나눠주었지만 레위 지파에게는 기업을 나눠주지 않았다는 것이다.

"레위 지파에게는 기업이 없었다. 레위 지파에게는 하나님이 직접 기업이 되셨다."라는 얘기는 성경에 상당히 자주 언급된다. 땅 나누는 얘기를 할 때마다 이 얘기를 반복한다. 반복하는 것은 그만큼 중요하다는 뜻이다.

먼저 알아야 할 사실이 있다. 하나님이 레위 지파에게만 기업이 되시고 다른 지파에게는 기업이 아닌 것이 아니다. 하나님은 이스라엘 모두에게 기업이 되시는데, 이 사실을 레위 지파를 통해서 나타내시는 것이다. 십일조의 원리가 그렇다. 십분의 일을 헌금하면 나머지 십분의 구는 자기 소유가 아니다. 십분의 일을 헌금하는 것으로 자기 소득이 전부 하나님의 소유임을 인정하는 것이다. 십일조 헌금을 했다고 해서 "하나님 몫을 챙겨드렸으니 나머지는 제 맘입니다."라고 하면 안 된다. 십분의 구도 당연히 하나님의 소유를 맡은 것처럼, 하나님 보시기에 바르게 써야 한다.

가나안 땅은 주인 없는 땅이 아니다. 이스라엘이 가나안 땅을 기업으로 나누기 위해서는 먼저 가나안 땅을 정복해야 한다. 그러면 일차적인 관심은 "어떻게 전쟁을 승리로 이끌 것인가?" 하는 문제가 된다.

하지만 가나안 땅을 기업으로 주겠다고 하신 분이 하나님이다. 이스라엘

은 잘 싸우면 이기고, 그렇지 않으면 질 수도 있는 싸움을 싸우는 것이 아니라 이기기로 약정된 싸움을 싸우는 것이다. 전쟁이라는 과정을 수행하기는 하지만 자기들이 가나안 땅을 쟁취하는 것이 아니라 하나님께서 주시는 것이다.

그래서 요단 동편에서 분배한 기업 얘기를 하면서 레위인들은 하나님께서 친히 기업이 되신다는 사실을 밝힌다. 요단 동편에서 이스라엘이 이긴 것은 전투력이 뛰어났기 때문이 아닌 것처럼 남은 가나안 땅도 하나님께서 주실 것이다. 하나님은 레위인에게만 기업이 아니고 이스라엘의 기업이기 때문이다.

〈시편〉에 이스라엘을 지키시는 이는 졸지도 아니하시고 주무시지도 아니하신다는 말씀이 있다. 고개가 갸웃거려지는 표현이다. 사람은 제한된 육신을 가졌기 때문에 피곤하면 졸기도 하고 밤에는 잠도 자야 한다. 하지만 하나님이 졸거나 주무실 이유가 없다. "소금은 짜다.", "밤은 어둡다"처럼 뻔한 얘기를 왜 할까?

세상을 살다 보면 마치 하나님께서 졸거나 주무시는 것처럼 느껴질 때가 있기 때문이다. 차라리 하나님이 안 계시다면 모르겠는데, 그럴 수는 없다. 그런데 정작 필요할 적에는 묵묵부답이다. 자기가 겪고 있는 일에 대해서 하나님은 전혀 관심이 없는 것처럼 생각될 때가 한두 번이 아니다.

혹시 하나님이 뒷북을 즐겨 치시는 분일까? 하나님은 항상 우리 앞길을 예비하시는 분이라고 들었는데 실제로 느끼기로는 그렇지 않다. 우리가 직면하는 문제에 대해서 미리 양탄자를 깔아놓고 기다리시는 것이 아니라 모든 일이 지난 다음에야 "거봐, 내가 그러니까 그때 그렇게 했잖아." 하는 식으로만 나타나신다.

어떻게 된 영문일까? 하나님이 원래 뒷북을 즐겨 치시는 분이면 그럴 수 있다. 그게 아니면 하나님께서는 항상 우리 앞길을 예비하시는 분인데도 우리가 미처 알지 못했다가 일이 끝난 다음에야 뒤늦게 깨달아도 그렇게 된다. 그러면 답은 뻔하다.

하나님께서 20년 전에 나를 지키셨다는 사실을 20년 전에 알았는가? 하나님께서 10년 전에 나를 지키셨다는 사실을 10년 전에 알았는가? 하나님께서 5년 전에 나를 지키셨다는 사실을 5년 전에 알았는가? 그때는 몰랐다가 시간이 지난 다음에야 알지 않았는가?

하나님은 언제나 우리를 지키셨다. 20년 전에도 지키셨고, 10년 전에도 지키셨고, 5년 전에도 지키셨다. 지금이라고 해서 지키지 않을 리가 없다. 그러면 아예 정답을 외우고 있자. 하나님은 지금도 우리와 함께 하신다. 단지 우리가 실감하지 못하는 것뿐이다. 시간이 지나면 또 깨닫게 될 것이다.

이제 이스라엘이 그렇다. 요단 동편에서 승리를 주신 하나님께서 앞으로도 승리를 주실 줄을 알면 계속 하나님을 의지해서 싸울 수 있다. 하지만 하나님께서 요단 동편에서 이기게 하신 것은 알면서도 남은 전쟁에 대해서는 자기들 나름대로 싸우려고 한다면 그들의 앞길은 힘들고 험난할 것이다.

하나 더 있다. 이스라엘에게만 하나님이 기업이 아니다. 이스라엘 또한 하나님의 기업이다. 하나님의 모든 기쁨과 만족과 자랑이 이스라엘에게만 있다. 하나님은 이스라엘로 인해서만 기뻐하시고 이스라엘로 인해서만 만족하신다. 결국 하나님의 만족과 기쁨을 위해서라도 이스라엘은 가나안 땅을 정복해야 한다.

부교역자 시절, 교회를 몇 주 빼먹은 청년이 있을 때마다 밖에서 만나곤

했다. 만나자마자 대뜸 묻는다.

"지금도 예수님 믿냐?"

"믿죠. 그럼 안 믿어요."

다분히 서운하다는 투로 대답한다. 그럴 만하다. 아예 교회에 발을 끊을 심산이었으면 밖에서 만나자는 목사 얘기에 응할 까닭이 없다. 어쩌다 몇 주 빼먹기는 했지만 곧 나갈 생각이었다. 그런데 다짜고짜 자기의 기본 신앙(?)마저 의심하는 말을 하니 서운한 것이다. 그러거나 말거나 다시 묻는다.

"네가 예수님 믿는 거, 예수님도 아시냐?"

그 두 번째 질문에는 난처한 표정을 짓는다. 그럼 다시 얘기한다.

"너만 예수님 믿지 말고 예수님도 너를 믿을 수 있어야 되는 거 아니냐?"

지난 2012년에 온누리교회 공원묘지에 간 적이 있다. 마침 얼마 전에 소천한 하용조 목사 묘소가 보이기에 잠깐 참배했다. 현수막에 하용조 목사 사진과 함께 "목사님이 계셔서 행복했습니다."라는 글귀가 있었다. 그 글귀를 보면서 혼자 생각했다.

"주님이 계셔서 행복했습니다."라는 얘기는 누구나 할 수 있다. 하지만 그것으로는 모자라다. 주님이 우리를 보면서 "네가 있어서 참 행복하구나." 라고 할 수 있어야 한다. 하나님만 우리 기업인 것이 아니라 우리 역시 하나님의 기업이기 때문이다. 우리가 하나님으로 인해서 세상 살 맛이 나는 것처럼 하나님은 우리로 인해서 하나님 노릇 할 맛이 났으면 좋겠다.

14 요단 서쪽 기업의 분배

여호수아

여호수아와 대제사장 엘르아살의 주도로 아홉 지파와 반 지파가 제비를 뽑아서 땅을 나눈다. 지금까지는 가나안 땅을 정복하는 것이 이스라엘 전체의 책임이었다. 그런데 각 지파별로 정복해야 할 곳이 구분되었으니 책임 소재가 분명하게 되었다.

> 수 14:6-9〉 그때에 유다 자손이 길갈에 있는 여호수아에게 나아오고 그니스 사람 여분네의 아들 갈렙이 여호수아에게 말하되… (중략) …그 날에 모세가 맹세하여 이르되 네가 내 하나님 여호와께 충성하였은즉 네 발로 밟는 땅은 영원히 너와 네 자손의 기업이 되리라 하였나이다

성경은 가장 먼저 갈렙을 얘기한다. 갈렙을 통해서 뭔가 주고자 하는 메시지가 있다는 뜻이다. 갈렙은 히브리어로 개라는 뜻이다. 갈렙은 그야말로 견마지로를 다한 사람이다.

일찍이 모세가 여호수아와 갈렙을 포함한 열두 명의 정탐꾼을 가나안으

로 보낸 적이 있다. 그때 여호수아와 갈렙을 제외한 열 명이 불신앙적인 보고를 하는 바람에 하나님의 진노로 광야 생활이 시작되었다. 하나님께서 여호수아와 갈렙 외에는 아무도 가나안에 들어가지 못하게 하겠다고 하셨다. 그러면서 장차 갈렙의 발로 밟는 땅은 영영히 갈렙과 그 자손의 기업이 되게 하겠다고 말씀하셨는데, 갈렙이 바로 그 얘기를 했다. 하나님께서 자기에게 가나안 땅을 약속하셨다는 것이다.

갈렙이 그 약속을 신뢰하는 이유가 있다. 하나님께서 출애굽 1세대에게는 아무에게도 가나안 땅을 허락하지 않고 전부 다 광야에서 죽게 하겠다고 하시면서 유독 자기에게는 가나안 땅에 들어갈 수 있도록 하겠다고 하셨는데 그 말씀대로 자기가 나이 팔십오 세가 되도록 생존하여 가나안 땅에 들어왔다는 것이다. 자기를 가나안 땅으로 인도하시겠다는 하나님 말씀이 이루어진 것을 보면 자기에게 가나안 땅을 유업으로 주겠다는 말씀도 이루어진다는 것이다.

이런 것을 믿음이라고 한다. 간혹 믿음과 맹종을 혼동하는 사람을 본다. 무작정 "믿습니다!" 하고 어금니만 깨물면 그것이 믿음인 줄 안다. 정말로 믿는 마음이 있으면 그렇게 호들갑을 떨 이유가 없다. 담담하게 자기가 믿는 그대로 행하면 된다. 그런데 믿어야 하는 줄 알면서 믿음이 생기지 않으니까 없는 믿음을 짜내느라고 바락바락 악을 쓰면서 "주여, 믿습니다!"를 남발한다. 말로는 믿는다고 하면서도 사실은 믿어지지 않는 것이다.

짐작 가는 부분이 있다. 성경에 네 믿음대로 되라는 말씀이 있는 것을 아마 알고 있을 것이다. 혹은 누군가 그렇게 얘기하는 것을 들었을 수도 있다. 그러니 얼른 믿어서 그 결과를 누리고 싶은 것이다. 자기가 믿는 것이 무엇인지는 모른다. 어쨌든 믿을 테니까 장사를 잘되게 해주든지 병이 낫게 해주든지 빨리 해달라는 것이다.

실제로 그런 대화를 들은 적이 있다. 아들이 운전면허시험을 치렀는데 떨어졌다. 어머니가 말했다.

"너, 기도 안 했지?"

"했어요."

"뭐라고 했어?"

"합격하게 해달라고 했죠."

"그러니까 안 됐지. '합격시켜줄 줄 믿습니다' 해야지."

그런 식의 믿음은 없다. 무엇보다 믿음은 자기가 원하는 것을 얻게 해주는 신비한 비방 같은 것이 아니다.

믿음이 정말로 믿음이 되려면 '믿는 주체'보다 '믿는 대상'에 초점이 있어야 한다. 어느 만큼 열심히 믿느냐가 문제가 아니라 무엇을 믿느냐가 중요하다. 누군가 내 지갑을 자기에게 줄 줄로 아무리 믿어도 나한테 그럴 마음이 없으면 그뿐이다. 아무런 근거 없이 믿는 것이 믿음이 아니라 믿을 만한 내용이 있은 연후에 그것을 믿는 것이 믿음이다.

부교역자 시절에 감기 기운이 있어서 약국에 간 적이 있다. 중세를 말하고 약을 짓는데 권사 한 분이 들어왔다. 그리곤 나를 타박했다. "목사님이 감기 기운이 있다고 약을 드시면 저희는 누구를 보고 신앙생활을 해요? 감기쯤은 '믿습니다' 하고 이겨내셔야죠." 그 분이 권사라는 사실을 일부러 밝혔다. 권사는 아무나 되는 것이 아니다. 적어도 교회에서 인정을 받는 사람이라야 한다. 그런데 그런 얘기를 했다. 하나님이 사람에게 지성을 주셨고, 사람은 그 지성으로 약을 개발했으니 약을 먹고 병을 고치는 것이 하나님 보시기에 옳은 줄은 모른다. 종교 행위를 동원하면 신앙이고 일반적인 방법을 동원하는 것은 불신앙인 줄 안다. 그러면 그 분은 집에서 밥을 할 때도 전기밥솥 코드를 꽂는 대신 기도를 할까?

이런 식의 오해가 꽤 많다. 한번은 신앙 좋은 권사 얘기를 들은 적이 있다. 아들이 목사인데 얼마나 신앙이 좋은지 집에서도 꼬박꼬박 '목사님'이라고 부른다고 했다. 그만큼 땅의 질서보다 하늘의 질서를 앞세운다는 것이었다. 대체 무슨 말인지 이해가 안 되었다. 그 아들이 목사가 된 것은 하나님께서 하신 일이라 치고, 그 분 아들로 태어난 것은 하나님과 관계없는 일이었을까? 하나님 몰래 아들을 낳았는데 하나님께서 그 아들을 목사로 삼았으면 그 얘기가 일리가 있다. 하지만 그게 아니면 신앙이 무엇인지 모르는 소치다. 하나님은 종교 영역에서만 하나님이 아니다. 우리 삶의 모든 영역에서 하나님이다. 예배당 꼭대기에 피뢰침을 세우는 것이 신앙이고, 운전하기 전에 기도를 했어도 신호를 지키며 운전하는 것이 신앙이다. 하나님은 예배당 안에만 계신 분이 아니다.

이때 갈렙이 얻은 땅은 헤브론이었다. 헤브론은 가데스바네아에서 열두 명의 정탐꾼이 다녀올 적에도 관심 대상이었다. 그곳에 그들의 열조가 묻혔기 때문이다. 아브라함, 이삭, 야곱, 사라, 리브가가 다 거기에 묻혀 있다. 당시 정탐꾼들은 자기들의 열조가 묻힌 땅을 보면서 "여기가 원래 우리 땅이었구나. 우리가 차지하는 것이 맞구나."라는 생각을 했어야 했다. 그런데 아낙 자손 때문에 겁에 질리고 말았다.

갈렙이 그런 헤브론을 지목했다. 그곳에 있는 아낙 자손보다 하나님의 약속에 주목한 것이다. 이런 것이 신앙이다. 신앙이 있다고 해서 세상이 지레 꼬리를 내리지는 않는다. 세상은 여전히 살기등등하다. 하지만 그런 세상보다 하나님이 더 크신 분인 것을 알아야 한다. 물론 담대하게 나아갈 수 있으면 좋다. 혹시 담대하게 나아가지 못하겠거든 부들부들 떨면서라도 나아가야 한다. 우리의 책임은 '담대함'에 있지 않고 '나아가는 것'에 있다.

예전에 엘리야를 소재로 한 소설을 읽은 적이 있다. 성경을 배경으로 하되 성경에 없는 내용을 작가의 상상력으로 채운 소설이었다. '엘리야' 하면 으레 갈멜산 전투가 떠오른다. 갈멜산의 엘리야는 정말 멋있다. 모두의 신앙 귀감이 될 만하다. 그런데 그 소설에서는 갈멜산 전투를 앞두고 두려움에 떠는 엘리야를 묘사했다. 문득 그럴 수 있을 것 같다는 생각이 들었다. 설마 엘리야라고 해서 마냥 담대했을까? 마음속에서 꾸물꾸물 기어 나오는 불안감을 애써 억누르지 않았을까? 그때 엘리야의 마음을 누가 알겠는가? 분명한 사실은 우리가 신앙을 너무 단순하게 생각할 수 있다는 것이다. 신앙이 있으면 마냥 담대해지는 것이 아니라 신앙이 있으면 결국 순종하게 된다.

아합의 제안을 거부할 때의 나봇이 어떤 마음이었을까? 유대 여자가 아들을 낳으면 나일강에 던져 죽이라는 바로의 명령을 거역한 산파 부아와 십브라는 어떤 마음이었을까? 아합이나 바로가 무섭지 않을 수 없다. 하지만 그것 때문에 자기 선택이 영향을 받지는 않는다. 무섭거나 말거나 할 일은 해야 한다. 아합이나 바로보다 하나님이 더 무서운 분이다.

> 수 14:13-15〉 여호수아가 여분네의 아들 갈렙을 위하여 축복하고 헤브론을
> 그에게 주어 기업을 삼게 하매 헤브론이 그니스 사람 여분네의 아들 갈렙의 기
> 업이 되어 오늘까지 이르렀으니 이는 그가 이스라엘의 하나님 여호와를 온전히
> 좇았음이라 헤브론의 옛 이름은 기럇 아르바라 아르바는 아낙 사람 가운데에

서 가장 큰 사람이었더라 그리고 그 땅에 전쟁이 그쳤더라

여호수아가 헤브론을 갈렙에게 주어 기업을 삼게 했다. 빈 땅을 등기 이전해 준 것이 아니다. 갈렙한테 그 땅을 빼앗아 차지하는 것을 허락했다는 뜻이다. 헤브론은 아낙 사람 가운데서도 가장 큰 사람이 사는 곳이었다.

그러면 뭔가 이상하다. 앞에서 이스라엘은 가나안에 더 이상 정복할 땅이 남아 있지 않다며 전쟁 종식을 선언했다. 그런데 하나님께서 아직도 남은 땅이 많다고 지적하셨다. 가나안의 요지를 다 점령한 이스라엘이 변두리 땅은 대수롭지 않게 여겨서 전쟁을 그쳤는데, 하나님께서는 그것을 용납하지 않으시고 철저한 정복을 말씀하신 줄 알았는데 그게 아니다. 당시 이스라엘은 정벌하기 쉬운 곳만 정벌하고 정벌하기 힘든 곳을 남겨두었던 것이다. 갈렙이 그런 곳을 자기 기업으로 얻었다.

이런 내용을 보면 사람들은 쉽게 갈렙은 믿음이 있었다고 한다. 물론 맞는 말이다. 갈렙은 믿음이 있었다. 하지만 성경에 이런 내용이 기록된 것은 갈렙의 믿음을 칭찬하기 위해서가 아니다. 성경은 지파별로 땅을 나누는 얘기를 하는 중이다. 갈렙의 행적은 땅을 나누는 내용과 연결해서 생각해야 한다.

하나님께서 갈렙에게 땅을 주시겠다고 했고 또 그 약속을 지키셨다. 그런 약속을 받은 것은 갈렙만이 아니다. 이스라엘 전부가 그런 약속을 받았다. 결국 이제부터 나눠지는 땅은 비록 가나안 원주민이 살고 있지만 하나님께서 주시기로 약조하신 땅이다. 받아 가지기만 하면 이스라엘의 영토로 편입될 땅이다. 갈렙이 먼저 그 사실을 예증했다. 하나님께서 헤브론을 갈렙에게 주신 것처럼 다른 땅도 이스라엘에게 주실 것이다.

흔히 성경에 나오는 사람을 신앙 위인이라고 한다. 에녹, 노아, 아브라함, 요셉, 모세, 여호수아, 다윗, 엘리야, 엘리사, 다니엘, 세례 요한, 베드로, 바울, 스데반이 전부 신앙 위인이다. 그래서 어떻다는 얘기일까? 이 사람들은 특별한 사람이니까 마냥 우러러보라는 뜻일까, 이 사람들을 본보기로 삼아서 따라 하라는 뜻일까?

누군가 아브라함을 칭송했다. 아브라함은 하나님의 벗이라 칭함 받을 만큼 대단한 사람이었다는 것이다. 그러면 예수님이 우리를 친구라고 한 것은 어떻게 될까? 예수님의 친구가 하나님의 벗을 부러워할 이유가 있을까?

예수님은 하나님 보좌 우편에 앉아 계신 분이다. 하나님이 제일 높으니까 가운데 앉고 예수님이 그다음이니까 그 옆에 앉는 것이 아니다. 히브리 사람들한테 아들은 종이 아닌 상속자라는 뜻이다. 그 집 가업을 이을 신분이다. 아들은 모든 면에서 아버지와 동등하다. 하나님의 아들 역시 하나님과 영광과 권세와 위엄이 똑같다. 신분이 다르면 나란히 앉지 못한다. 사극에서 왕은 앉고 신하들은 좌우에 서 있는 것을 본 적이 있을 것이다. 예수님은 그처럼 하나님 옆에 서서 영을 기다려야 하는 분이 아니다. 하나님과 나란히 앉아 계신 분이다. 하나님과 동등하시기 때문이다.

하나님의 벗과 예수님의 친구 역시 같은 뜻이다. 하나님의 벗이 신약시대에 오면 예수님의 친구가 되고, 예수님의 친구가 구약시대로 가면 하나님의 벗이 된다. 우리는 아브라함을 우러르면 되는 사람들이 아니라 아브라함처럼 되어야 하는 사람들이다. 아브라함한테 이루어진 일이 우리한테 이루어져야 한다. 갈렙이라고 해서 다를 이유가 없다. 갈렙을 보면서 "와! 갈렙은 믿음이 참 좋았구나!"라고 하는 것은 신앙과 아무 상관이 없다. 갈렙과 같은 일이 자기를 통해서 나타나는 것이 신앙이다.

15 유다 지파의 기업

여호수아

신학을 하기 전, 성경을 제법 열심히 읽었다. 화장실에 갈 때도 성경책을 가지고 갔다. 그 무렵 〈여호수아〉는 앞부분은 재미있고 뒷부분은 재미없는 책이었다. 기생 라합 이야기, 요단강 건너는 이야기, 여리고성이 무너진 이야기, 아간의 범죄와 아이성 전투, 기브온이 항복하는 이야기, 계속되는 여호수아의 승전은 읽을 때마다 재미있었다. 그런데 지파별로 땅을 나누는 얘기가 나오면 안 그랬다. 지명도 생소한데다가 읽어도 무슨 말인지 알 수가 없었다. 그 시절 〈여호수아〉 후반부는 〈사사기〉를 읽기 위한 통과의례에 불과했다. 〈여호수아〉를 읽다 말고 〈사사기〉로 건너뛸 수는 없으니 별 수 없이 억지로 읽어야 했다.

그런 재미없는 내용의 한복판에 유다 지파가 있다.

> 수 15:1-12〉 또 유다 자손의 지파가 그들의 가족대로 제비 뽑은 땅의 남쪽으로는 에돔 경계에 이르고 또 남쪽 끝은 신 광야까지라… (중략) …서쪽 경계는 대해와 그 해안이니 유다 자손이 그들의 가족대로 받은 사방 경계가 이러하니라

성경은 유다 지파가 분배 받은 땅을 가장 먼저 얘기하는데, 갈렙이 유다 지파 소속이다. 헤브론을 정복한 갈렙이 기럇 세벨과의 싸움을 앞두고 누구든지 기럇 세벨을 취하는 자에게는 딸 악사를 아내로 준다고 했다. 적을 물리친 장수가 공주를 아내로 맞는 얘기는 동화의 전유물이 아닌 모양이다. 나중에 사울도 골리앗을 물리치는 자는 사위로 삼겠다고 했다.

갈렙의 얘기에 그의 동생 그나스의 아들인 옷니엘이 나섰다. 옷니엘이 기럇 세벨을 정복하고 악사를 아내로 맞는다. 그때 악사는 출가하면서 땅과 함께 샘물을 구해서 허락받는다. 옷니엘이 하나님께서 기뻐하시는 싸움을 싸워서 아내도 얻고 땅도 얻고 땅을 비옥하게 만들 수 있는 샘물까지 얻었다. 하나님의 싸움을 싸우는 것이 어느 만큼 복된 일인지 직접 실증해 보였다. 이스라엘이 각 지파별로 땅을 나누는 얘기를 하면서 제일 먼저 갈렙을 얘기하고 옷니엘을 얘기하는 것이 절대 우연이 아니다.

이렇게 해서 갈렙이 얻은 땅을 중심으로 유다 지파의 영토가 확정되는데, 유다 지파가 얻은 땅은 상당히 중요하다. 장차 여기서 그리스도가 태어나서 수난 당하고 부활하고 승천할 것이다. 유다 지파는 이스라엘의 대표 지파에 어울리게 장차 하나님께서 우리를 향하신 구원 사역을 펼치실 주 무대를 기업으로 얻었다.

성경은 유다 지파가 점령한 성읍을 일일이 열거하는데 하솔, 브엘세바, 라기스, 에글론처럼 다소 낯익은 이름도 있지만 갑스엘, 에델, 야굴, 기나, 디모나, 아다다, 잇난, 델렘, 브알롯처럼 거의 대부분은 생소한 이름이다.

그런데 이상한 점이 있다. 한 번도 들어보지 못한 생소한 성읍이 이렇게 많이 나오는데 예수님이 태어나실 베들레헴은 보이지 않는다. 당시 베들레헴이 그만큼 미미한 성읍이었다는 뜻이다. 실제로 미 5:2에 "베들레헴 에브라다야 너는 유다 족속 중에 작을지라도 이스라엘을 다스릴 자가 네게서 내게로 나올 것이라 그의 근본은 상고에, 영원에 있느니라"라고 예언되어 있다. 하나님께서 우리를 위하여 예비하신 구원은 그만큼 작은 곳에서 시작되었다. 하지만 하나님께서는 태초부터 그곳을 준비하셨다.

> 수 15:63〉예루살렘 주민 여부스 족속을 유다 자손이 쫓아내지 못하였으므로 여부스 족속이 오늘까지 유다 자손과 함께 예루살렘에 거주하니라

유다 지파가 점령한 성읍은 백 개가 훨씬 넘는다. 하지만 점령하지 못한 성읍도 있었다. 성경은 그 대표로 예루살렘을 꼽는다. 당시 예루살렘에는 여부스 사람이 살고 있었다. 유다 지파는 〈여호수아〉가 기록될 당시까지 예루살렘을 점령하지 못했다. 하나님께서는 주셨는데 그것을 받아 누리지는 못했다.

어쩌면 유다 지파는 자기들이 점령한 백여 성읍으로 흡족했을 수 있다. 하지만 성경의 관심은 점령한 모든 성읍보다 점령하지 못한 한 성읍에 있다. 자기가 이미 얻은 것에 만족하는 것이 아니라 자기에게 없는 것을 안타까워하는 사람이 하나님 보시기에 옳은 사람이다. 시험을 보고 나서 틀린 문항 숫자를 세면 공부 잘하는 학생이고 맞은 문항 숫자를 세면 공부 못하는 학생인 것과 같다. 실력이 없을수록 자기한테 있는 것을 내세우고 실력이 있을수록 자기한테 없는 것을 아쉬워한다.

유다 지파가 예루살렘을 점령하지 못한 것은 하나님께서 허락하신 숱한 성읍 중의 한 성읍을 점령하지 못한 것으로 끝나지 않는다. 만일 그렇다면 유다 지파만 조금 불편하면 된다. 하나님께서 48평 아파트를 주셨는데 아

파트의 한 쪽 구석을 쓰지 않고 굳이 45평만 주거 공간으로 쓰겠다면 얼마든지 그럴 수 있다. 하지만 이 경우는 다르다.

하나님께서 예루살렘을 유다 지파에게 맡겼는데 유다 지파가 그 성을 빼앗지 못하면 장차 그 성을 중심으로 전개될 하나님의 구원 계획은 어떻게 되라는 말인가? 하나님의 구원 역사에 예루살렘은 상당히 중요한 비중을 차지한다. 장차 그곳에 성전이 세워질 것이고, 주님께서는 그곳에서 공생애 사역의 마지막을 보낼 것이다. 그런 성이 이방인의 손에 남아 있으면 모든 것이 엉망이 되고 만다. 유다 지파가 예루살렘을 빼앗지 못한 것이 그만큼 엄청난 일이다.

백여 개가 넘는 성읍을 빼앗은 유다 지파가 유독 예루살렘을 빼앗지 못한 것을 보면 여부스 족속의 저항이 유난히 끈질겼던 것 같다. 예루살렘은 하나님께만 중요한 성이 아니라 마귀에게도 중요한 성이었다는 뜻이다. 하나님의 계획을 이루는데 소중한 것이라면 마귀가 호락호락 넘겨줄 리가 없다.

이 예루살렘은 나중에 다윗 대에 이르러서 이스라엘 영토가 된다. 비록 유다는 불순종했지만 그렇다고 해서 하나님의 계획이 침해받을 수는 없다. 하나님의 계획은 그것이 하나님의 계획이라는 이유만으로 얼마든지 이루어진다. 남는 것은 유다 지파의 책임이다.

〈에스더〉에서 가장 유명한 구절로는 단연 "죽으면 죽으리이다"가 꼽힐 것이다. 성경을 읽을 적에 저절로 주먹이 불끈 쥐어지기도 한다. 우리에게는 그런 각오가 있어야 한다. 죽어야 할 상황이면 죽는 것이 신앙이다. 죽기 싫다고 신앙을 외면하면 배교자밖에 안 되는데, 아무리 죽음이 무섭기로서니 그럴 수는 없다.

하지만 그 구절을 〈에스더〉의 주제인 것처럼 여기는 것은 곤란하다. 에스더가 그 말을 하기 전에 모르드개가 한 말이 있다. "이때에 네가 만일 잠잠하여 말이 없으면 유다인은 다른 데로 말미암아 놓임과 구원을 얻으려니와 너와 네 아버지 집은 멸망하리라 네가 왕후의 자리를 얻은 것이 이때를 위함이 아닌지 누가 알겠느냐" 이 말에 대답하면서 "죽으면 죽으리이다"가 나왔다.

모르드개의 말이 백번 지당하다. 설마 에스더가 발뺌한다고 해서 달라지는 것이 있을까? 하나님은 얼마든지 하나님의 일을 하실 것이다. 남은 것은 에스더의 책임이다. 우리가 하나님께 충성하면 하나님의 일이 이루어지고 우리가 게으르면 하나님의 일이 이루어지지 않는 것이 아니다. 하나님은 홀로 충만하신 분이다. 어느 누구의 도움도 필요 없다. 하나님의 일은 어차피 이루어지는데, 그 이루어진 일을 보면서 같이 기뻐하는 사람도 있고 난처해서 숨는 사람도 있는 것뿐이다.

각설하고, 베들레헴이 어디에 있는지 몰라도 유다 지파가 얻은 영토 어딘가에 있었다. 또 비록 유다 지파는 예루살렘을 얻는데 게을렀지만 하나님께서는 다른 경로로 예루살렘을 하나님의 도성으로 편입시켰다. 이 모든 것이 우리를 향한 하나님의 구원 계획이다. 하나님께서는 우리가 알지 못하는 동안에도 우리를 향한 구원 계획을 차곡차곡 진행하고 계신다. 그러면 주님께서 다시 오셔서 이 세상을 심판하시고 우리한테 허락하신 구원을 완성하실 날도 하나님의 경륜 아래서 하나하나 진행되고 있을 것이다.

그 옛날 유다 지파처럼 우리 역시 그 내용을 일일이 알지는 못한다. 우리가 무엇을 잘했고 무엇을 못했는지도 모른다. 어쩌면 우리가 이미 얻은 것 중에 베들레헴이 있을 수 있다. 마찬가지로 우리가 게으른 것이 바로 예루살렘일 수도 있다. 하지만 우리를 통해서 그런 일이 이루어지고 있다는 사실은 분명하다. 결국 우리가 해야 할 일은 모든 순간마다 맡겨진 일에 최선을 다하는 일이다.

그런데 왜 유다 지파를 제일 처음 얘기할까? 이번이 처음이 아니다. 늘 그렇다. 이스라엘이 성막을 세웠을 때 지파별로 헌물을 드렸다. 모든 지파마다 백삼십 세겔 무게의 은반 하나와 칠십 세겔 무게의 은 바리 하나, 열 세겔 무게의 금 그릇 그리고 번제물, 속죄제물, 화목제물로 쓸 짐승을 드렸는데 유다 지파가 제일 먼저 드렸다. 진을 칠 때는 성막을 중심으로 동서남북에 세 지파씩 진을 쳤는데 그때도 유다 지파를 가장 먼저 말하고 광야를 행진할 때도 유다 지파를 가장 먼저 말한다. 유다 지파가 항상 일 등이다. 혹시 다른 지파에서 시샘하지 않을까?

이스라엘 열두 지파는 야곱의 열두 아들에서 유래했다. 본래 야곱의 장자는 르우벤이다. 그런데 아버지의 침상을 더럽히는 죄를 범했다. 서모 빌하와 동침한 것이다. 이 일로 인해서 장자의 명분이 요셉에게 넘어간다. 요셉이 장자로 인정된 증거가 있다. 요셉의 두 아들이 이스라엘 열두 지파에 들어간 것이다. 야곱의 열두 아들에서 레위와 요셉을 빼고 대신 요셉의 아들인 에브라임과 므낫세를 넣으면 열두 지파가 된다. 레위 지파는 성전 섬기는 일을 맡았기 때문에 열두 지파에서 누락되었다. 본래 장자는 다른 아들에 비해서 두 몫의 유산을 상속받는다. 요셉의 두 아들이 이스라엘 열두 지파에 들어갔으니 요셉이 다른 형제에 비해서 두 몫의 유산을 받은 셈이다. 그런데 메시야는 유다 지파에서 나왔다. 결국 야곱에게는 세 명의 장자가 있는 셈이다. 생물학적 장자 르우벤과 실제적인 장자 요셉, 그리고 영적인 장자 유다다. 그래서 항상 유다 지파를 앞세운다.

16 에브라임 지파와 므낫세 반 지파의 기업

여호수아

유다 지파에 이어서 요셉 자손이 얻은 땅을 말한다. 요셉 자손은 다시 에 브라임 지파와 므낫세 지파로 나뉘는데, 에브라임 지파는 유다 지파와 더불어 이스라엘을 대표한다. 훗날 솔로몬이 죽고 나라가 남 왕국 유다와 북 왕국 이스라엘로 갈라질 때, 유다 지파가 남 왕국의 맹주였다면 에브라임 지파가 북 왕국의 맹주였다. 북 왕국의 첫 임금 르호보암도 에브라임 지파였다.

에브라임은 정치적으로만 유다와 다른 길을 간 것이 아니었다. 정치적인 격차만큼 영적으로도 거리가 있었다. 남 왕국 유다는 하나님께 패역하다가도 가끔 선한 왕이 나오곤 했는데 에브라임으로 대표되는 북 왕국에서는 단 한 번도 선한 왕이 나온 적이 없다. 남 왕국은 350년 남짓 나라가 유지되면서 르호보암부터 시드기야까지 20명이 왕위에 있었고 북 왕국은 210년 동안 여로보암부터 호세아까지 19명의 왕이 명멸했다. 쿠데타가 잦았기 때문에 집권 기간이 짧을 수밖에 없었다. 심지어 시므리는 재위 기간이 일주일에 불과하기도 했다. 쿠데타를 일으켜서 잠깐 왕좌에 앉았다가 쿠데타에 의해서 이내 축출되었다.

이런 북 왕국을 세운 여로보암은 다윗 왕조의 정통을 이은 남 왕국을 철저하게 대적했다. 단과 벧엘에 금송아지 우상을 만들고 레위인이 아닌 사람으로 제사장을 임명하는 한편 여호와의 절기를 자기 마음대로 고쳤다.

그럴 만한 이유가 있다. 유월절, 맥추절, 초막절을 이스라엘의 3대 절기라고 한다. 이때는 성전이 있는 예루살렘에서 절기를 지켜야 한다. 여로보암 입장에서는 달갑지 않은 일이다. 자기 나라 백성들이 예루살렘으로 갔다가 돌아오지 않으면 남 왕국 유다는 강성하게 되고 북 왕국 이스라엘은 쇠퇴하게 될 것이기 때문이다.

단과 벧엘에 금송아지 우상을 만들고 절기를 고친 이유가 그런 때문이다. 예루살렘에 갈 것 없이 단이나 벧엘에 가서 금송아지를 섬기면 그것이 곧 여호와를 섬기는 것이라고 했다. 이런 시도에 제사장들이 순순히 협조할 리가 없다. 그래서 어용 제사장을 세웠다. 제사장을 자기 마음대로 갈아치운 것이다.

하지만 훨씬 더 모골이 송연해지는 기록이 있다. 하나님의 성전이 예루살렘에 지어지기 이전에는 백성들이 실로에 모여서 하나님을 예배했기 때문이다.

이스라엘 자손의 온 회중이 실로에 모여서 거기에 회막을 세웠으며 그 땅은 그들 앞에서 돌아와 정복되었더라(수 18:1)

실로는 에브라임의 영토다. 이런 상태로 이스라엘 역사가 진행되었으면 어떻게 되었을까? 하나님의 임재를 상징하는 회막은 실로에 있고, 실로를 장악한 에브라임 지파는 나중에 북 왕국을 일으켜서 나라를 따로 세우고, 나라를 따로 세우자마자 여호와를 섬기는 법도마저 자기 편의대로 뜯어고 쳤다. 인간의 역사에 하나님께서 개입하지 않으셨으면 그야말로 큰일 날 뻔 했다.

> 또 요셉의 장막을 버리시며 에브라임 지파를 택하지 아니하시고 오직 유다 지 파와 그가 사랑하시는 시온산을 택하시며 그의 성소를 산의 높음 같이, 영원 히 두신 땅 같이 지으셨도다(시 78:67-69)

시온산은 예루살렘을 말한다. 하나님께서는 하나님의 구원 계획이 인간 에 의해서 망가지는 것을 묵인하지 않으신다. 유다 지파의 불순종으로 인 해서 자칫 손상될 뻔한 하나님의 계획이 다윗의 예루살렘 정복으로 이루어 졌다. 그렇게 해서 예루살렘에 성전이 지어지지 않았더라면 하나님의 법궤 는 실로에 그대로 있어서 여로보암과 에브라임의 패역에 노출되었을 것이 다.

모르는 사람이 보기에는 어쩌다 다윗이 예루살렘을 정복하고, 솔로몬이 그곳에 성전을 세운 것으로 보이겠지만 성경은 하나님께서 실로를 버리시 고 예루살렘을 택하셨다고 명백히 증언한다.

이런 에브라임 지파가 가나안 정복 전쟁은 어떻게 수행했을까? 앞에서 유 다 지파가 예루살렘 주민 여부스 족속을 쫓아내지 못했다는 사실을 확인 했다. 에브라임 지파는 한 술 더 떴다.

> 수 16:10〉 그들이 게셀에 거주하는 가나안 족속을 쫓아내지 아니하였으므로

가나안 족속이 오늘까지 에브라임 가운데에 거주하며 노역하는 종이 되니라

　하나님께서 승리를 약속하신 전쟁에서 가나안 주민을 쫓아내지 못한 것도 불신앙이다. 하물며 쫓아내지 않은 것은 말할 나위가 없다. 애초부터 순종할 마음이 없었다. 그들은 게셀에 거주하는 가나안 족속을 쫓아내는 대신 종으로 삼았는데, 대체 누가 누구의 종이었을까? 이스라엘은 자기들이 게셀 사람을 종으로 부리는 줄 알았겠지만 오히려 자기들이 육욕의 종은 아니었을까?

　게셀은 이스라엘이 처음 맞닥뜨리는 것이 아니다. 여호수아가 가나안 남부 지방에 있는 막게다, 립나, 라기스, 에글론, 헤브론, 드빌 등을 정벌할 때, 게셀 왕 호람이 이 소식을 듣고는 군사를 일으켰다. 그 바람에 이스라엘이 게셀마저 물리쳤다. 에브라임이 그랬던 게셀을 척결하지 않고 종으로 부렸다. 하나님 나라 확장에 적극적으로 항거했던 게셀은 자기들의 힘의 한계를 깨닫자 이스라엘 종으로 지내면서 이스라엘을 타락시키는 쪽으로 전략을 수정했는데 에브라임이 그만 넘어간 것이다.

　게셀은 당시 에브라임 영토의 가장 변방이었다. 게셀을 지나면 바로 지중해가 나온다. 그처럼 멀리 있으면서도 하나님 나라가 선포되는 것을 싫어해서 기꺼이 군사를 일으켰다.

　이스라엘이 모압 평지에 이르렀을 때, 위협을 느낀 모압 왕 발락이 술사 발람을 청한다. 이스라엘을 저주하게 하려는 심산이었다. 그때 발락의 노력은 무척 집요했다. 하나님께서 발람의 입을 막으실 때마다 발람을 다른 곳으로 데려가면서 어떻게 해서든지 이스라엘에 대한 저주를 이끌어내려고 했다.

발락이 그런 노력을 하고 있다면 이스라엘을 무엇을 해야 할까? 발락이 이스라엘을 하나님에게서 떨어뜨리려는 열심보다 더 강한 열심으로 하나님께 붙어 있으려 해야 하지 않을까? 그런데 전혀 아니었다. 오히려 싯딤에서 모압 여인들과 음행을 했다.

게셀은 하나님 나라 확장에 이를 갈았던 족속이다. 그러면 이스라엘은 게셀이 하나님 나라가 확장을 싫어하는 것 이상으로 하나님 나라 확장을 열망해야 했다. 그런데 그들과 타협하는 쪽을 택했다. 후에 북 왕국이 그토록 급속하게 우상에 빠져든 것이 우연이 아니다.

현재는 과거에 뿌린 씨앗의 열매인 동시에 미래에 거둘 열매의 씨앗이다. 현재 우리에게 있는 일은 그 일만 동떨어져서 존재하는 것이 아니라 그런 일이 있을 만한 이유가 과거에 있었기 때문이다. 또한 지금 현재의 일은 앞으로 있을 미래의 일에 대한 원인이기도 하다.

유홍준 교수가 문화재청장으로 근무하던 시절, 연두 기자간담회에서 누군가 물었다. "문화재청장으로 3년 넘게 지내면서 계속 갖고 있는 가장 큰 고민이 무엇입니까?" 그때 이렇게 대답했다. "내가 진짜 고민스러운 것은 100년 뒤 지정될 국보나 보물이 이 시대에 만들어지지 않고 있다는 사실입니다." 그 얘기에 빗대면 우리가 지금까지 무엇을 잘못했는지 반성하는 것으로는 모자라다. 우리가 매일의 삶을 살아가는 동안 이다음에 하늘나라에서 자랑스러워할 행적이 과연 만들어지고 있는지 진지하게 고민해야 한다.

17 므낫세 반 지파의 기업, 그리고 요셉 자손의 불만

여호수아

에브라임 지파가 이렇게 낙제 점수였으면 므낫세 지파는 어땠을까? 성경은 므낫세 지파에서 슬로브핫의 딸들을 가장 먼저 얘기한다.

> 수 17:3-6〉 헤벨의 아들 길르앗의 손자 마길의 증손 므낫세의 현손 슬로브핫은 아들이 없고 딸뿐이요 그 딸들의 이름은 말라와 노아와 호글라와 밀가와 디르사라 그들이 제사장 엘르아살과 눈의 아들 여호수아와 지도자들 앞에 나아와서 말하기를 여호와께서 모세에게 명령하사 우리 형제 중에서 우리에게 기업을 주라 하셨다 하매 여호와의 명령을 따라 그들에게 그들의 아버지 형제들 중에서 기업을 주므로 요단 동쪽 길르앗과 바산 외에 므낫세에게 열 분깃이 돌아갔으니 므낫세의 여자 자손들이 그의 남자 자손들 중에서 기업을 받은 까닭이었으며 길르앗 땅은 므낫세의 남은 자손들에게 속하였더라

슬로브핫에게는 아들이 없고 딸만 있었다. 이 딸들이 제사장 엘르아살과 여호수아와 지도자들에게 탄원한다. 자기들이 일찍이 모세한테 아버지가 아들이 없이 죽었으니 자기들이 아버지의 땅을 이을 수 있게 해달라고 해서

허락을 받았다며 그대로 이행해달라는 것이었다. 그래서 그렇게 했다.

본래 이스라엘에게 허락된 유업은 부자 상속이 원칙이었다. 아버지에게서 아들로 이어진다. 아들 없이 죽으면 그 이름이 하나님의 땅에서 지워지는 셈이다. 그런데 슬로브핫의 딸들의 요청으로 아들이 없으면 딸이 대신 기업을 잇는 법이 제정되었다. 당시 이스라엘에 아들 없이 죽은 사람이 슬로브핫 한 사람만은 아니었을 것이다. 그들의 이름은 전부 이스라엘 중에서 흩어지고 말았다. 유독 슬로브핫만 그 딸들로 인해서 계속 이름이 남게 되었다.

이성계가 왕이 된 다음에 자기 4대조까지 왕으로 추존했다. 고조할아버지 이안사는 목조, 증조할아버지 이행리는 익조, 할아버지 이춘은 도조, 아버지 이자춘은 환조가 되었다. 후손을 잘 둬서 조상이 출세한 격이라고나 할까? 슬로브핫의 딸들도 그렇다. 성경은 헤벨의 아들 슬로브핫이라고 하지 않고 헤벨의 아들 길르앗의 손자 마길의 증손 므낫세의 현손 슬로브핫이라고 해서 4대조까지 거슬러 그 이름을 소개한다. 하나님의 백성으로서 하나님의 기업을 잇는 일에 슬로브핫의 딸들이 그만큼 모범을 보였기 때문이다. 흔히 하는 말로 "어느 집안 딸들이 그리 잘났느냐?" 라는 뜻이다. 그러면 아간을 '유다 지파 세라의 증손 삽디의 손자 갈미의 아들 아간'이라고 한 것은 "뉘 집 아들이 그렇게 집안 망신 시켰느냐?"라는 뜻이 된다. 명심하자. 우리 이름이 '가문의 영광'일 수도 있고 '가문의 수치'일 수도 있다. 그리고 그 가문은 그리스도의 가문이다. 우리로 인해서 하나님께서 기뻐하실 수도 있고 사탄이 미소 지을 수도 있다. 하나님의 나라가 확장될 수도 있고 위축될 수도 있다.

수 17:12-13〉 그러나 므낫세 자손이 그 성읍들의 주민을 쫓아내지 못하매 <u>가</u> <u>나안 족속이 결심하고 그 땅에 거주하였더니</u> 이스라엘 자손이 강성한 후에야 가나안 족속에게 노역을 시켰고 다 쫓아내지 아니하였더라

므낫세 지파가 전부 슬로브핫의 딸들처럼 하나님의 유업 얻기에 열심이었으면 얼마나 좋았을까? 가나안 족속을 철저히 몰아내라는 하나님 말씀을 흘려들은 것은 이스라엘 어느 한 지파의 문제가 아니었다.

'가나안 족속이 결심하고 그 땅에 거주하였더니'가 무슨 뜻인가? 가나안 족속에게는 자기들의 삶의 터전을 지키려는 굳은 의지가 있었다. "그야 당연한 것 아닌가? 자기들이 살던 터전을 순순히 내어줄 사람이 어디 있겠는가?" 하고 넘어갈 수 있는 문장이 아니다. 이 말을 뒤집으면 이스라엘에게는 가나안을 척결하려는 적극적인 의지가 없었다는 고발이 된다.

옛 청교도 토머스 브룩스는 "악한 사람들은 악한 본보기를 놀랍도록 사랑한다. 그들이 그런 것처럼 우리도 선한 사람들의 본보기를 사랑한다면 얼마나 좋을까?" 하고 탄식한 바 있다. 악은 악을 지키려는 힘이 있다. 거짓말을 하면 그 거짓말을 지키기 위해서 또 다른 거짓말을 한다. 하지만 한번 선행을 했다고 해서 그 선행을 지키기 위해서 또 선행을 하게 되는 법은 없다. 사람은 선한 결심을 하는 빈도도 낮고 그 결심을 꼭 이루지도 않는다. 사람이 본래 죄인이기 때문이다. 의보다 죄에 훨씬 가깝다.

이런 이스라엘의 나약함이 본문에 그대로 드러난다. 처음에는 가나안 주민을 쫓아내지 못했다고 하여 힘의 부족을 이유로 삼았는데 나중에 강성한 다음에는 노역을 시켰다. 요컨대 가나안 주민을 몰아낼 마음이 없었다. 처음에는 의자가 삐걱거려서 공부를 못하겠다고 하더니 의자를 사준 다음에

는 의자가 푹신해서 잠이 온다고 하는 것과 마찬가지다. 의자가 문제가 아니라 공부하기 싫은 것이 문제인 것을 아는 사람은 다 안다.

제비 뽑은 땅에서 가나안 족속을 다 몰아내지 않은 것은 모든 지파가 마찬가지였는데 에브라임 지파와 므낫세 지파에게는 다른 문제가 또 있었다.

> 수 17:14〉 요셉 자손이 여호수아에게 말하여 이르되 여호와께서 지금까지 내게 복을 주시므로 내가 큰 민족이 되었거늘 당신이 나의 기업을 위하여 한 제비, 한 분깃으로만 내게 주심은 어찌함이니이까

요셉 자손, 즉 에브라임 지파와 므낫세 지파가 할당 받은 영토에 대해서 불만을 말한다. 자기들은 두 지파인데 한 지파에 해당하는 땅만 주면 어떻게 하느냐는 것이다.

요셉 자손이 두 지파로 계수되는 것은 맞다. 그렇다고 해서 다른 지파보다 두 배 넓은 땅을 받아야 하느냐 하면 그렇지 않다. 땅은 지파별로만 나눈 것이 아니라 그 지파의 가족대로 나누었기 때문이다.

므낫세 지파에 속한 슬로브핫의 딸들은 여자의 몸으로도 기업을 얻었다. 땅을 나누는 일에는 어느 누구도 불이익을 말할 수 없었다. 그런데도 요셉 자손이 불평을 말하는 것은 일종의 특권 의식이다.

에브라임 지파나 므낫세 지파의 인구가 얼마나 되었을까? 〈민수기〉에 두 차례의 인구 조사가 나온다. 1차 인구 조사는 출애굽 직후에 이루어졌고 2차 인구 조사는 가나안 입성 직전에 이루어졌다. 가나안 입성 직전 에브라임 지파는 32,500명, 므낫세 지파는 52,700명이었다. 하지만 므낫세 지파의 절반은 이미 요단 동편에서 기업을 받았으니 절반만 헤아리면 된다. 그

러면 58,850명이다. 6만 명이 채 안 된다. 유다 지파의 76,500명, 잇사갈 지파의 64,300명, 스불론 지파의 60,500명, 단 지파의 64,400명보다 적다. 그런데도 두 지파의 기업을 요구하는 것은 이치에 맞지 않는다.

요셉 자손에게는 이런 사실이 눈에 들어오지 않았다. 자기들은 특별한데 왜 특별 대접을 해주지 않는지 그것이 불만이었다.

중고등부를 지도하던 시절, 12월이면 임원선거를 했다. 한번은 어떤 학생이 자기가 전도해 온 친구는 총무가 되었는데 자기는 아무것도 안 된 것이 쪽팔린다며 한 달 동안 교회에 안 나온 적이 있다. 어린 나이에 있을 수 있는 일인 것도 같다. 그러면 이런 문제가 나이만 먹으면 저절로 해결될까?

지방에서 목회하는 동기가 상을 당해서 조문을 다녀온 적이 있다. 대여섯 명이 승합차 한 대로 같이 갔는데, 목사들끼리 모이면 교회 얘기 말고는 할 얘기가 없다. 한 친구가 얼마 전에 임직 투표를 했는데 후유증이 심각하다는 말을 했다. 투표에 떨어진 사람이 교인들한테 일일이 전화해서 분란을 일으킨다는 것이었다.

초신자가 임직 투표에 떨어졌다고 그렇게 할 리는 없다. 자기가 될 것을 기대했으니 나름대로 교회 생활에 열심 있는 집사였을 것이다. 그런데도 그렇다. 듣기에 따라서는 다분히 유치하지만 한편으로는 현실적인 문제이기도 하다.

그때 승합차 안에서는 전부 맞장구를 쳤다. "그런 황당한 일이 있느냐?" 하고 되묻는 사람이 아무도 없었다. "우리 교회도 그렇다.", "나도 한동안 애먹었다." 소리가 사방에서 들렸다. 대부분의 교회에서 임직 투표를 하면 그런 일이 생기는 모양이었다.

대체 이유가 무엇일까? 자기보다 늦게 교회 온 사람이 자기보다 먼저 장로나 권사가 되는 것을 왜 못 참을까? 하나님 영광 가리는 것은 참으면서 그런 것은 못 참는 이유가 뭘까?

전라북도 김제에 있는 금산교회에는 전혀 반대되는 미담이 있다. 금산교회는 1905년에 세워진 교회인데, 교회 역사보다 ㄱ자 교회로 유명하다. 예배당 한쪽에는 남자가 앉고 다른 쪽에는 여자가 앉아서 예배를 드렸다. 여자들이 앉는 자리에는 커튼이 드리워져 있어서 강대상에서도 얼굴을 볼 수 없다. 출입구도 서로 달랐다. 이런 구조 때문에 금산교회는 우리나라 기독교 유적으로 꼽힌다. 하지만 금산교회를 더 유명하게 만든 사건이 따로 있다.

경남 남해 출신의 이자익이라는 사람이 있었다. 3살 때 아버지를 잃고 6살 때 어머니를 잃어서 고아가 되었다. 먹고살 방도를 위해 방황하다가 당시로는 곡창지대인 전라도 김제에 이르렀다. 김제에는 조덕삼이라고 하는 큰 부자가 있었는데, 이자익이 그의 마부가 되었다.

조덕삼은 일찍 기독교를 영접한 사람이다. 그의 사랑채에서 예배를 드린 것이 금산교회의 출발이다. 교인이 100명 가까이 늘자, 장로 한 사람을 세우게 되었다. 모두 조덕삼이 될 줄로 알았다. 그의 집에서 교회가 시작되었으니 당연하다. 그런데 이자익이 피택되었다. 이자익은 타지에서 온 사람인 반면, 조덕삼은 자기 집을 교회로 내놓은 사람이다. 나이도 조덕삼이 훨씬 많고, 이자익은 조덕삼의 마부다. 당시는 양반, 상놈 구분까지 있었다. 어느 누가 봐도 교회에 큰 문제가 생길 수밖에 없는 상황이었다. 모두 수군거리는데 조덕삼이 일어서서 말했다. "이 결정은 하나님이 내리신 결정입니다. 나는 교회의 결정에 순종하여 이자익 장로님을 모시고 열심히 교회를 섬기겠습니다." 이 조덕삼의 손자가 10, 13, 14, 15대 국회의원을 지낸 조세형이다. 집에서는 이자익이 조덕삼을 주인으로 모셨고 교회에서는 조덕삼이 이자익을 장로로 공경했는데, 조덕삼도 나중에 장로가 되었다. 그리고 선배 장로인 이자익을 평양신학교로 유학하게 했다. 이자익은 목사가 되어 금산교회로 돌아와서 조덕삼과 더불어 목사, 장로로 교회를 섬겼다. 나중에 장로회 총회 총회장을 세 차례 역임하기도 했다.

어려서 고아가 되는 바람에 타지를 떠돌다 남의 마부로 생활하면서도 모든 교인들의 신망을 얻을 만큼 신앙생활을 잘한 이자익은 분명히 훌륭한 사람이다. 조덕삼이 신학을 공부하게 한 것을 보면, 마부로 지내면서 틈틈이 공부를 한 모양이다. 세 차례나 총회장을 지낸 것만 봐도 보통 인물이 아닌 것을 알 수 있다.

그러면 조덕삼은 어떤가? 자기보다 늦게 교회 등록한 사람이 먼저 장로나 권사가 된 것에도 교회에 질서가 없다며 볼멘소리를 하는 작금의 실태에서는 감히 입에 올릴 수 있는 이름이 아니다. 만일 그가 평범한 사람이었다고 가정해 보자. 특별히 악할 것도 없다. 그냥 남들 화내는 일에 같이 화내고, 남들 신경 쓰는 문제에 같이 신경 쓰는 사람이었으면 이자익은 장로직을 제대로 수행하지 못했을 것이다. 아니, 금산교회의 존립이 위태로웠을 것이다. 이자익만 훌륭한 것이 아니라 조덕삼도 그에 못지않다.

성경을 읽으면서 요셉 자손을 탓하는 일은 누구나 할 수 있다. 요셉 자손의 요구가 특권 의식인 것을 누구나 안다. 그러면 성경에 이런 기록이 있는 것은 무슨 까닭일까? 우리한테 요셉 자손을 흉보라는 얘기가 아니다. 우리한테 그런 마음이 있는 것을 경고하는 것이다. 성경은 언제나 이때를 위한 그때의 말씀이다.

아마 요즘은 그렇지 않을 텐데 내가 군 복무를 할 적에는 '계급이 깡패'라는 말을 하곤 했다. 상명하복이 체제의 근간인 군대에서는 얼마든지 통하는 말이다. 그런데 '신앙이 깡패'인 해괴한 경우가 있다. 실제로 교회에서 말썽을 일으키는 사람은 언제나 초신자가 아니라 목회자를 포함한 중직자들이다. 자기에게 신앙이 있다는 이유로 남다른 대접을 받아야 한다고 생각한다면 그것은 신앙이 아닐 것이다.

> 수 17:15-16〉 여호수아가 그들에게 이르되 네가 큰 민족이 되므로 에브라임 산지가 네게 너무 좁을진대 브리스 족속과 르바임 족속의 땅 삼림에 올라가서 스스로 개척하라 하니라 요셉 자손이 이르되 그 산지는 우리에게 넉넉하지도 못하고 골짜기 땅에 거주하는 모든 가나안 족속에게는 벧 스안과 그 마을들에 거주하는 자이든지 이스르엘 골짜기에 거주하는 자이든지 다 철 병거가 있나이다 하니

거주할 땅이 좁으면 스스로 개척하면 된다. 실제로 요셉 자손이 하나님께 복을 받아서 큰 민족이 되었으면 남들이 거기에 맞는 대우를 해주기를 바라기 전에 자기들 손으로 그것을 실증해 보이면 된다. 그 큰 민족의 힘으로 얼마든지 새로운 땅을 개척할 수 있을 것이다. 여호수아가 바로 그 얘기를 했다.

그런데 그들의 답변은 옹색하기 짝이 없다. 산지의 땅은 자기들한테 비좁고 골짜기의 땅은 그곳 주민이 철 병거로 무장해 있어서 정복할 수 없다고 했다.

국어사전에서 골짜기를 찾으면 '산과 산 사이의 움푹 패어 들어간 곳'이라고 설명되어 있다. 성경에서 말하는 골짜기는 다르다. 히브리인들은 산

과 산 사이를 골짜기라고 한다. 산과 산 사이는 아무리 넓어도 골짜기다. 이스르엘 골짜기는 다른 말로 이스르엘 평야다. 그런 골짜기를 수월하게 빼앗을 수는 없을 것이다.

그러면 어떻게 해달라는 말인가? 설마 이스라엘 모든 지파가 힘을 합해서 골짜기 땅을 정복한 다음에 자기들한테 등기 이전해달라는 뜻일까? 자기들 말따나 하나님께 복을 받아 큰 민족을 이룬 자기들이 감당 못하는 일이라면 누가 그 일을 할 수 있겠는가? 못난 형이 동생한테 "난 너보다 형이니까 많이 먹어야 해" 하면서 먹기만 하고, 일할 때는 뒤로 빠질 궁리를 하는 것 같아서 보기에 안 좋다.

철 병거 얘기도 그렇다. 없는 철 병거를 있다고 우기는 것은 아니다. 당시 이스라엘은 청동기 문화 수준이었는데 가나안 주민에게는 철 병거가 있었으니 두려운 것이 맞다. 마치 6 • 25 때 우리나라가 북괴군의 탱크에 일방적으로 밀린 것과 같다.

하지만 하나님께서 하신 말씀이 있다. 하나님께서 요단강을 가르신 이유가 무엇이라고 했는가? 하나님께서 가나안 주민을 쫓아낼 징표라고 했다. 요단강을 가르신 하나님이라면 가나안 주민쯤은 아무 문제가 안 된다. 설마 요단강을 가르신 하나님께서 철 병거를 감당 못할까?

결국 요셉 자손은 하나님의 전쟁을 수행할 마음이 없었다. 자기들에게 기름진 땅을 유업으로 주면 받아가지기는 하겠지만 자기들이 나서서 그것을 쟁취할 마음은 없었다.

이 얘기에 요셉 자손이 동의할까? 어림도 없다. 자기들이 왜 그럴 마음이 없겠느냐면서, 알지도 못하면서 말을 함부로 하지 말라고 언성을 높일 것이다.

존 비비어 목사가 쓴 〈열정〉에 나오는 내용이다. 존 비비어 목사가 캘리포니아에 있는 한 교회에서 집회를 인도한 적이 있다. 집회 후에 그 교회 목사가 얘기했다. 자기는 예수를 믿고서 모든 잘못된 습관들을 다 고쳤는데 하루에 담배를 두 갑씩 피우는 버릇만은 고치지 못했다는 것이다. 담배를 끊기 위해서 할 수 있는 모든 방법을 동원했다. 기도도 했고 금식도 했다. 다른 사람들한테 기도 부탁도 했다. 그런 식으로 2년을 씨름했는데 소용이 없었다.

그러던 차에 교회에서 전도 집회가 있었고, 그 목사도 불신 친구를 초청했다. 그 친구가 그 집회에서 예수를 영접했다. 그리고 그 날로 담배를 끊었다. 그 목사는 하나님께 은근히 서운했다. 자기는 그토록 애썼는데도 담배를 끊게 해주지 않았으면서 자기 친구는 너무 쉽게 담배를 끊게 해주었기 때문이다. 대체 이런 법이 어디 있느냐고, 자기는 왜 담배에서부터 구해주지 않는 것이냐고 하나님께 기도했다. 하나님의 음성이 들렸다.

"네가 아직도 그것을 좋아하기 때문이다."

그 목사가 소스라치게 놀랐다. 지난 2년 동안 담배를 끊고 싶다고 말한 것은 막연한 요망 사항이었을 뿐이다. 속마음은 여전히 담배에 끌렸던 것이다.

어떤 학생이 "공부해야지, 공부해야지" 하면서 하루 종일 PC방에서 게임을 하고 있으면 공부를 좋아하는 학생일까, 게임을 좋아하는 학생일까?

사람은 언제나 자기가 원하는 것을 한다. 거룩을 원하는 사람은 거룩을 행하는 법이다. 사람이 어느 만큼 거룩해질 수 있느냐 하면, 자기가 원하는 만큼 거룩해질 수 있다. 우리가 어느 만큼 신앙이 좋아질 수 있느냐 하면, 우리가 원하는 만큼 좋아질 수 있다. 우리가 진정 원하는 것이 무엇인지 진지하게 따져봐야 한다.

> 수 17:17-18〉 여호수아가 다시 요셉의 족속 곧 에브라임과 므낫세에게 말하
> 여 이르되 너는 큰 민족이요 큰 권능이 있은즉 한 분깃만 가질 것이 아니라 그
> 산지도 네 것이 되리니 비록 삼림이라도 네가 개척하라 그 끝까지 네 것이 되리
> 라 가나안 족속이 비록 철 병거를 가졌고 강할지라도 네가 능히 그를 쫓아내리
> 라 하였더라

표현력이 곧 실력이다. 표현되지 않으면 실력도 없는 것이다. 음악가의
머리에 아무리 아름다운 선율이 있어도 오선지에 표현할 실력이 없으면 아
무것도 아니다. 운동선수는 자기가 아는 기술과 힘을 운동으로 표현한다.
소설가는 자기에게 있는 삶의 이야기를 글로 표현한다. 화가는 자기가 생
각하는 아름다움을 화지에 표현한다. 표현할 능력이 없다는 얘기는 실력이
없다는 뜻이다. 신앙이라고 해서 다를까?

여호수아가 "네 것이 되리니", "네가 개척하라", "네 것이 되리라", "네가
능히 그를 쫓아내리라" 하고 반복해서 말한다. 신앙생활은 자기가 직접 감
당하는 것이다. "암행어사 출두야!" 하고 마패를 꺼내 보이면 탐관오리가
벌벌 떠는 것처럼 십자가를 꺼내 보이기만 하면 자기 주변이 자기를 알아
모시는 일은 일어나지 않는다. 자기 신앙은 세상을 살아가는 삶 속에서 스
스로 증명해야 한다. 증명된 만큼이 곧 그 사람 실력이다.

현자 나탄의 〈세 반지 이야기〉가 있다. 아들 셋을 둔 어떤 사람에게 가보
로 내려오는 반지가 있었다. 하나님과 사람에게 아울러 사랑을 받게 되는
신비한 능력이 있는 반지다. 어느 아들에게 반지를 물려줄지 고심하다가

그 반지와 똑같은 반지를 두 개 더 만들어서 하나씩 물려주었다. 그 사람이 죽은 다음에 아들들 사이에 문제가 생긴다. 누구한테 있는 반지가 진짜인지를 놓고 싸움이 벌어진 것이다. 급기야 재판정에 갔는데, 재판관이 판단을 내린다. "어느 반지가 진짜인지 스스로 입증하도록 하라. 진짜 반지를 끼고 있는 사람은 하나님과 사람에게 아울러 사랑을 받는다고 하니, 누가 과연 그런지 두고 보면 될 것 아닌가?"

요셉 족속이 정말로 하나님께 복을 받아 큰 민족이 되었으면 스스로 그 힘을 발휘하면 된다. 작은 민족에게 없는 힘이 분명히 있을 것이다. 그런데 그 싸움은 안 싸우면서 큰 민족으로 대접해달라는 것은 무슨 경우인가? 하나님께서 이미 가나안 땅을 주셨다. 하지만 그것을 받아 누리는 일은 직접 해야 한다. 자기가 직접 하나님의 싸움을 싸운 만큼 자기 땅이 넓어진다.

어린 시절에 들은 동화가 있다. 어떤 부자가 노비들을 해방시켜 주기로 했다. 그러면서 사흘 동안 최대한 가늘고 튼튼하게 새끼를 꼬라고 했다. 그 말을 듣고 가늘고 튼튼하게 꼬는 노비도 있었지만 가는 날까지 부려먹는다며 대충 꼬는 노비도 있었다. 사흘 후 부자가 노비를 불러서 얘기했다. "창고에 들어가서 지금까지 꼰 새끼에 마음껏 엽전을 꿰서 가거라."

물론 동화는 동화일 뿐이다. 세상에서는 성실하게 살아도 성실하게 산 보상이 없을 수 있다. 능력이 있어도 능력을 인정받지 못할 수 있다. 하지만 하나님 앞에서는 그런 일이 없다. 자기가 노력한 만큼 얻을 수 있다. 얻은 것이 없다는 얘기는 노력하지 않았다는 반증밖에 되지 않는다.

18 다른 지파들(1)

여호수아

    유다 지파와 에브라임 지파, 므낫세 반 지파가 땅을 분배받았다. 르우벤 지파와 갓 지파, 므낫세 반 지파는 요단 동편에서 기업을 받았으니 이스라엘 열두 지파 중에서 일곱 지파가 남았다. 이런 분위기라면 자기들 땅은 어디 있느냐고 서로 성화를 부려야 할 것 같은데 그렇지 않았다.

> 수 18:2-3〉 그러나 이스라엘 자손 중에 그 기업의 분배를 받지 못한 자가 아직도 일곱 지파라 여호수아가 이스라엘 자손에게 이르되 너희가 너희 조상의 하나님 여호와께서 너희에게 주신 땅을 점령하러 가기를 어느 때까지 지체하겠느냐

    당시 시므온, 잇사갈, 스불론, 아셀, 단, 납달리, 베냐민 일곱 지파는 분배받은 땅도 없으면서 마냥 태평하게 있었다. 남의 땅에 빌붙어 있으면서도 불편을 몰랐다. 그래서 하나님께서 주신 땅을 왜 점령하러 가지 않느냐고 채근한다. 그들 생각으로는 자기들 땅이 없어서 남의 땅에 있었던 것인

데 그것을 불신앙으로 지적한다. 자기들이 얻어야 할 땅을 얻지 않고 있었기 때문이다.

오래 전의 일이다. 어떤 사람에게 교회 출석을 권했다가 황당한 답을 들었다. 자기는 교회 나갈 필요가 없다는 것이었다. 아내나 아이들은 물론이고 형네 가족, 동생네 가족, 처남네 가족까지 다 교회에 나가는데 자기까지 나갈 이유가 있느냐고 했다.

이 얘기가 잘못인 줄 모르는 사람은 없을 것이다. 신앙은 하나님과 자기의 1:1의 관계에서 따져야 한다. 아내 신앙으로 남편이 구원 얻을 수도 없고, 어머니 신앙으로 자식이 구원을 얻을 수도 없다. 이런 사실은 다 알면서 다른 사람을 통해서 대리 만족을 얻으며 그것을 신앙으로 착각하는 예가 있다.

어떤 분이 자기가 다니는 교회 목사 흉을 보는 얘기를 들은 적이 있다. "저희 목사님은요, 휴가를 드려도 기도원에 가서 금식도 안 해요. 휴가 때 기도원에 가서 금식하면 좀 좋아요?" 그것이 왜 불만일까? 자기는 휴가 때 가족들과 해외로 놀러가면서 목사는 기도원에 들어가서 금식하기를 바라는 것은 무슨 심보일까? 기도원에 들어가서 금식을 하면 휴가일까, 근무일까? 물론 그런 목사가 있을 수 있다. 그러면 주변의 믿는 친구들한테 목사를 자랑할 수도 있다. 그렇다고 해서 그것이 자기 신앙과 무슨 상관이 있을까?

교회를 자랑하는 것은 어떤가? 우리나라에는 이름만 대면 다 알 만한 대형교회가 여럿 있다. 그런 교회에 다니는 사람은 신앙도 덩달아 인정을 받는 것일까? 교회에 대해서 자긍심을 갖는 것은 물론 좋은 일이다. 주변 사람한테 "이왕 다니는 교회니까 나는 계속 간다만 너는 다른 교회 가라." 하고 얘기하는 것하고는 비교가 안 된다. 하지만 하나님이 이다음에 "넌 어떤 교회에 다니다 왔느냐?" 하고 물으시지는 않는다. 신앙은 철저하게 자신의 문제이다. 자기가 하나님 앞에 바로 서야 한다. 다른 사람이 대신해주는 것도 아니고 환경이 대신해주는 것도 아니다.

내가 속한 교단 신문에 가끔 목회자 청빙 공고가 난다. 제출 서류는 교회마다 다르지만 큰 차이는 없다. 보통 이력서, 자기소개서, 졸업증명서, 목회계획서 등이 포함된다. 누군가 그런 공고를 보고 지원을 하면 보통 당회에서 서류를 검토할 것이다. 문득 궁금해진다. 그 서류를 검토하는 당회원들은 목회 계획서의 내용에 자기들이 포함되는 것을 알까, 모를까?

담임목사를 청빙한 지 3년이 되도록 교인 수에 변화가 없다며 사임을 종용하는 교회 얘기를 들은 적이 있다. 대체 무엇이 문제일까? 만일 교인 수가 배가되었으면 자기들이 그만큼 신앙생활을 잘한 것일까? 그 3년 동안 자기들은 몇 명이나 전도했을까?

신앙생활은 직접 하는 것이다. 자기가 직접 주님을 닮아가야 한다. 신앙생활을 하는 듯한 분위기에 속으면 안 된다.

> 수 18:4〉 너희는 각 지파에 세 사람씩 선정하라 내가 그들을 보내리니 그들은 일어나서 그 땅에 두루 다니며 그들의 기업에 따라 그 땅을 그려 가지고 내게로 돌아올 것이라

여호수아가 각 지파별로 세 명씩 스물한 명을 뽑아서 가나안 땅을 그려 오게 했다. 그것을 일곱으로 나누어 제비를 뽑으면 된다. 아직 가나안 주민이 살고 있는 땅이지만 관계없다. 어차피 하나님께서 주시기로 약조가 된

땅이다.

하나님께서 아무도 없는 빈 땅을 주신 것이 아니다. 적당히 말뚝만 박으면 되는 것이 아니라 가나안 원주민을 몰아내야 했다. 그 싸움을 싸우면 싸울수록 자기 땅이 확보된다. 그 싸움에 게으르면 하나님께서는 땅을 주셨는데 자기 땅으로 누리지는 못하게 된다.

우리는 하나님이 주신 은혜를 다 누리고 있을까? 하나님의 은혜는 아무나 누릴 수 있는 것이 아니다. 하나님께 순종하는 사람만 누릴 수 있다.

가나안을 가리켜서 젖과 꿀이 흐르는 땅이라고 한다. 얼핏 생각하면 굉장히 기름지고 비옥한 땅인 것 같지만 그렇지 않다. 팔레스타인은 땅이 몹시 척박하다. 대부분 산지이고 평지가 별로 없다. 그런데 왜 젖과 꿀이 흐르는 땅이라고 할까?

> 또 여호와께서 너희의 조상들에게 맹세하여 그들과 그들의 후손에게 주리라고 하신 땅 곧 젖과 꿀이 흐르는 땅에서 너희의 날이 장구하리라 네가 들어가 차지하려 하는 땅은 네가 나온 애굽 땅과 같지 아니하니 거기에서는 너희가 파종한 후에 발로 물 대기를 채소밭에 댐과 같이 하였거니와 너희가 건너가서 차지할 땅은 산과 골짜기가 있어서 하늘에서 내리는 비를 흡수하는 땅이요 네 하나님 여호와께서 돌보아 주시는 땅이라 연초부터 연말까지 네 하나님 여호와의 눈이 항상 그 위에 있느니라(신 11:9-11)

하나님께서 젖과 꿀이 흐르는 땅을 주시는데, 그 땅은 애굽 땅과 같지 않다는 특징이 있다. 애굽은 하천이 발달한 나라다. 설령 비가 안 와도 관개 시설을 통해서 얼마든지 농사를 지을 수 있다. 하지만 가나안은 그렇지 않다. 가나안은 비가 와도 하천을 이루는 것이 아니라 죄다 흡수되어 버린다. 그런 땅에서 농사를 지으려면 때에 맞게 비가 와주는 수밖에 없다.

히브리어로 물을 '마임'이라고 하고 하늘을 '샤마임'이라고 한다. "저기에 물이 있다"라는 뜻이다. 히브리인들한테 하늘은 물이 있는 곳이다. 하나님께서 때에 맞게 그 물을 내려주셔야 농사가 가능하다. 애굽은 비가 안 와도 대책이 있지만 가나안은 하나님의 은혜가 아니면 대책이 없다.

"사람은 본래 하나님을 섬기도록 창조되었다. 그래서 그 마음이 하나님을 향하기 전에는 만족이 없다." 아우구스티누스가 한 얘기다. 가나안은 그 사실을 삶으로 체험할 수 있는 땅이다. 하나님의 은혜 안에서만 복락을 누릴 수 있다. 그래서 젖과 꿀이 흐르는 땅이다.

그러면 얘기가 어떻게 되는가 하면, 하나님께서는 이스라엘을 젖과 꿀이 흐르는 땅으로 인도하셨지만 그 땅에서 젖과 꿀을 누리는 삶을 사는 것은 이스라엘의 책임이 된다. 하나님께서는 가나안 땅을 제비 뽑아 주셨지만 그 땅을 자기들 기업으로 누리는 것은 각 지파의 책임인 것과 같다. 우리한테 옮기면, 하나님께서는 하늘에 속한 모든 신령한 복을 우리한테 주셨다. 받아 누리는 것은 우리 몫이다.

수 18:11〉 베냐민 자손 지파를 위하여 그들의 가족대로 제비를 뽑았으니 그 제비 뽑은 땅의 경계는 유다 자손과 요셉 자손의 중간이라

일곱 지파 중에 우선 베냐민 지파를 보자. 베냐민은 유다 자손과 요셉 자손의 사이에 있는 땅을 제비 뽑았다. 가나안의 남북을 연결하는 전략 요충지였기 때문에 분쟁이 빈번하게 일어났다. 그런 곳에 기업을 얻은 베냐민

은 자연스럽게 호전적인 성격을 갖게 되었는데 일찍이 베냐민을 가리켜 '물어뜯는 이리'라고 한 야곱의 예언이 그대로 성취된 셈이다. 제비를 뽑는 것은 우연에 맡긴다는 뜻이 아니다. 비록 제비는 사람이 뽑지만 그 모든 일을 주관하시는 분은 하나님이시다.

베냐민은 요셉과 생모가 같다. 둘 다 라헬 소생이다. 베냐민이 요셉 자손 근처에 기업을 얻은 것은 자연스런 일이다. 하지만 베냐민 접경에 요셉 자손만 있는 것이 아니다. 유다 지파도 베냐민 지파와 맞닿아 있다. 이런 연유로 나중에 나라가 남북으로 갈라질 때 베냐민 지파는 유다 지파와 함께 남 왕국 유다를 이루게 된다. 에브라임 지파의 영향을 받을 수도 있었고 유다 지파의 영향을 받을 수도 있는 상황에서 유다 지파의 영향을 더 많이 받은 것이다. 베냐민 지파로서는 참으로 다행이다. 베냐민을 가리켜서 '물어뜯는 이리'라고 한 야곱의 예언만 성취된 것이 아니라 '여호와의 사랑을 입은 자는 그 곁에 안전히 살리로다'라고 한 모세의 예언도 성취되었다.

특히 베냐민 지파가 얻은 성읍에는 우리한테 낯익은 예루살렘도 포함된다. 예루살렘은 앞에서 유다 지파의 영토로 소개되었는데, 베냐민 지파의 영토로도 소개된다. 유다 지파와 베냐민 지파의 접경 지역에 있었기 때문이다. 베냐민이 요셉과 동복 사이임에도 불구하고 남 왕국 유다에 속하게 된 이유가 여기에 있다. 자고로 성전을 가까이하는 사람에게는 복이 있는 법이다.

19 다른 지파들(2)

여호수아

앞에서 베냐민 지파의 기업을 얘기했다. 여섯 지파가 남았다. 성경은 시므온 지파의 기업을 먼저 말하는데, 뭔가 이상하다.

> 수 19:1〉 둘째로 시므온 곧 시므온 자손의 지파를 위하여 그들의 가족대로 제비를 뽑았으니 그들의 기업은 유다 자손의 기업 중에서라

시므온 지파는 따로 기업을 얻은 것이 아니라 유다 지파가 얻은 기업의 일부를 얻었다. 요단강을 건넌 다음에 유다 지파가 가장 먼저 기업을 얻었는데 너무 많았던 모양이다.

시므온 지파는 이스라엘 열두 지파 가운데 가장 인구가 적었다. 2차 인구 조사를 기준으로 22,200명이었다. 유다 지파가 76,500명이었으니 1/3도 안 된다. 하지만 1차 인구 조사 때는 그렇지 않았다. 광야 생활이 시작되기 전, 시내산 기슭에서 인구 조사를 했을 때는 59,300명으로 유다 지파와 단 지파에 이은 세 번째였다. 그런데 40년 사이에 가장 작은 지파가 되어버렸

다. 여기에는 그럴 만한 사연이 있다.

야곱이 세겜에 머문 적이 있다. 거기서 딸 디나가 겁간을 당하는 사고를 당한다. 레위와 시므온이 그 복수를 한다. 세겜 족속을 잔인하게 살육한 것이다. 나중에 야곱이 죽기 전에 아들들을 축복하면서 시므온과 레위에 대해서는 이스라엘 중에서 흩을 것이라는 예언을 한다.

> 시므온과 레위는 형제요 그들의 칼은 폭력의 도구로다 내 혼아 그들의 모의에 상관하지 말지어다 내 영광아 그들의 집회에 참여하지 말지어다 그들이 그들의 분노대로 사람을 죽이고 그들의 혈기대로 소의 발목 힘줄을 끊었음이로다 그 노여움이 혹독하니 저주를 받을 것이요 분기가 맹렬하니 저주를 받을 것이라 내가 그들을 야곱 중에서 나누며 이스라엘 중에서 흩으리로다(창 49:5-7)

결국 이 예언이 이루어졌다. 레위 지파는 성막을 섬기고 제사장을 돕는 일을 맡아서 사방에 흩어져서 살았고 시므온 지파는 다른 지파들처럼 자기들만의 독립된 경계를 갖지 못한 채 유다 지파의 경계 속에 섞여 살아야 했다.

아무리 그래도 뭔가 이상하다. 야곱이 자기 아들들을 축복하면서 이런 얘기를 했기 때문이다. 설마 다른 아들들은 다 축복했으면서 시므온과 레위는 저주했을까? 시므온과 레위가 사고를 친 것은 맞지만 그렇다고 아버지가 몇 십 년 전의 일로 아들을 저주를 하는 것은 이치에 맞지 않는다. 결국 시므온과 레위는 부정적인 복을 받은 셈이다. 힘이 넘쳐서 사고를 치는 사람이라면 힘을 빼앗는 수밖에 없다. 칼을 바로 쓸 줄 모르는 사람은 칼을 잡지 않는 것이 낫고, 돈을 바로 쓸 줄 모르는 사람은 돈이 없는 것이 낫다.

레위 지파는 어떤가? 레위 지파는 성막을 섬기고 제사장을 돕는 일을 맡는다. 나중에 예루살렘에 성전이 건립되지만 모든 제사장, 레위인이 예루살렘에 모여 살지는 않았다. 백성들을 교화하려면 전국에 흩어져야 살아야 한다. 그래서 레위 지파도 전국에 흩어지게 되었다.

모세가 시내산에서 십계명 돌판을 받아 왔을 적에 이스라엘은 산 밑에서 금송아지 우상을 섬겼다. 모세가 크게 노했다. "누구든지 여호와의 편에 있는 자는 내게로 나아오라"라고 하자, 레위 자손이 모였다. 모세가 그들한테 우상을 섬긴 자들을 죽이라고 하자, 그 날 삼천 명가량이 죽임을 당했다.

레위 지파가 다른 지파와 달리 성전 섬기는 일을 맡은 것을 놓고 이 사실을 얘기하기도 한다. 그때 모세를 도와 하나님께 헌신했던 공로로 귀한 일을 맡았다는 것이다.

별로 수긍이 안 된다. 양을 기르고 포도를 재배하는 일보다 성전 섬기는 일이 더 귀한 일일까? 세상에서도 직업에 귀천이 없다고 하는데 설마 하나님이 직업에 귀천을 두셨을까? 시장에서 장사를 하는 일이 설교하는 일보다 못한 일일까? 그럴 수는 없다. 일의 내용은 달라도 일의 가치는 똑같다. 굳이 차이가 있다면 맡은 일의 차이가 아니라 그 일을 어떤 마음으로 하느냐 하는 것이다. 세속적인 직업을 성직처럼 감당할 수도 있고 성직을 세속적인 직업처럼 할 수도 있다. (성직이니 세속적인 직업이니 하는 표현이 별로 마음에 안 들지만 설명의 편의상 별 수 없다.)

만일 레위 지파가 성전 섬기는 일을 맡은 것이 다른 지파에 비해서 우대를 받은 것이라면 레위 지파 안에서도 다시 따져야 한다. 레위에게는 게르손, 고핫, 므라리 세 아들이 있었는데 그 자손들 역시 맡은 일이 달랐다. 고핫 자손은 떡상이나 금촛대 같은 성물을 운반했고 게르손 자손은 성막의 휘장과 덮개 같은 것을 운반했고 므라리 자손은 널판과 기둥 같은 것을 운반했는데 이것도 어느 게 더 귀한 일인지 따져봐야 하지 않을까? 레위 지파가 다른 지파보다 귀한 일을 맡았다면 고핫 자손이 게르손 자손, 므라리 자손보다 더 귀한 일을 맡은 것 아닐까? 그렇다면 고핫 자손이 게르손이나 므라리 자손보다 우상 숭배자들을 더 많이 죽였을까?

당시 이스라엘은 대략 60만이었다. 각 지파에 평균 5만 명이다. 그런데 인구 조사에 들어가지 않은 레위 지파는 22,000명에 불과했다. 그나마도 다른 지파는 스무 살 넘는 남자를 계수했지만, 레위 지파는 1개월 이상을 계수했다. 다른 지파들처럼 스무 살 넘는 남자를 계수하면 아마도 일만 명 안팎이었을 것이다.

그 정도 숫자로는 정규군에 편입되는 것보다 성전을 섬기는 것이 효율적이다. 레위 지파가 정규군에 편입되면 다른 지파가 성전을 섬겨야 하는데 일만 명이면 충분한 일을 오만 여명이 하는 것은 불합리하다. 가장 규모가 적은 레위 지파에게는 그 일이 가장 어울렸을 것이다.

물론 내 생각이 틀렸을 수도 있다. 하지만 종교성이 두드러지는 일을 귀한 일로 여기는 것은 엄청난 편견이다. 그렇게 말하는 것이 신앙 열심을 부추기는 효과는 있을지 모르지만 하나님은 예배당 안에만 계신 분이 아니다. 하나님이 이 세상 주인이면 이 세상에서 하는 모든 일이 다 하나님 앞에서 하는 일이다.

한편 자기 기업으로 분배받은 땅을 도로 내준 유다 지파를 생각해 보자. 아무리 여분의 땅이라고 해도 한번 받은 것을 내놓는 것은 쉬운 일이 아니다. 하지만 유다 지파는 아무런 불만이 없었다.

오래 전의 일이다. 필리핀의 마르코스 대통령이 축출되었을 때, 대통령 궁에서 그의 부인 이멜다의 구두가 무려 2,000켤레가 나왔다는 기사가 해외 토픽이었던 적이 있다. 하지만 남의 얘기가 아닐 수 있다. 각자의 신장이나 옷장을 확인해 보자. 내 경우만 해도 신지 않는 구두, 입지 않는 옷이 얼마나 많은지 모른다. 어쩌면 나와 이멜다는 탐욕에서 차이가 나는 것이 아니라 탐욕을 이룰 능력에서 차이가 나는 것일 수 있다. 자기가 이멜다의 위치에 있게 되었을 때 2,000켤레나 되는 구두를 갖는 일이 결코 없을 것이라고 아무도 장담하지 못한다.

복음서에 예수님께서 두 렙돈을 헌금한 과부를 칭찬하는 내용이 나온다. 가난한 과부가 자기의 생활비 전부를 헌금한 것은 참으로 귀한 일이다. 그런데 사람의 마음은 언제나 안 좋은 쪽으로만 움직인다. '과부의 헌금'을 칭찬하느라 '부자의 헌금'을 무시하는 경향이 있다. 부자는 돈이 있으니까 헌금을 한다는 것이다. 참으로 고약한 발상이다. 그렇다면 자기가 헌금을 하지 않는 이유는 돈이 없기 때문이 된다. 헌금이 돈만 있으면 저절로 할 수 있는 것일까? 절대 안 그렇다. 먼저 마음이 있어야 한다. 그리고 그 마음은 소유가 넉넉하다는 이유로 저절로 생기지 않는다.

〈데칼로그 10〉이라는 연작 영화에 나오는 내용을 소개한다. 데칼로그는 십계명이라는 뜻이다. 아버지 유품을 정리하는 형제가 있다. 형은 가정과 직장에 충실한 평범한 소시민이고 동생은 탐욕과 담 쌓은 채 자유분방하게 살아가는 언더그라운드 록밴드 가수다. 아버지가 수집한 우표를 팔면 막대한 재산이 된다는 사실을 우연히 알게 된다. 그러자 그동안 한 번도 찾지 않던 아버지의 아파트를 뻔질나게 드나들기 시작한다. 창문에 창살을 달고 보안장치를 확인하고 자물쇠들을 다시 채운다.

형이 말한다. "내게 다른 할 일들이 있다는 것을 잊고 있었군. …아내는 내가 바람이라도 난 줄 알고 있어. …여기 있을 때는 다른 일들이 도무지 중요하지가 않아." 자기가 얼마나 탐욕에 사로잡혀 있는지를 스스로 고백한 것이다. 동생은 한술 더 뜬다. 여태까지 삶의 이유와 목적으로 삼았던 밴드마저 때려치우고 안전을 이유로 아예 아버지의 아파트로 이사 와서 산다. 그곳을 지킬 경비견 도베르만까지 장만한다.

소유가 많아지면 넉넉해지는 것이 아니라 없던 탐욕이 생길 수 있다. 사실은 없던 탐욕이 생기는 것이 아니라 지금까지 탐욕을 부릴 기회가 없었던 것이다.

앞에서 요셉 자손이 자기네 기업이 좁다면서 말도 안 되는 불평을 늘어놓았다. 만일 과다한 기업이 분배되었으면 자기네가 받은 기업을 순순히 내놓았을까? 성경에는 없는 내용이지만 그렇게 생각되지는 않는다. 자기 주머니에 있는 것을 내놓는 일은 절대 쉬운 일이 아니다.

그런데 이상한 현상이 있다. 그것을 보는 사람들은 한사코 거기서 그 어떤 교훈도 받지 않으려고 한다. 그렇게 해야 자기들의 불성실이 감춰지기 때문인 것 같아서 씁쓸하다.

어떤 교회 목사가 기도를 열심히 한다고 가정해 보자. 교인들도 전부 그 사실을 알 만큼 기도를 열심히 한다. 하지만 그 모습을 본으로 삼지는 않는다. "목사님이니까 그렇지."라는 한 마디로 넘어간다. 목사는 목사니까 그렇게 하는 것이 당연하지만 자기는 그렇게까지 할 필요가 없다는 것이다.

더 흔한 예를 들어보자. 어느 교회나 목사는 헌금에 열심이게 마련이다. 본을 보여야 하니 당연하다. 이 경우도 마찬가지다. 목사가 아무리 힘에 지나게 헌금을 해도 교인들은 "목사님이니까"로 넘어간다. 심지어는 "목사가 헌금이라도 많이 해야지, 돈이 있으면 뭐에 쓰느냐?"라는 망발을 듣기도 했다. 목사라고 해서 돈이 필요하지 않을까? 목사도 똑같이 세 끼 밥을 먹어야 하고, 자식 교육도 시켜야 한다. 부모를 모실 수도 있다. 그런데 "목사니까 그렇게 한다."라고 말을 하면 목사가 아닌 자기는 굳이 그럴 필요가 없게 된다. 목사는 예외이고 자기가 정상이 된다.

옆 집 아이가 서울대 들어갔다는 말을 듣고서 "꼭 그렇게까지 공부를 잘할 필요는 없잖아?"라고 하는 사람이 있을까? 누군가 돈을 많이 벌었다고 하면 부러워한다. 자식이 공부를 잘한다는 말을 들어도 부럽다. 최고급 외제차를 보면 죽기 전에 한 번 타보고 싶다는 생각도 한다.

그런데 바람직한 신앙 모델을 들었을 때는 자극을 받지 않는다. 딱히 부럽지도 않다. 오히려 자기도 그렇게 될까봐 조심스러울 수도 있다. 괜히 신앙이 좋아졌다가 세상 사는 재미를 놓치면 어떻게 한단 말인가?

그런 분들께 꼭 드리고 싶은 말씀이 있다. 자기 집을 장만하면 재산세를 내야 하니까 평생 남의 집에 살기를 바란다. 그 자녀의 유일한 걱정은 괜히 공부를 시작했다가 공부가 재미있어져서 행여 컴퓨터 게임을 못하면 어떻게 하나 하는 한 가지이기를 바란다. 웃을 얘기가 절대 아니다. 대체 우리 마음이 어디에 있다는 뜻일까?

각설하고, 이렇게 해서 남아 있는 모든 지파가 기업을 얻었다. 특히 성경은 기업을 나눌 때마다 "가족대로 제비를 뽑았다", "가족대로 기업을 얻었다"는 말을 반복한다. 기업을 나누되 지파 전체에게 한 덩어리를 준 것이 아니라 가족을 기준으로 세분하여 나눴다.

하나님과 우리의 관계는 언제나 개별적이다. 자기가 속한 조직이나 집단과 동일시되는 것이 아니다. 여리고성 사람들은 성이 멸망하는 바람에 도매금으로 죽은 것이 아니다. 여리고성이 망하는 와중에도 라합과 그의 가족은 살아남았다.

많은 사람들이 좋은 교회를 찾는다. 지방으로 이사해서 새로 교회를 정해야 하는 경우라면 당연히 좋은 교회를 찾아야 한다. 아무 교회나 다닌다는 사람은 신앙에 관심이 없는 사람이다. 하지만 좋은 교회에 속했다는 이유로 저절로 좋은 교인이 되는 것은 아니다. 하나님은 우리한테 얼마나 좋은 교회에 다니다 왔는지를 묻지 않으시고 얼마나 좋은 교인인지를 물으실 것이다.

> 수 19:49-50〉 이스라엘 자손이 그들의 경계를 따라서 기업의 땅 나누기를 마치고 자기들 중에서 눈의 아들 여호수아에게 기업을 주었으니 곧 여호와의 명령대로 여호수아가 요구한 성읍 에브라임 산지 딤낫 세라를 주매 여호수아가 그 성읍을 건설하고 거기 거주하였더라

모든 지파에게 기업 나누기를 마친 다음에 마지막으로 여호수아가 기업을 얻었다. 여호수아는 자기가 기업을 나눈다는 이유로 자기 몫을 먼저 챙기지 않았다. 이스라엘이 여호수아에게 기업을 주었다.

유교 영향 때문인지 우리나라는 교회 직분을 계급으로 오해하는 경향이 있다. 직분을 계급으로 알면 당연히 그 계급에 상응하는 대접을 바라게 된다. 단언하거니와 서리집사보다 안수집사가 높지 않고, 안수집사보다 장로가 높지 않다. 많은 사람들이 집사 직분을 받기 전의 교인을 평신도인 줄 아는데, 명백한 오해다. 평신도는 교직에 있지 않은 일반 신도를 말한다.

즉 집사, 권사, 장로 할 것 없이 교역자가 아닌 모든 교인이 평신도에 포함된다.

사실 평신도는 마음에 들지 않는 말이기도 하다. 그럼 목회자는 특별 신도란 말인가? 세상에서도 사람 위에 사람 없고 사람 밑에 사람 없다고 하는데 교인 위에 교인이 있거나 교인 밑에 교인이 있을 수는 없다. 교회의 직분은 절대 계급이 아니다.

이때 여호수아가 자기 기업으로 지명한 곳은 딤낫 세라였다. 여호수아가 그 성읍을 건설하고 거기 거주했다. 완전히 파괴되어서 새로 건축해야 할 성읍을 택한 것이다. 남보다 먼저 기업을 택하지 않았을 뿐 아니라 남보다 좋은 곳을 택하지도 않았다. 단지 하나님의 명을 받아 기업을 나누기만 할 뿐, 그 일을 통해서 아무런 개인적인 이익도 얻지 않았다.

박정희 대통령이 서거하고 신군부가 들어섰을 때, 국민의 지지를 얻기 위해서 부정축재자들을 단죄했다. 그때 떡을 만지다 보니 떡고물이 묻었다는 유명한 말을 남긴 사람이 있다. 하지만 떡을 만지다 떡고물이 묻은 것인지, 떡고물을 묻히려고 떡을 만진 것인지 모르는 사람도 있을까? 그 사람이 축재한 액수가 194억이었는데, 당시 서울 시내의 어지간한 집 한 채가 200만 원이었다. 아마 그는 자기한테 있는 권력을 자기의 개인 권리인 양 마음껏 휘둘렀을 것이다.

이런 일이 교회에는 없을까? 부교역자 시절에 친구가 사역하는 교회에 놀러간 적이 있다. 복도를 지나는데 방에서 시끄러운 소리가 들렸다. 무슨 영문인가 싶었는데 다음 순간 문이 벌컥 열리며 한 사람이 나오더니 방 쪽을 향해 언성을 높였다. "내가 재정부장이야! 안 된다면 안 되는 거지!" 친구한테 무슨 영문인지 물었더니 종종 있는 일이라며 고개를 절레절레 흔들었다.

자초지종은 모르지만 한 가지는 알 수 있었다. 그 분은 직분을 역할로 알지 않고 끗발로 알고 있었다. 시끄러울 수밖에 없는 노릇이다. 직분을 끗발로 아는 분이 우리나라 기독교 역사에 그 분 한 분뿐이었으면 좋겠다.

20 도피성

여호수아

땅 나누는 일이 끝났다. 성경은 이제 도피성을 얘기한다. 어떤 사람이 죽임을 당했을 때 그 복수를 하는 것이 당시의 관습이었다. 복수를 하지 않는 것은 가문의 수치였다. 하나님께서 그런 관습을 배경으로 우리를 위한 구속 사역을 예표하셨다.

> 수 20:1-3〉 여호와께서 여호수아에게 말씀하여 이르시되 이스라엘 자손에게 말하여 이르기를 내가 모세를 통하여 너희에게 말한 도피성들을 너희를 위해 정하여 부지중에 실수로 사람을 죽인 자를 그리로 도망하게 하라 이는 너희를 위해 피의 보복자를 피할 곳이니라

누군가 부지중에 사람을 죽였으면 가장 시급한 일은 도피성으로 피하는 일이다. 보복자가 자기를 찾기 전에 도피성에 들어가야 한다. 핏발선 눈을 번득이며 자기를 찾는 보복자를 피하는 일보다 더 급한 일이 있을 수 없다.

도피성으로 달음질하는 사람은 우리의 모습을 예표한다. 자기한테 하나

님께서 싫어하시는 죄가 있는 것을 안다면 진노의 날이 이르기 전에 하나님과 화목해야 한다. 만사 제치고 도피성으로 걸음을 재촉해야 한다. 거기에만 우리의 살 길이 있다.

우리나라의 고대 국가인 삼한 시대에 천신에게 제사를 지내던 풍습이 있었다. 그곳을 소도라고 하는데, 소도는 신성한 지역이기 때문에 국법의 지배를 받지 않았다. 설령 죄를 지은 사람이라도 소도에 있는 동안에는 체포할 수 없었다. 그리스·로마 시대에도 아실럼(Asylum)이라고 하는, 이와 유사한 제도가 있었다. 서로간의 교류도 없었는데 비슷한 제도가 있다는 것은 인간의 본성이 그렇다는 뜻이다. '초월'이나 '신성'을 명분으로 자기가 하는 일이 뭐든지 용납되기를 바란다.

하지만 도피성은 그런 곳이 아니었다. 어디까지나 '부지중에 실수로 사람을 죽인 자'를 위한 제도였다. 하나님은 고의로 살인을 범한 사람은 하나님의 제단에서라도 잡아내려 죽이라고 하셨다. 도피성이라고 해서 죄 자체가 보호받을 수 있는 것은 아니다.

개척 초기에 성찬식에 쓸 카스텔라를 사기 위해서 빵집을 찾은 적이 있다. 네 살이나 다섯 살쯤 되었을까? 엄마를 따라온 아이가 매장에 진열된 빵들을 손가락으로 꾹꾹 누르고 다녔다. 종업원이 기겁하며 만류하자, 엄마가 오히려 아이 역성을 들었다. 그까짓 빵이 얼마나 한다고 아이 기를 죽이느냐는 것이었다. 아이가 울음을 터뜨리자, 더욱 언성을 높였다. "그것 봐요! 애가 울잖아요!" 엄마가 자기를 편드는 것을 알아차린 아이의 울음소리가 더 커졌다.

핵가족의 영향으로 요즘은 버릇없는 아이들이 많다고 한다. 사람들은 그런 아이가 보일 때마다 부모를 흉보기도 한다. 그런데 하나님이 우리한테 그런 부모이기를 바라는 것일까?

실제로 소도에는 도둑들이 들끓었다고 한다. 죄를 지은 사람들이 전부 그리로 피하기 때문이다. 죄를 지은 사람을 잡아가지 못하게 한 것은 소도의 신성함을 극대화하기 위한 것이었는데 도리어 죄인들이 활개 치고 다니는 곳이 되어버렸다. 설마 교회가 그런 곳은 아닐 것이다. 세상에서 아무리 악하게 살아도 교회 안에 있으면 하나님의 사랑을 받을 수 있다고 생각하는 것은 곤란하다. 무엇보다 하나님은 우리가 무엇을 하든지 맹목적으로 우리 편을 들어주시는 분이 아니다. 교양 없는 여자는 자기 아이를 그렇게 키울지 몰라도 하나님은 우리를 그렇게 키우지 않으신다.

유대교 신학자 아브라함 헤셸이 한 말이 있다. "하나님은 점잖고 다정한 분이 아니다. 하나님은 마음씨 좋은 아저씨도 아니다. 하나님은 지진 같은 분이다." 하나님은 죄인을 사랑하시지, 죄를 사랑하시지 않는다. 우리를 사랑하신다고 해서 우리한테 있는 죄까지 용납하시는 분별없는 분이 아니다. 도피성 제도는 자기 의사와 관계없이 죄를 지은 사람을 보호하기 위한 제도이지, 하나님의 거룩을 손상시켜도 되는 제도가 아니다.

그러면 예수님이 십자가에서 "아버지 저들을 사하여 주옵소서 자기들이 하는 것을 알지 못함이니이다"라고 한 기도는 어떻게 되는 것일까? 예수님은 이 세상에서 마지막 숨을 쉬는 순간까지 유대인들을 애써 변론하셨다. 몰라서 그렇지, 설마 알면 그렇겠느냐는 것이다. 그러면 일을 그렇게 꾸민 책임은 누구에게 있을까? 용서받을 수 없는 고살자(故殺者)는 사탄이다. 그는 처음부터 살인한 자(요 8:44)이기 때문에 영원토록 형벌을 받을 수밖에 없다. 하지만 그에게 속은 다른 사람은 도피성으로 피하기만 하면 살 수 있다. 우리한테 가장 급한 일은 도피성에 피하는 일이고, 도피성에 피한 사람은 도피성에 머무는 일이다.

죄에서부터 완전히 자유로운 사람은 없다. 도피성으로 피하느냐, 마느냐의 차이가 있을 뿐이다. 요즘 말로 하면 예수를 믿느냐, 마느냐의 차이가 있을 뿐이다. 예수를 믿는 사람은 도피성 안에 있는 사람이고 예수를 믿지 않는 사람은 도피성 밖에 있는 사람이다. 도피성 안에 있다고 해서 도피성 밖에 있는 사람보다 우월하지 않다. 도피성 안에 있는 사람도 도피성 밖에 있는 사람과 마찬가지로 본질상 진노의 자녀이다. 형벌 받아 마땅한 사람인데 하나님의 은혜를 입었다.

이 사실을 안다면 우리 역시 우리 마음 안에 도피성을 마련해야 한다. 우리가 하나님의 은혜로 사죄의 은총을 누리는 것처럼 우리 역시 우리가 받은 은혜를 베풀 수 있어야 한다. 범죄한 사람에게 일일이 보응할 것이 아니라 그 사람을 도피성에 있는 사람으로 간주할 수 있어야 한다. 그 사람과 우리한테 차이가 있다면 받은 은혜가 다를 뿐이다. 우리가 그 사람보다 잘난 것이 아니라 단지 은혜를 먼저 받았다. 우월감을 가질 수 있는 아무런 근거가 없다.

아돌프 아이히만이라는 사람이 있다. 2차 대전 당시 유대인을 말살하는 실무 책임을 맡았던 독일군 장교다. 독일이 패망하자 아르헨티나로 탈출해서 15년 동안 숨어 지냈다. 그런데 이스라엘 정보기관인 모사드가 그를 끝까지 추적했다. 결국 체포되었고 그에 대한 공개 재판이 열렸다. 당시 아우슈비츠 수용소에서 구사일생으로 살아남은 예이엘 디누르가 증언을 맡았다. 그런데 법정에서 아이히만을 보자 그만 기절하고 말았다. 재판은 휴정되었고, 사람들은 아이히만을 보는 순간 끔찍했던 악몽을 이기지 못해서 기절했을 것이라는 얘기를 주고받았다.

예이엘 디누르가 정신을 차리자, 사람들이 물었다. "힘들더라도 답변해 주십시오. 수용소에서 어떤 일이 있었습니까? 대체 어떤 악몽이 떠올랐기에 기절한 것입니까?" 예이엘 디누르가 전혀 엉뚱한 답을 했다. "나는 지금까지 아이히만을 악마와 비슷한 형상으로 상상했습니다. 그의 얼굴만 봐도 소름이 끼칠 줄 알았습니다. 그런데 그의 얼굴은 너무도 선량했습니다. 어디서나 볼 수 있는 평범한 이웃집 아저씨 같았습니다. 그의 얼굴을 보는 순간, 나와 그 사람 사이에 무슨 차이가 있는지 구별이 안 되었습니다. 내가 아이히만과 무엇이 다릅니까? 그것이 충격이었습니다."

실제로 아이히만은 지극히 평범하고 가정적인 사람이었다. 그를 검진한 정신과 의사들 역시 아이히만이 매우 '정상'이어서 오히려 자신들이 이상해진 것 같다고 말할 정도였다.

폴란드 사회학자 지그문트 바우만이 그의 책 〈유동하는 공포〉에서 이런 말을 했다. "아우슈비츠나 굴라크, 히로시마의 도덕적 교훈 중 가장 충격적인 것은 우리가 철조망 안에 갇히거나 가스실에 들어갈 수 있다는 것이 아니다. '적당한 조건'이라면 우리가 가스실의 경비를 서고, 그 굴뚝에 독극물을 넣는 일을 할 수 있다는 것이다. 그리고 우리 머리 위에 원자폭탄이 떨어질 수 있다는 것이 아니라 '적당한 조건'이라면 우리가 다른 사람들의 머리 위에 그것을 떨어뜨릴 수 있다는 것이다."

이것이 죄의 죄 된 모습이다. 특별히 악한 사람이 죄에 노출되는 것이 아니라 모든 사람이 똑같이 죄에 노출될 수 있다. 죄를 범한 사람과 범하지 않은 사람의 차이는 감나무의 어떤 가지에는 감이 달리고 어떤 가지에는 감이 달리지 않은 정도에 불과하다. 본래 같은 나무이다. 이 사실을 인정한다면 자기가 죄를 짓지 않았다는 이유로 죄지은 사람을 정죄할 수는 없을 것이다. 그것이 곧 그 사람에게 투영된 자기 모습이기 때문이다.

그러면 도피성에 피한 사람은 언제까지 거기 머물러야 할까? 성경은 대제사장이 죽을 때까지라고 한다. 나중에 로마가 이스라엘을 지배할 적에 대제사장의 권위를 약화시켜야 할 필요를 느낀다. 그래서 대제사장을 여러 명 두고 임명제로 바꿨지만 본래 대제사장은 한 명이었고 종신직이었다.

도피성에 피한 사람은 그 대제사장이 죽으면 본향으로 돌아갈 수 있었다. 그런 경우에는 보복자도 그를 해할 수 없었다. 대제사장이 죽었다는 소식이 일종의 복음인 셈이다. 예수님의 죽으심이 우리한테 구원으로 나타난 것을 보여준다.

> 수 20:7-9〉 이에 그들이 납달리의 산지 갈릴리 게데스와 에브라임 산지의 세겜과 유다 산지의 기럇 아르바 곧 헤브론과 여리고 동쪽 요단 저쪽 르우벤 지파 중에서 평지 광야의 베셀과 갓 지파 중에서 길르앗 라못과 므낫세 지파 중에서 바산 골란을 구별하였으니 이는 곧 이스라엘 모든 자손과 그들 중에 거류하는 거류민을 위하여 선정된 성읍들로서 누구든지 부지중에 살인한 자가 그리로 도망하여 그가 회중 앞에 설 때까지 피의 보복자의 손에 죽지 아니하게 하기 위함이라

맹인한테 눈을 뜰 수 있는 방법이 있다고 하면 얼마나 반가울까? 그런데 공양미 삼백 석이 필요하다고 하면 얘기가 다르다. 삼백 석이나 되는 쌀을 무슨 수로 마련한단 말인가? 심청이 아버지가 걱정을 할 수밖에 없었다. 그 얘기를 들은 심청이도 고민을 하다가 급기야 자기 몸을 상인에게 팔기에 이른다.

브엘세바에 사는 어떤 사람이 실수로 사람을 죽였다. 정신이 아뜩할 것이다. 마침 옆에 있던 사람이 도피성 얘기를 해준다. 그런데 그 도피성이 단에 있으면 어떻게 하란 말인가? 브엘세바는 이스라엘 남단에 있는 성읍이고 단은 북단에 있는 성읍이다. 성경에서 종종 '단에서 브엘세바까지'라는 표현을 볼 수 있는데 우리나라로 치면 '백두에서 한라까지'가 된다. 둘 사이의 거리는 대략 240km이다. 거기까지 가기 전에 보복자한테 붙들릴 것이 뻔하다.

이런 일이 없으려면 도피성이 이스라엘 곳곳에 있어야 하다. 어디에서든지 수월하게 도착할 수 있어야 한다. 그래서 요단강 동편과 서편에 각각 세 곳씩 있었다. 납달리 산지의 게데스, 에브라임 산지의 세겜, 유다 산지의 헤브론(기럇 아르바), 르우벤 지파의 베셀, 갓 지파의 길르앗 라못, 므낫세 지파의 바산 골란이다.

게데스는 거룩하다는 뜻이다. 우리의 피난처 되시는 예수님은 거룩하신 분이다. 세겜은 어깨를 뜻한다. 목자가 길 잃은 양을 찾으면 어깨에 메고 온다. 일찍이 이사야 선지자가 메시야 탄생을 예언하기를 "그의 어깨에는 정사를 메었다"고 했다. 헤브론은 친교라는 뜻이다. 우리는 마땅히 주님과 더불어 교제를 나누어야 하는 사람들이다. 전에는 주님과 원수였지만 지금은 그렇지 않다. 베셀은 요새를 뜻한다. 주님은 그를 믿는 모든 자에게 강한 요새가 되신다. 라못은 '높다', '영화롭다'는 뜻이다. 주님은 한없이 높고 영화로우신 분이다. 또한 우리를 영화롭게 하실 것이다. 골란은 기쁨, 환희라는 뜻이다. 주님 안에만 기쁨이 있고 환희가 있다.

"금년에는 꼭 성경 일 독 해야지" 마음먹고 창세기부터 차례로 읽다 보면 도피성 얘기가 상당히 자주 나오는 것을 볼 수 있다. 그만큼 중요하기 때문이다. 우리를 위한 그리스도의 대속 사역을 예표하니 당연히 그렇다. 그런데 처음부터 제대로 얘기하지 않는다.

출 21:13에 "만일 사람이 고의적으로 한 것이 아니라 나 하나님이 사람을 그의 손에 넘긴 것이면 내가 그를 위하여 한 곳을 정하리니 그 사람이 그리로 도망할 것이며"라고 되어 있다. '도피성'이라는 얘기도 없고, 그 제도의 구체적인 내용도 없이 살짝 말만 흘린다. 그러다가 민수기 35장에서 도피성 제도의 운영 계획을 밝힌다. 요단강을 건너 가나안 땅에 들어가거든 도피성을 정해서 부지중에 살인한 자를 피할 수 있도록 하라고 한다. 그런 도피성을 강 이쪽과 저쪽에 세 성읍씩 두라고 했는데, 구체적으로 어디인지는 밝히지 않았다. 나중에 신 4:43에서 요단 동편에 설치할 세 도피성을 어디에 둘 것인지를 밝힌 다음, 신명기 19장에서 다시 한 번 도피성 제도를 설명한다. 그리고 지파별로 땅을 다 나눈 다음에 비로소 도피성 제도에 대한 모든 청사진을 공개한 것이다.

출 21:13에서 수 20:7-8까지 오는 동안 정확하게 어느 정도의 기간이 걸렸을까? 시내산 기슭에서 1년 머물렀고, 광야에서 38년을 보냈고, 가나안 정복 전쟁에 7년 걸렸으니 성경을 통해서 알 수 있는 기간이 46년이다. 혹시 모르니 넉넉잡고 50년쯤이라고 할까?

신학적인 표현을 빌리면 계시의 점진성인데, 그런 말은 몰라도 된다. 예수를 믿은 기간이 경과할수록 하나님의 뜻을 더 잘 알면 그것으로 족하다. 아니, 꼭 그렇게 되어야 한다. 나이를 먹는 것은 자기 책임이 아니지만 나잇값을 못하는 것은 자기 책임이라고 한다. 예수 믿은 다음 연수가 경과하는 것은 자기 책임이 아니지만 예수 믿은 연수만큼 신앙이 자라지 않는 것은 자기 책임이다.

곽경택 감독의 〈친구〉라는 영화가 있다. 그 영화의 마지막 장면이 이렇게 된다. 옛 친구 동수를 살인 교사한 준석을 위해서 상택이 일종의 '작업'을 해 두었다. 준석이 법정에서 범행 사실을 부인하기만 하면 된다. 그런데 준석은 자신의 범행을 시인하고 만다. 나중에 상택이 묻는다. "니, 와 그랬노?" 준석이 답한다. "쪽팔려서…, 동수나 내나 건달 아이가…"

국어사전에서 '쪽팔리다'를 찾아보면 '부끄러워 체면이 깎이다'라고 설명되어 있다. 그런데 어떤 경우에 그런 감정을 느끼는지는 사람마다 다른 모양이다. 감옥에 갇히는 신세가 되는 것을 쪽팔리는 일로 여길 수도 있고, 거짓말을 해서 풀려나는 것을 쪽팔리는 일로 여길 수도 있다.

앞에서 자기가 전도한 친구는 총무가 되었는데 자기는 아무것도 안 된 것이 쪽팔린다며 한 달 동안 교회에 안 나온 학생 얘기를 했다. 그런 경우로 얘기하면 그것이 쪽팔리는 일인지, 그것을 쪽팔리는 일로 생각하는 것이 정말 쪽팔리는 일인지 아는 사람은 다 안다.

우리나라는 세계에 유례가 없는 평등사회라고 한다. 모두가 아파트 평수와 자녀 등수에 혈안이라는 것이다. 남보다 작은 집에 사는 것, 자녀가 일류대학에 못 들어간 것을 창피하게 생각하는 사람이 얼마든지 있다. 아들이 대학도 못 갔는데 창피해서 어떻게 교회 가느냐는 사람도 보았다. 전부 그 사람이 어떤 것을 중요하게 생각하는지를 보여준다.

두려워하는 것도 마찬가지다. 어떤 것을 두려워하는지를 보면 그 사람이 어떤 사람인지 알 수 있다. 에이든 토저 목사는 성장하지 않는 난쟁이 크리스천으로 평생 지내다 죽는 것이 가장 두렵다고 했다. 자기가 신앙을 떠나게 되는 상황이 두렵다고 한 것이 아니다. 행여 신앙이 자라지 않고 정체될까봐 두렵다고 했다. 그가 바라는 유일한 소망이 신앙이 계속 자라는 것이었다. 그것만 되면 다른 것은 다 괜찮다.

데이비드 레이븐힐이 쓴 〈제발 좀 성장하라〉에서 읽은 내용을 소개한다. 두 딸과 함께 행복하게 살고 있는 프레드와 플로렌스 부부가 아들을 낳아서 이름을 프레드릭 3세로 지었다. 아이가 8개월이 되었을 때 의사로부터 충격적인 말을 듣는다. 선천적으로 뇌손상을 안고 태어났다는 것이다. 눈은 흐릿해졌고 앉지도 못하더니 결국 두 살 때 죽고 말았다.

넷째 레리가 태어났다. 그 아이도 마찬가지였다. 뇌가 있어야 할 자리에 비활성덩어리인 원구가 있었다. 병원에서는 금방 죽을 것이라고 했지만 19살까지 살았다. 그 나이가 되도록 할 수 있는 것은 아무것도 없었다. 보지도 못하고 듣지도 못한 채 살아있기만 했다. 심지어 체격도 한 살 때 그대로였다. 조금도 자라지 않은 채 19년을 침대에서 보냈다.

데이비드 레이븐힐이 그런 내용을 말하면서 아이를 보는 어머니의 비통이 하나님의 마음 아니겠느냐고 묻는다. 평생 신앙이 제자리인 신자가 수두룩하다. 할 줄 아는 것은 아무것도 없고 교회만 다닌다.

내가 자라던 시절에는 어느 집이나 형제가 많았다. 그 많은 형제들을 어머니가 다 돌보는 것이 아니다. 어머니는 맏이만 돌보면 맏이가 동생들을 돌봤다. 동생이 젖병을 문다고 해서 맏이도 같이 젖병을 달라고 보채는 집이 있다면 참 난감할 것이다.

문득 궁금해진다. 도피성에 피한 사람은 왜 보호를 받을 수 있을까? 실수로 살인을 한 사람은 도피성에 들어갈 수 있어도 보복자는 들어갈 수 없을까? 그런 법은 없다. 도피성에 피한 사람을 지키는 것은 도피성의 성벽이 아니라 하나님의 언약이다. 노아 시대에 방주 안에만 구원이 있었던 것처럼 실수로 사람을 죽인 사람에게는 도피성 안에만 구원이 있었다. 그리고 오늘날에는 교회에만 구원이 있다. 하나님께서 그렇게 정하셨기 때문이다.

하나님께서 이런 제도를 왜 마련하셨을까? 도피성으로 피하는지, 피하지 않는지를 확인한 다음에 피하면 살려주고 피하지 않으면 죽게 하려는 것이 아니다. 한 사람이라도 더 구원 받기를 바라는 마음 때문이다. 예수님을 세상에 보내신 이유가 그렇다. 믿으면 구원시켜 주고, 믿지 않으면 멸망시키기 위해서 보내신 것이 아니다. 한 사람이라도 멸망하지 않고 구원 얻기를 간절히 바라는 마음으로 보내셨다.

그래서 당시 제사장이 하는 일 중의 하나가 도피성으로 향하는 길을 항상 정비하고 이정표를 세우는 일이었다. 행여 도피성을 찾는데 불편하지 않도록 늘 신경 써야 했다. 우리 역시 한 사람이라도 더 그리스도의 은혜를 맛볼 수 있도록 늘 노심초사해야 한다. "예수를 믿으려면 믿고 싫으면 관둬라!"가 아니다. 도피성으로 향하는 길이 험하거나 유실되지는 않았는지 늘 살펴야 한다. 그것이 우리 책임이다. 전도를 해보면 이런 책임을 실감할 수 있다. 사실 전도를 하는 사람은 아쉬울 것이 없다. 그런데 마치 자기가 아쉬운 것처럼 통 사정을 한다. 다음 주일에 같이 교회 가기로 했으면 행여 주중에 마음이 변하지나 않을까 확인도 한다.

하지만 말처럼 쉽지 않다. 이런 말을 들으면서 고개를 끄덕이는 것은 누구나 할 수 있지만 정작 자기 일이 되면 달라지기 때문이다. 어떤 사람이 자기 아버지나 남편을 죽였다고 하자. 아무리 실수였다고 해도 그것을 실수로 받아들일까? 세상 사람은 다 속여도 자기 눈은 못 속인다고 하면서, 실수를 가장해서 고의로 죽였다고 핏대를 세울 것이 뻔하다. 도피성으로 통하는 길을 정비하는 것은 고사하고 도피성 제도 자체를 부인할 것이다. 자기와 사이가 안 좋은 사람이 은혜 받는 것을 싫어하는 경우라고나 할까?

하나님께서 도피성 제도를 말씀하셨다고 해서 기꺼이 그 제도에 순응할 만큼 인간은 선하지 않다. 하나님께서 십계명을 주셨음에도 불구하고 우상을 섬기고 안식일을 범한 것처럼 하나님의 구속 사역을 상징하는 이런 제도를 선포하셨음에도 불구하고 인간은 늘 자기 정욕대로 일을 처리했을 것이다.

실제로 성경에는 도피성 제도가 지켜진 예가 한 차례도 언급되지 않는다. 후대에는 빈번한 이방 민족과의 전쟁으로 인해서 도피성을 빼앗기기도 했다. 하나님께서는 다양한 경로로 은혜를 내려 주시지만 인간은 그것을 받을 줄 모른다.

이처럼 패역한 인간들이 급기야 예수를 십자가에 못 박아 죽이는 죄까지 범하게 된다. 하지만 하나님께서는 그것을 고살(故殺)이 아닌 오살(誤殺)로 간주하셨다. 만일 우리가 이웃을 정죄하는 것처럼 하나님께서 우리의 죄를 다스리셨더라면 예수님을 십자가에 못 박아 죽인 죄는 영락없는 고살(故殺)이다. 인류 역사는 그것으로 끝이다. 하지만 하나님께서는 하나님을 향한 노골적인 적대 행위를 오살(誤殺)로 간주하셔서 오늘도 우리를 구원으로 초청하신다. 바로 이것이 우리가 하나님을 찬양할 수밖에 없는 이유이다. 이런 하나님의 은혜가 우리 머리 위에 머물러 있음을 모든 사람들이 알았으면 싶다.

21 레위 지파의 성읍

여호수아

이스라엘 열두 지파가 기업을 얻었다. 도피성 제도도 마련했다. 그러면 레위 지파는 어떻게 될까?

본래 이스라엘은 지파별로 모여서 살았다. 유다 지파는 유다 지파끼리, 에브라임 지파는 에브라임 지파끼리 어울려 살았다. 마치 우리나라 지도에 경상남북도, 전라남북도, 경기도, 강원도, 충청남북도의 경계가 표시된 것처럼 이스라엘 열두 지파도 그렇다. 그런데 레위 지파는 사방에 흩어져서 살았다. 이스라엘 열두 지파가 이미 얻은 성읍 중에서 레위인이 거처할 성읍을 다시 제비 뽑은 것이다.

일찍이 야곱이 시므온과 레위에 대해서 "내가 그들을 야곱 중에서 나누며 이스라엘 중에서 흩으리로다"라고 예언한 바 있다. 그래서 시므온 지파는 열두 지파 중에 가장 작은 지파가 되어 마치 유다 지파에 부속된 것처럼 기업을 얻었고 레위 지파는 이스라엘 사방에 흩어져서 거하게 되었다.

특히 레위 지파는 맡은 일의 특성상 흩어져서 거해야 했다. 성전을 섬기는 일을 맡았다고 해서 전부 성전 안에 거할 수는 없는 노릇이다. 특히 예루살렘 성전이 건축되기 전의 성막은 가로 세로가 22.8m와 45.6m에 불과했다. 그런 성막에 레위 지파가 전부 들어갈 수도 없다.

또 하나님의 말씀을 맡은 것도 그렇다. 백성들에게 하나님의 말씀을 가르치려면 백성들 가운데로 흩어져야 한다. 자기들끼리 모여 있으면 자기들은 재미있을지 몰라도 하나님의 나라를 세우는 일에는 도움이 되지 않는다.

우리를 세상의 소금과 빛이라고 하신 것도 같은 맥락으로 이해할 수 있다. 사실 세상에서 지지고 볶고 사는 것보다 우리끼리 사는 것이 훨씬 편하다. 전교인 수련회를 가면 그런 예가 그대로 나타난다. 주님 오실 때까지 공기 좋고 경치 좋은 곳에서 찬양이나 하면서 지냈으면 좋겠다는 생각을 누구나 한다.

하지만 신앙생활은 그렇게 하는 것이 아니다. 찬송가 가사 그대로 "밤 깊도록 동산 안에 주와 함께 있으려 하나 괴론 세상에 할 일 많아서 날 가라 명하신다"이다. 변화된 주님을 뵌 황홀감으로 초막 셋을 짓고 거기에 눌러앉는 것이 신앙이 아니라 산 위에서 얻은 은혜로 산 밑의 일상생활을 감당하는 것이 신앙이다. 그런데 반대로 생각하는 사람이 종종 있다. 은혜를 받는 것만 신앙생활인 줄 알고 받은 은혜로 살아가야 한다는 사실을 놓친다.

주님께서는 우리를 세상의 소금과 빛이라고 하셨다. 그런데 우리는 모처럼 마음잡고 그렇게 살기로 했다가도 자기 혼자 소금 노릇, 빛 노릇을 하는 것이 억울해서 못하겠다고 한다. 어딘가 잘못되었다. 소금이 소금 구실을 하려면 싱거운 음식에 들어가야 하고 빛이 빛 구실을 하려면 어두운 곳에 있어야 한다. 음식이 너무 싱거워서 소금 노릇을 못 하겠다거나 주변이 너무 어두워서 빛 노릇을 못 하겠다는 것은 어불성설이다. 레위인들이 이스라엘 열두 지파가 하나님을 섬기는 법도에 너무 무지해서 그들 틈에 거할 수 없다고 하면 말이 안 되는 것과 같다.

이런 레위 지파의 쓸 것은 이스라엘 열두 지파가 공급했다. 이스라엘의 십일조가 곧 레위인의 생활비였다. 그렇다고 해서 이스라엘이 일방적으로 레위인들을 먹여 살린 것이 아니다. 불신자들은 신자들이 교회에 하는 헌금을 불필요한 낭비로 여길 것이다. 하지만 은혜를 아는 입장에서는 그렇지 않다. 헌금은 교인의 의무이면서 또한 기쁨이다.

레위인들과 어울려 살아가는 이스라엘의 다른 지파가 그렇다. 그들이 레위인을 통해서 얻는 것이 아무것도 없다고 생각하면 십일조가 아까울 수 있다. 하지만 레위인을 통해서 얻는 것이 얼마나 귀한지 알면 십일조는 전혀 아까운 것이 아니다. 자기들이 얻은 모든 것이 하나님으로 말미암은 것인 줄 바로 알면 인색한 마음이 들 수가 없다. 부모님께 용돈을 드리는 경우로 생각해 보면 간단하다. 형제들끼리 갹출하는 바람에 억지로 드릴 수도 있고 뿌듯한 마음으로 드릴 수도 있다.

청년들과 성경 공부를 하는 중에 십일조 얘기가 나온 적이 있다. 십일조 얘기를 할 때마다 말 3:10 말씀이 단골로 인용되곤 한다.

> 만군의 여호와가 이르노라 너희의 온전한 십일조를 창고에 들여 나의 집에 양식이 있게 하고 그것으로 나를 시험하여 내가 하늘 문을 열고 너희에게 복을 쌓을 곳이 없도록 붓지 아니하나 보라(말 3:10)

한 청년이 장난기 가득한 얼굴로 말했다. "난 하늘 문 안 열어줘도 돼요. 그냥 1/10을 내가 쓸래요." 그 얘기에 같이 있던 청년들 모두 웃었다.

다시 생각해 보자. 과연 웃을 얘기일까? 혹시 가슴 철렁할 얘기는 아닐까? 농담 형식을 빌리기는 했지만 "아무리 하나님이 말씀하셔도 나는 하나님 말씀을 믿지 않습니다."라는 뜻이기 때문이다. "십일조를 하느냐, 마느냐?"에 국한된 얘기가 아니다. 이 세상을 살아가는 우리의 가치 기준이 과연 무엇인지가 단적으로 나타나는 얘기다.

예전에 "왜 치사하게 신앙을 돈으로 따집니까?"라는 말을 들은 적이 있는데, 간단하다. 사람은 돈이 걸렸을 때 가장 치사해지기 때문이다. 형제 사이에 소송을 한다면 보나마나 돈 때문이다. 돈을 빼고는 치사해질 이유가 없다. 간혹 "성의만 있으면 됐지, 액수가 무슨 상관이냐?"라고 하는 사람이 있는데 하나님은 우리의 성의를 받으시는 분이 아니다. 우리의 희생을 받으시는 분이고, 우리의 인생을 받으시는 분이다. 어쩌면 우리가 하는 헌금에는 성의 대신 무성의가 들어 있을 수도 있다. 말로는 '성의 표시'라고 하지만 실상 '무성의의 표시'인 경우가 세상에서도 왕왕 있다.

어떤 대학생이 있다. 기왕이면 군대도 갔다 왔다고 하자. 휴일에 이모가 놀러왔다. 용돈 준다면서 지갑을 꺼낸다. 밖에 안 나가고 집에 있기를 잘했다는 생각을 하며 표정 관리를 하는데, 이모가 달랑 만 원짜리 한 장을 내민다. 그러면 정말 표정 관리를 해야 한다. "누구를 어린애로 아나?" 하는 생각이 들 것이기 때문이다. 요즘 만 원으로는 친구하고 둘이 커피 한 잔씩 마시기도 빠듯하다. 아마 한 사람은 아메리카노를 마셔야 할 것이다. 만 원이 생겼다고 해서 횡재했다고 생각할 대학생은 없다. 그러면 그 만 원을 헌금으로 내보자. 용돈으로 받을 때는 분명히 '껌 값'이었는데 헌금을 하려면 갑자기 '거금'이 된다. 무슨 뜻일까? 우리는 하나님께 '껌 값'도 아까워하는 사람들이라는 뜻이다.

누군가 말했다. "헌금이든 뭐든 저는 부담되는 건 싫어요." 딱히 해줄 말이 없었다. 이미 부담 없이 신앙생활하기로 작정한 사람에게 무슨 말을 하면 알아듣겠는가? 하지만 진지하게 따져보자. 신앙생활은 부담되면 안 되는 것이 아니고 부담이 안 되면 안 되는 것 아닐까?

한사코 부담 없이 예수를 믿으려는 분께 꼭 해주고 싶은 얘기가 있다. 그런 사람의 자녀가 고등학생이 되면 공부에 전혀 부담을 안 가졌으면 좋겠다. 혹시 그런 청년이 있다면, 이다음에 애인이 생겼을 때 그 애인이 둘 사이에 아무런 부담도 안 가지기를 바란다. 그런 사람이 사업을 해서 사원을 고용한다면, 그 사원이 아무 부담 없이 직장 생활을 하기를 바란다. 혹시 결혼을 한다면 그 배우자가 가정에 아무 부담이 없었으면 좋겠다.

이런 얘기가 악담일까?

> 이 백성이나 선지자나 제사장이 네게 물어 이르기를 여호와의 엄중한 말씀이 무엇인가 묻거든 너는 그들에게 대답하기를 엄중한 말씀이 무엇이냐 묻느냐 여호와의 말씀에 내가 너희를 버리리라(렘 23:33)

이 말씀이 〈표준새번역〉에는 "이 백성 가운데 어느 한 사람이나 예언자나 제사장이 너에게 와서 부담이 되는 주의 말씀이 있느냐고 묻거든, 너는 그들에게 대답하여라. 부담이 되는 주의 말씀이라고 하였느냐? 나 주가 말한다. 너희가 바로 나에게 부담이 된다. 그래서 내가 이제 너희를 버리겠다고 말하였다고 하여라."라고 되어 있다.

이스라엘 일반 백성이나 선지자, 혹은 제사장이 예레미야에게 묻는다. "하나님이 뭐라고 하십니까? 혹시 또 우리한테 부담되는 말씀을 하시지는 않았습니까?" 그런 사람한테 하나님의 말씀을 전하라고 하신다. "내 말이 그렇게 부담되느냐? 나야말로 너희가 부담이다. 그래서 이제 그만 너희를 버리겠다."

'지치다', '힘들다', '할 만큼 했다', '더 이상 못하겠다'라는 말을 주님이 하시는 것은 상상만 해도 끔찍하다. 그런데 그런 말을 먼저 하는 사람은 대체 어떤 사람일까? "요즘 슬럼프야. 예배를 드려도 별로 감동이 없어. 좀 쉴까 싶기도 해." 이런 말을 하나님이 먼저 하시면 어떻게 될까? "요즘 슬럼프다. 예배를 받아도 도무지 감동이 없다. 당분간 예배 안 받는다."라고 하시면 그야말로 재앙이다.

> 수 21:44〉 <u>여호와께서 그들의 주위에 안식을 주셨으되</u> 그 조상들에게 맹세하신 대로 하셨으므로 그들의 모든 원수들 중에 그들과 맞선 자가 하나도 없었으니 이는 여호와께서 그들의 모든 원수들을 그들의 손에 넘겨주셨음이라

모든 일이 끝났다. 하나님께서 이스라엘 주위에 안식을 주셨다. 본래 땅을 나누는 일은 일찌감치 마무리되었다. 그런데 '여호와께서 그들의 주위에 안식을 주셨다'는 말씀은 이제야 나온다.

땅을 얻은 후에 추가로 나온 내용은 도피성과 레위인 이야기였다. 하나님의 안식은 땅만 얻으면 되는 것이 아니라 도피성과 레위인이 있어야 된다는 뜻이다. 젖과 꿀이 흐르는 땅에 들어간 것으로 마냥 발 뻗고 살 수 있는 것이 아니다. 하나님의 보호를 뜻하는 도피성이 그들 중에 있고 또 레위인이 그들과 함께 있어서 생활 속에서 하나님을 바로 섬길 수 있어야 비로소 안식할 수 있다.

사람이 어떻게 밥만 먹고 살겠는가? 개, 돼지는 먹을 것만 있으면 살 수 있지만 하나님의 형상으로 지음 받은 인간은 그렇지 않다. 하나님과의 교제와 사귐이 있어야 비로소 사람답게 살 수 있다. 그래서 땅을 확보한 것으로 안식을 말하지 않고 하나님과의 교제 통로를 마련한 다음에 안식을 말한다.

〈여호수아〉의 주제가 무엇일까? 사람마다 달리 대답할 수 있겠지만 '가나안 정복'이라는 답이 가장 많이 나올 것 같다. 하나님께서 아브라함한테 하신 약속이 드디어 성취된 것이다.

질문을 바꿔보자. 하나님께서 이스라엘을 애굽에서 건져내신 이유가 무엇일까? "어디에 가든지 상관없으니 애굽을 떠나 살아라"가 아니다. 하나님께서 호렙산 떨기나무 가운데서 모세에게 말씀하셨다. "내가 애굽에 있는 내 백성의 고통을 분명히 보고 그들이 그들의 감독자로 말미암아 부르짖음을 듣고 그 근심을 알고 내가 내려가서 그들을 애굽인의 손에서 건져내고 그들을 그 땅에서 인도하여 아름답고 광대한 땅, 젖과 꿀이 흐르는 땅 곧 가나안 족속, 헷 족속, 아모리 족속, 브리스 족속, 히위 족속, 여부스 족속의 지방에 데려가려 하노라"

사람들은 '출애굽'이라는 말을 들으면 홍해가 갈라지는 장면을 가장 먼저 연상할 것이다. '출애굽'이라는 말 자체가 애굽에서 나간다는 뜻이다. 하지만 하나님께서 구상하시는 출애굽은 홍해를 건너는 것이 아니라 가나안에 들어가는 것이다. 출애굽은 애굽에서 나오는 것으로 완성되는 것이 아니라 가나안에 들어가야 비로소 완성된다.

그러면 하나님께서 이스라엘에게 가나안을 정복하게 하신 이유는 무엇일까? 물론 아브라함 때부터 하신 약속이 있다. 이스라엘은 가나안 땅을 유업으로 받을 수밖에 없는 팔자다. 그렇다고 해서 가나안 땅에 들어가기만 하면 되는 것이 아니다.

성경은 이스라엘이 가나안에 들어가는 것을 안식의 개념으로 얘기한다. 하나님께서 궁극적으로 주시고자 하는 것은 땅이 아니라 안식이다. 시 95:11에서 "그러므로 내가 노하여 맹세하기를 <u>그들은 내 안식에 들어오지 못하리라</u> 하였도다"라고 했다. 하나님께서 출애굽 1세대한테 가나안 땅을 허락하지 않으신 것이 안식을 허락하지 않은 것이다. 가나안 정복 전쟁을 시작하면서 여호수아가 "여호와의 종 모세가 너희에게 명령하여 이르기를 너희의 하나님 여호와께서 너희에게 안식을 주시며 이 땅을 너희에게 주시리라 하였나니 너희는 그 말을 기억하라"라고 했다. 이때 르우벤 지파, 갓 지파, 므낫세 반 지파에게는 이미 확보된 땅이 있었다. 그들에게는 따로 얘기한다. "<u>여호와께서 너희를 안식하게 하신 것 같이 너희의 형제도 안식하며</u> 그들도 너희의 하나님 여호와께서 주시는 그 땅을 차지하기까지 하라 그리고 너희는 너희 소유지 곧 여호와의 종 모세가 너희에게 준 요단 이쪽 해 돋는 곳으로 돌아와서 그것을 차지할지니라"

〈여호수아〉의 내용은 가나안 정복이다. 가나안을 정복해야 하는 이유는, 그래야 하나님의 안식을 누릴 수 있기 때문이다. 그런 안식을 누리려면 땅만 있으면 안 된다. 그래서 도피성과 레위인을 얘기했다. 가나안이 진정 젖과 꿀이 흐르는 땅이 되려면 하나님과 연결되어 있어야 한다.

청년들한테 '주일 성수의 의미'라는 제목으로 특강을 한 적이 있다. 누군가 물었다. "사람이 안식일을 위해서 있는 것이 아니고 안식일이 사람을 위해서 있는 것이니까 그냥 알아서 하면 되는 것 아닌가요?" 성경에 그런 말씀이 있는 것은 맞다. 그런데 이어지는 말씀이 "이러므로 인자는 안식일에도 주인이니라"이다. 사람이 안식일을 위하여 있는 것이 아니라 안식일이 사람을 위하여 있는 것이니까 안식일에는 뭐든지 마음대로 하면 되는 것이 아니라 안식일의 주인이 예수님이라는 사실을 나타내야 한다.

나는 불신 가정에서 자랐다. 내가 교회에 다니는 것을 집에서 탐탁지 않게 여겼다. 미션스쿨에 다니는 형도 마찬가지였다. 내가 교회 갈 차비를 차리는데 형이 말했다. "안식일에는 아무것도 하지 말고 쉬어야지, 교회에는 왜 가는 거냐?" 교회 문턱에도 안 가본 형이 주일과 안식일이 같은 날이 아닌 것을 알 턱이 없다. 그래서 그런 말을 한 것인데, 어쨌든 안식의 의미를 재정립할 필요는 있다. 아무것도 안 하고 쉬는 것이 안식이 아니다. 하나님이 주신 구원을 누리는 것이 안식이다.

> 수 21:45〉 여호와께서 이스라엘 족속에게 말씀하신 선한 말씀이 하나도 남음
> 이 없이 다 응하였더라

문장이 참 거칠다. '말씀하신 선한 말씀'이 대체 뭐란 말인가? 앞의 '말씀'을 빼도 되고 뒤의 '말씀'을 일로 바꿔도 된다. 그런데도 이처럼 거친 표현을 쓴 것은 하나님의 말씀은 반드시 이루어진다는 사실을 강조하는 것이다. 하나님은 신실하신 분이다.

이 말을 뒤집으면 어떻게 될까? 성경이 하나님의 신실을 말씀하는 이면에는 인간의 불성실이 있다. 여호와께서 이스라엘 족속에게 말씀하신 선한 말씀은 하나도 남음이 없이 다 이루어졌는데, 하나님의 이런 신실하심에도 불구하고 이스라엘은 한 번도 하나님께 선하게 반응해본 적이 없다.

하나님께서는 도피성 제도를 마련해서 하나님의 은혜와 보호를 나타내

보이셨고, 레위인들을 사방에 거하게 하셔서 이스라엘로 하여금 늘 하나님의 말씀을 들을 수 있게 하셨지만 성경 어디에도 "이스라엘이 도피성으로 말미암아 하나님의 은혜를 기억하였더라.", "전국 각처에 있는 레위인들로 말미암아 이스라엘이 늘 하나님의 말씀에 귀를 기울였더라." 같은 기록은 나오지 않는다.

멀리 갈 것도 없다. 당장 사사 시대에만 가도 이스라엘이 하나님을 떠나 살기 시작한다. 〈사사기〉에 가득 찬 내용은 도피성이 있음에도 불구하고 저희들끼리 죽고 죽이는 얘기들이고, 심지어 레위인이 먹을 것이 없어서 유리걸식하는 얘기가 나온다. 하나님께서는 이스라엘을 위해서 모든 제도적인 장치를 마련하셨지만 이스라엘은 끝까지 하나님을 외면했다.

결국 진정한 안식은 주님께서 오셔야만 가능하다. 주님을 예표하는 여호수아가 아니라 여호수아의 실체인 주님이 오셔야 비로소 안식할 수 있다. 우리의 삶 속에서 그런 일이 날마다 이루어지기를 소망한다.

22 요단 동편의 지파들

여호수아

    이스라엘 모든 지파가 땅을 나눴다. 도피성 제도도 마련했고 레위인들도 각 지역별로 거처를 찾았다. 또 뭐가 남았을까? 요단강 동편에서 기업을 얻은 르우벤 지파, 갓 지파, 므낫세 반 지파가 남았다. 그들도 자기들의 기업으로 돌아가야 한다.

    모세가 살아있던 때로 잠깐 거슬러 가보자. 이스라엘이 가나안에 입성하기 직전에 요단강 동편의 헤스본 왕 시혼과 바산 왕 옥을 정벌했다. 그때 르우벤 지파, 갓 지파, 므낫세 반 지파가 자기들은 요단강을 건너지 않고 거기서 기업을 얻게 해달라고 간청했다.

    모세가 처음에는 받아들이지 않았다. 예전에도 정탐꾼들이 엉뚱한 보고를 하는 바람에 이스라엘이 크게 낙심한 적이 있는데, 요단강을 건너지 않고 그냥 눌러앉겠다고 하면 그때와 마찬가지로 이스라엘의 사기를 꺾는 일이 아니냐고 질책했다.

    르우벤 지파, 갓 지파, 므낫세 반 지파는 자기들이 요단 동편에서 기업은 얻지만 일단 요단강을 건너서 다른 지파와 함께 전쟁에 임하겠다고 했다.

그것도 자기들이 선봉에 서서 모든 전쟁을 다 싸운 다음에 전쟁이 끝나면 돌아오겠다고 했다. 그렇게 해서 허락을 받았다.

그리고 전쟁이 끝났다. 여호수아가 그들을 자기들의 기업으로 돌려보낼 차례다.

> 수 22:4-6〉 이제는 너희의 하나님 여호와께서 이미 말씀하신 대로 너희 형제에게 안식을 주셨으니 그런즉 이제 너희는 여호와의 종 모세가 요단 저쪽에서 너희에게 준 소유지로 가서 너희의 장막으로 돌아가되 오직 여호와의 종 모세가 너희에게 명령한 명령과 율법을 반드시 행하여 너희의 하나님 여호와를 사랑하고 그의 모든 길로 행하며 그의 계명을 지켜 그에게 친근히 하고 너희의 마음을 다하며 성품을 다하여 그를 섬길지니라 하고 여호수아가 그들에게 축복하여 보내매 그들이 자기 장막으로 갔더라

7년이 넘는 병역의무를 수행하고 집으로 돌아가는 사람들한테 어떤 당부를 하는 것이 가장 어울릴까?

그런데 잠깐! 잠깐! 한 가지 빠진 것이 있다. 앞에서 땅을 나눌 때 이스라엘이 가나안 땅을 완전히 점령한 상태가 아니었다. 먼저 제비부터 뽑았다. 그러면 그다음에 제비 뽑은 영토를 정복하는 내용이 나와야 하는 것 아닐까? 그런데 그런 내용이 안 나왔다. 지파별로 제비 뽑은 얘기에 이어서 도피성 얘기와 레위 지파 얘기가 나왔을 뿐인데 얼렁뚱땅 전쟁이 끝난 분위기다. 무슨 전쟁을 언제 어떻게 했는지 얘기가 없다.

결국 성경이 말하고자 하는 내용이 전쟁이 아니라는 뜻이다. 처음에 여리고성 전투와 아이성 전투가 나오고 이어서 가나안 남부 정복 전쟁, 가나안

북부 정복 전쟁이 나와서 마치 전쟁 얘기인 것 같았지만 전체를 흐르는 내용은 이스라엘이나 가나안의 전투력과는 상관이 없었다. 제비를 뽑은 대로 무조건 나가기만 하면 땅을 얻기로 되어 있었다. 이미 이기기로 된 싸움이었기 때문에 땅을 나누는 것이 중요했지, 나눈 땅을 빼앗는 내용은 별로 중요하지 않은 것이다. 그런 전쟁이 끝났다.

내가 전역할 때, 지휘관으로부터 어떤 정신 훈화를 들었는지는 기억나지 않는다. 아마 훌륭한 사회인이 되라는 말이었을 것이다. 혹시 다른 말이 있었다고 해도 제대하는 군인한테 해줄 수 있는 가장 좋은 말은 천생 그 말이다.

그런데 여호수아는 전혀 엉뚱한 말을 한다. 힘써 하나님을 사랑하라는 한 가지뿐이다. 지금까지의 전쟁 경험을 바탕으로 더욱 기업을 넓히라는 얘기도 없고, 이방 민족의 침입에 어떻게 대비하라는 얘기도 없고, 아들 딸 낳고 행복하게 잘살라는 얘기도 없다. 오직 하나님을 사랑하는 것, 한 가지만을 당부했다. 그것이 모든 것의 요체이기 때문이다.

이렇게 해서 강을 건너간 그들이 요단 가에 큰 제단을 쌓는다. 그것을 본 이스라엘이 기겁했다. 그들이 하나님이 아닌 다른 신을 섬기려는 줄 알고 군사를 일으켰는데, 사연을 듣고 보니 그게 아니었다. 혹시 이다음에 자기들이 강 건너에 있다는 이유로 하나님의 공동체에서 제외되는 일이 있을까 싶어서 자기들도 하나님을 섬긴다는 증거로 제단을 쌓았다고 했다.

이스라엘이 경솔하게 소란을 부린 일회성 해프닝 같기도 하다. 하지만 성경은 우리를 하나님의 사람으로 교훈하고 책망하고 바르게 하고 의로 교육하기에 유익한 하나님 말씀이다. 경솔하지 말라는 사실을 가르칠 정도로 한가한 책이 아니다. "옛날에 이스라엘 사람들이 요단 동편에 있는 자기들

동족을 잠깐 오해했던 적이 있더라."라는 사실을 굳이 우리에게 알게 할 이유는 없다. 그러면 차근차근 따져보자.

> 수 22:7a〉 므낫세 반 지파에게는 모세가 바산에서 기업을 주었고 그 남은 반 지파에게는 여호수아가 요단 이쪽 서쪽에서 그들의 형제들과 함께 기업을 준 지라

본래 이스라엘은 한 공동체다. 그런데 어떤 지파는 요단 동편에서 기업을 얻었고 어떤 지파는 서편에서 기업을 얻었다. 이런 구분을 이상하게 여길 사람이 있을까? 예를 들어 "르우벤 지파는 요단 동편에서 기업을 얻었고 유다 지파는 서편에서 기업을 얻었다."라고 하면, 그런가 보다 하고 넘어갈 수 있다.

그런데 한 지파가 강 양쪽으로 나뉜 것은 이상할 수 있다. 어떤 므낫세 지파는 강 동편에서 모세에게서 기업을 얻었고, 어떤 므낫세 지파는 강 서편에서 여호수아에게서 기업을 얻었다. 같은 므낫세 지파인데도 어떤 사람은 강 이편에 기업을 두었고, 어떤 사람은 강 저편에 기업을 두었다. 이 얘기를 확대하면 어떤 이스라엘은 강 동편에서 기업을 얻었고, 어떤 이스라엘은 강 서편에서 기업을 얻었다는 얘기가 된다.

요단강 동편이 어떤 곳인가? 그곳은 본래 헤스본 왕 시혼과 바산 왕 옥의 영토였다. 그들이 그 땅을 탐내서 모세한테 간청한 말을 들어보자.

> 곧 여호와께서 이스라엘 회중 앞에서 쳐서 멸하신 땅은 <u>가축에 적당한 곳이요</u> 당신의 종들에게는 가축이 있나이다(개역한글판, 민 32:4)

지금 보는 〈개역개정판 성경〉에는 "곧 여호와께서 이스라엘 회중 앞에서 쳐서 멸하신 땅은 목축할 만한 장소요 당신의 종들에게는 가축이 있나이다"로 되어 있다. '가축에 적당한 곳이요'와 '목축할 만한 장소요' 사이에 아무런 차이도 없을까?

원문을 그대로 옮기면 "곧 여호와께서 이스라엘 회중 앞에서 치신 <u>그 땅은 가축을 위한 땅입니다. 그리고 당신의 종들에게는 가축이 있습니다.</u>"가 된다. 그들이 자기 입으로 말한 것처럼 그곳은 가축에 적당한 곳이었지, 하나님의 백성에게 적당한 곳이 아니었다. 그 땅은 가축을 위한 땅이었지, 하나님의 백성을 위한 땅이 아니었다.

하나님께서 아브라함에게 가나안 땅을 약속했다. 그리고 가나안 땅은 요단 건너편에 있다. 요단 동편의 땅이 아무리 비옥해도 그것이 하나님의 언약을 대신 할 수는 없다. 결국 그들은 그 옛날 롯이 소돔을 택했던 것처럼 자기들의 안목을 좇아서 선택을 했던 것이다. 그들은 모세한테 "우리가 만일 당신에게 은혜를 입었으면 이 땅을 당신의 종들에게 그들의 소유로 주시고 우리에게 요단강을 건너지 않게 하소서(민 32:5)"라고 부탁을 했다. 모세가 그의 인생 만년에 가졌던 간절한 소원이 요단을 건너게 해달라는 것이었다. 그런데 도리어 요단을 건너지 않게 해달라고 간청을 했으니 대체 그들의 정체가 무엇일까?

> 수 22:9〉 르우벤 자손과 갓 자손과 므낫세 반 지파가 <u>가나안 땅 실로에서 이스라엘 자손을 떠나</u> 여호와께서 모세에게 명령하신 대로 받은 땅 곧 그들의 소유지 길르앗으로 가니라

성경은 그들의 행보를 정확히 지적한다. 르우벤 자손과 갓 자손과 므낫세 반 지파가 가나안 땅 실로에서 이스라엘 자손을 떠났다고 한다. 가나안 땅을 떠났으니 그들이 가는 곳은 가나안이 아니다. 특히 당시 실로는 하나님의 임재를 상징하는 성막을 모신 곳이다. 그런 곳을 떠나서 자기들의 소유지로 갔다.

"하나님께서 모세에게 명령해서 준 땅인데 왜 문제가 되느냐? 그렇다면 애초에 하나님이 허락하지 않아야 하는 것 아닌가?"라고 할 것 없다. 그것은 마치 하나님이 왜 선악과를 만들었는지 묻는 것과 같다. 하나님이 선악과를 만들지 않았으면 되는 것 아니냐는 말을 한두 번 들은 것이 아니다. 하지만 순종이 순종일 수 있으려면 불순종의 여지가 있어야 한다. 불순종의 여지가 없는 순종은 순종이 아니다. 좁은 길로 가라는 말이 왜 있겠는가? 좁은 길이 아닌 다른 길도 있기 때문이다. 기를 쓰고 그 길을 가겠다는 사람을 말릴 방법은 없다. 그렇다고 해서 그 길을 미리 없애지 않은 하나님 잘못일까?

> 수 22:10〉 르우벤 자손과 갓 자손과 므낫세 반 지파가 가나안 땅 요단 언덕 가
> 에 이르자 거기서 요단 가에 제단을 쌓았는데 보기에 큰 제단이었더라

그런 사람들이 여태껏 성막을 중심으로 하나님의 백성들과 같이 어울리다가 자기들만의 기업으로 가려니 걸리는 것이 있었다. 이제 강을 건너면 그것으로 하나님의 공동체에서 멀어지는 것이 아닌가 하는 불안감이 있었던 것이다. 그래서 요단 가에 제단을 쌓았다. 정확한 규모는 모르지만 '보기에 큰 제단'이라고 했으니 상당한 규모였음을 짐작할 수 있다.

애초에 요단 동편을 삶의 터전으로 정한 것 자체가 잘못이다. 제단을 쌓았다고 해서 그 잘못이 무마되지 않는다. 아무리 큰 제단을 쌓아도 별 수 없다. 순종이 제사보다 낫다는 말이 왜 있을까? 사람에게는 순종해야 할 책임을 제사로 때우려는 경향이 있기 때문이다.

어떤 분에게서 기도를 부탁 받은 적이 있다. 주차장을 개조해서 세를 줬는데 구청에서 원상 복구를 하라고 한다는 것이었다. 보증금은 대출금을 갚느라고 다 써버렸는데 이제 와서 그러면 어떻게 하느냐며 기도를 해달라고 했다. 그런 경우에는 뭐라고 기도하면 될까? 그때 그 분은 일이 급하다면서 구역 식구들한테도 기도를 부탁한다고 했다. 할 수만 있으면 전교인이라도 동원해서 기도하고 싶었을 것이다.

르우벤 지파, 갓 지파, 므낫세 반 지파가 그렇다. 자기들의 잘못된 욕구를 고치면 간단한데 잘못인 것을 모르니 고칠 재간이 없다. 기껏 생각한 것이 제단을 쌓는 것이었다. 겉으로 내세우는 이유는 '하나님의 백성임을 확인하고 싶어서'였지만, 거기에 숨은 뜻은 '세상 욕심을 포기하기 싫어서'였다.

예수님은 공생애를 시작하시기 전, 하나님께 순종하는 대신 세상을 가지라는 유혹을 단호히 거부하셨다. 그런 예수님을 주님으로 고백하는 사람들도 다 그랬으면 좋겠는데 그게 아니다. 교회 언저리를 맴돌면서 세상을 기웃거리는 사람이 얼마든지 있다. 예수 없으면 못 산다고 하면서 예수만 있어도 못 산다. 그들한테 아예 교회를 떠나라고 하면 뭐라고 할까? 당연히 질색할 것이다. 신앙생활을 제대로 할 마음은 없으면서도 하나님의 백성이라는 명분을 포기하는 것은 말도 안 된다고 생각한다. 그래서 마음은 세상에 있으면서도 최소한의 신앙 행위는 한다. 자기가 하나님의 백성이라는 사실을 어느 만큼 하나님 말씀에 합당하게 살아가느냐로 확인하는 것이 아니라 자기에게 있는 최소한의 신앙 행위로 확인하는 것이다. 르우벤 지파, 갓 지파, 므낫세 반 지파가 바로 그런 사람들이었다.

그들에 대한 이스라엘의 반응도 그렇다. 요단 동편으로 간 르우벤 지파, 갓 지파, 므낫세 반 지파가 영문 모를 제단을 세웠다는 말을 듣고는 하나님을 버리고 우상을 섬기기로 작정한 줄 알고 분연히 군사를 일으켰다. 얼핏 생각하면 하나님을 섬기는 열심이 특심한 것처럼 보이지만 그렇다고 하기에는 이스라엘의 지금까지의 행적이 의심스럽다.

이스라엘이 언제 이렇게 하나님께 열심이었던 적이 있는가? 그들은 하나님의 말씀에도 불구하고 가나안 주민을 완전히 쫓아내지 않았다. 가나안 주민을 종으로 부릴지언정 하나님의 말씀대로 그들을 진멸하지는 않았다. 그런데도 이번 일에는 분연히 일어나 전쟁을 준비했으니, 하나님을 향한 충성으로 얘기하기에는 어딘가 석연치 않다.

어떤 사냥개가 잡으라는 꿩은 안 잡고 집에서 기르는 닭만 노리면 어떻게 해야 할까? 닭을 어느 만큼 잘 잡느냐 하는 것은 사냥개의 자질과 전혀 관계없다. 훈련이 제대로 된 사냥개라면 자기 앞에서 닭이 노는 것을 보면서도 가만히 있는 것이 맞다.

이스라엘이 이 부분에서 틀렸다. 가나안 주민을 몰아내는 일에는 그토록 게을렀으면서 같은 동족을 정죄하는 일에는 부지런했다. 하라는 공부는 안 하고 하지 말라는 게임은 열심히 하는 철부지 같다고나 할까? 자기 안에 있는 죄를 몰아내는 싸움에는 게으르면서 하나님의 공동체를 해치는 일에는 용감했다. 이 세상 풍조와는 기꺼이 타협하면서 자기 몸처럼 사랑해야 할 교우는 용납하지 못하는 교인이 얼마든지 있다.

요단 동편에 있는 지파 사람들이 자초지종을 설명했다. 자기들이 제단을 쌓은 것은 하나님을 떠나서 우상을 섬기려는 것이 아니라 혹시 이다음에 요단강이라는 경계 때문에 하나님과 멀어지지 않도록 하기 위한 것이라고 했다.

그 얘기가 이스라엘을 흡족하게 했다. 금방이라도 전쟁이 터질 것 같았던 분위기가 이내 가라앉았다. 문제의 본질에 대해서는 아무도 관심이 없었다. 요단 동편 지파들은 그저 제단만 쌓으면 되는 줄 알았고, 요단 서편 지파들은 자기들이 무엇 때문에 흥분하는지 몰랐다. 자기들 생각에 자기들은 전부 하나님의 백성이다.

어떤 여자가 은행 창구에 수표를 내민다. 은행원이 신분을 확인해야 한다며 본인이 맞는지 물었다. 여자가 거울을 꺼내서 얼굴을 보더니 밝게 웃으며 답한다. "예, 저 맞아요." 이스라엘이 그런 격이다. 요단 동편에 있는 지파들이나 요단 서편에 있는 지파들이나 도긴개긴이고 막상막하, 난형난제였다.

> 수 22:34〉 르우벤 자손과 갓 자손이 그 제단을 엣이라 불렀으니 우리 사이에 이 제단은 여호와께서 하나님이 되시는 증거라 함이었더라

엣은 증거, 증인이라는 뜻이다. 요단 동편에 있는 사람들이 자기들이 쌓은 제단 이름을 엣이라 하고, 그것이 여호와께서 하나님이신 증거라고 했다.

성경을 읽을 적에 이런 내용은 참 속기 쉽다. "르우벤 지파, 갓 지파, 므낫세 반 지파가 정말 하나님을 섬기고 싶었구나!" 하면 맞는 말 같기 때문이

다. 어쩌면 우리한테 같은 마음이 있기 때문인지도 모른다. 우리가 하나님을 이렇게 섬긴다. 하나님을 섬긴다는 이유로 자기를 고치는 것이 아니라 하나님께는 최소한의 성의 표시만 하고는 그것이 자기의 진심인 줄 안다. 마음 중심이 늘 세상에 있는데도 그것이 정상인 줄 안다.

예수님이 나병 환자를 고쳐주시고는 아무한테도 얘기하지 말라고 했다. 그런데 나병 환자가 말을 하고 말았다. 동네방네 다 소문이 났다. 그 바람에 예수님은 드러나게 동네에 들어가지 못하고 바깥 한적한 곳에 계셔야 했다.

누군가 이 구절을 보면서 얘기했다. "나병이 나았는데 어떻게 얘기를 안 해요, 그죠?" 그 분은 나병 환자가 예수님 말씀을 듣지 않은 것을 정상으로 생각했다. "나병이 나았으면 얘기할 수도 있지 않나요?"라고 아리송한 표정으로 묻지 않았다. 예수님이 애초에 불가능한 요구를 한 것처럼 말했다. 자기가 틀렸을 수도 있다는 생각을 전혀 안 했다.

20년 전에 MBC에서 〈허준〉을 방영한 적이 있다. 극 중에서 허준이 구안와사를 앓는 환자를 고쳐준다. 얼굴 신경이 마비되어 입과 눈이 한쪽으로 틀어지는 병이다. 그런 병이 있는 줄은 알았지만 병명이 구안와사인 것은 그 드라마를 통해서 알았다. 얼굴이 정상으로 돌아오자 뛸 듯이 기뻐하는 사람에게 허준이 앞으로 주의해야 할 것이 있다고 하자, 그가 대답한다. "말씀만 하십시오, 나리께서 하시는 말씀이라면 뭐든지 듣겠습니다." 극 중에서 허준은 중풍을 고치기도 한다. 우의정을 지내다 당파 싸움으로 낙향해 있는 대감의 부인이 중풍에 걸렸는데 허준이 고친 것이다. 허준이 말한다. "대감마님께 드릴 말씀이 있습니다." 대감이 뭐라고 했을까? "뭐든지 말만 하게. 자네 말이라면 다 듣겠네." 말고는 할 말이 없다.

구안와사나 중풍을 고쳐준 사람의 말을 흘려들을 수는 없다. 무조건 귀 담아들어야 한다. 하물며 예수님은 나병을 고쳐주셨다. 당시 나병은 공동체에서 격리되어 살다가 결국 죽음을 맞아야 하는 병이다. 그런 병이 나은 것은 죽었다가 살아난 것과 방불하다. 그러면 예수님이 아무리 경우에 어긋나는 말을 했어도 무조건 복종해야 한다. 나병을 고쳐준 사람의 말을 어떻게 어긴단 말인가? 그런데 어겼다.

그것이 전부가 아니다. 성경에 그런 내용이 기록된 것을 보면서 태연하게 "나병이 나았는데 어떻게 얘기를 안 해요, 그죠?"라고 묻는다. 죽음에서 건져준 분의 말씀을 어기는 것을 대수롭지 않게 여긴다. 자기라도 그렇게 했을 것이라는 뜻이다. 그러니 아담, 하와가 선악과를 먹은 것에도 관대하다. 하나님이 왜 선악과를 만들었느냐는 질문은 한두 번 받은 것이 아닌데 아담, 하와가 대체 무슨 정신으로 선악과를 먹었느냐고 묻는 사람은 본 적이 없다(여기에 대한 내용은 〈하루 한 말씀〉 p12-14에서 밝혔다). 선악과를 먹은 사람과 한통속임을 스스로 인증하는 것이다.

요단 동편 지파들이 제단을 쌓고는 그 이름을 엣이라고 했다는 내용을 보면서 고개를 끄덕이는 것도 그렇다. 우리가 그만큼 하나님을 피상적으로 섬기면서 그것이 잘못인 줄 모르기 때문이다. 지금까지 늘 그렇게 해왔고 앞으로도 계속 그럴 요량이라면 별 수 없다.

명심해야 한다. 여호와께서 하나님인 증거는 자기가 임의대로 세운 제단에 의해서 결정되는 것이 아니다. 자기들이 제단만 쌓으면 하나님이 와서 꼼짝없이 하나님 노릇을 해야 한다는 법이 어디 있단 말인가? 하나님은 그런 제단에 관계없이 하나님이다. 오히려 우리가 하나님의 백성으로 인정받을 궁리를 해야 한다.

23 여호수아의 당부(1)

여호수아

이렇게 해서 모든 일이 정리가 된 느낌이다. 여호수아가 이스라엘에게 마지막 당부를 하는 것으로 봐서도 그렇다. 가나안 정복의 영웅인 여호수아도 이제는 죽음을 앞둔 노인이다. 이때 여호수아는 하나님께서 지금까지 이스라엘에게 어떤 은혜를 베푸셨는지, 앞으로는 어떤 은혜를 베푸실 것인지를 말한 다음에 그렇기 때문에 하나님을 경외해야 한다고 차근차근 얘기한다.

> 수 23:3〉 너희의 하나님 여호와께서 너희를 위하여 이 모든 나라에 행하신 일을 너희가 다 보았거니와 너희의 하나님 여호와 그는 너희를 위하여 싸우신 이시니라

하나님께서 지금까지 이스라엘을 위하여 싸우셨다. 이스라엘의 지난날에 승리를 주셨다. 가나안 정복 전쟁을 승리한 비결이 여기에 있다. 누구나 고개를 끄덕일 얘기인데 실제로는 안 그렇다. 하나님께서 우리를 위하여 싸우

실 만큼 적극적으로 우리를 위하시는 분인 줄 모르고 자기가 하나님께 잘 보인 다음에 그 대가를 얻는 것을 신앙으로 여기는 사람이 있기 때문이다. 열심히 율법을 지키고, 번제를 드릴 테니 그 대가로 가나안 주민을 종으로 부리게 해달라고 비는 형국이다.

누군가 물었다. "그러면 우리가 필요한 것을 구하면 안 됩니까?" 왜 안 되겠는가? 우리가 필요한 것을 하나님께 구하지, 그럼 무당한테 구한단 말인가? 문제는 자기가 필요한 것과 자기가 원하는 것을 구분할 줄 모른다는 사실이다. 자기한테 필요한 것을 구해야 하는데 죄다 원하는 것만 구한다. 그리고 그것을 필요한 것이라고 우긴다.

언제부터인지 요즘 기독교는 힘이 없다는 말을 듣는다. 인정하기 싫지만 그럴 만도 하다. 본래 기독교는 내세적이다. 이 세상이 전부라면 주님이 십자가에 달릴 이유가 없다. 초대교회 교인들의 유일한 소망은 '마라나타(주여 오시옵소서)'였다. 우리나라에 기독교가 처음 전래될 때만 해도 '예수 천당'을 말했다.

지금은 그렇지 않다. 재림을 얘기하면 심지어 이단 소리도 듣는다. 주님을 만나고 싶어 하는 사람이 아무도 없다. 기왕이면 이 세상에서 영원히 살고 싶은데 그것이 불가능하기 때문에 별 수 없이 가는 곳이 천국인 모양이다. 그러면 기독교는 우리를 하나님 앞으로 인도하는 종교일까, 이 세상에서 잘 먹고 잘살게 해주는 종교일까? 우리 기도 제목이 이루어지면 거룩한 사람이 될까, 세상에서 잘나가는 사람이 될까?

이런 얘기를 하면 으레 돌아오는 반문이 있다. "왜요? 세상 사는 것도 중요하잖아요?" 물론 중요하다. 하지만 그런 말을 하는 심리는 따져볼 필요가 있다.

교회에서 어지간히 들은풍월이 있는 사람은 사람의 제일 된 목적이 하나님의 영광이라는 사실을 알 것이다. 소요리문답 1번에 그렇게 되어 있다. 우리가 믿는 기독교 교리의 핵심 내용을 질문과 답변 형식으로 정리한 것이 소요리문답이다.

내가 어렸을 적에는 〈국민교육헌장〉이라는 것이 있었다. "우리는 민족중흥의 역사적 사명을 띠고 이 땅에 태어났다…"로 시작한다. 그 시대에는 자기한테 민족중흥의 역사적 사명이 있다는 사실을 부인하면 우리나라 국민이 아니었다.

〈국민교육헌장〉에 빗대면, 사람은 하나님의 영광이라는 위대한 사명을 띠고 이 세상에 태어났다. 하나님의 영광을 목적으로 삼지 않으면 사람의 탈은 썼지만 사람이 아니다. 표현이 너무 지나치다 싶어서 슬그머니 양보한다고 해도 신자가 아닌 것은 확실하다. 신자의 탈은 썼을지 몰라도 신자는 아니다.

세상을 사는 것은 물론 중요하다. 우리가 신앙을 나타낼 수 있는 유일한 곳이 세상이기 때문이다. 이 세상이 없으면 하나님의 영광을 나타낼 공간이 없게 된다. 당연히 이 세상을 성실하게 살아야 한다.

세상을 성실하게 살다보면 부자로 살 수도 있고 그렇지 않을 수도 있다. 둘 사이에 아무런 차이가 없다. 부자로 산다고 해서 하나님께 인정받은 징표도 아니고 가난하게 산다고 해서 하나님의 사랑을 덜 받는 것도 아니다.

"왜요? 세상 사는 것도 중요하잖아요?"라는 얘기는 "저는 세상 욕심을 포기하기 싫습니다. 꼭 그렇게까지 해야만 예수를 믿는 것은 아니지 않습니까?"라는 뜻이다. 우리는 전부 그리스도와 함께 십자가에 못 박힌 사람들인데 세상 욕심을 포기하지 못하겠다면 예수를 믿겠다는 얘기일까, 안 믿겠다는 얘기일까? 그런데 그런 얘기를 하는 사람들은 생각을 반대로 한다. 세상 살면서 예수 믿은 덕을 보는 것이 신앙의 가치이고 보람인 줄 안다. 하나님 말씀보다 자기 욕심에 더 관심이 있다.

휴암 스님이 쓴 〈한국 불교의 새 얼굴〉이라는 책이 있다. 무당 종교가 불교에 유입된 것을 질타하면서 쓴 책이다. 그 책에서 휴암 스님이 얘기한다. "복에 환장한 한국 불교인들아! 너희 스승은 너희가 구하는 왕궁을 버렸는데 너희는 그 스승에게서 무엇을 구하느냐?" 불교는 고다마 싯달타가 창시한 종교다. 그런데 불교를 믿는다는 사람들이 고다마 싯달타가 헌신짝처럼 버린 것을 찾는 것은 어떻게 된 영문일까? 그것이 불교일까, 아닐까?

남의 얘기가 아니다. 우리가 과연 예수님께서 마음에 두셨던 것에 마음을 두고 있을까? 예수님은 '내 뜻대로 마옵시고 아버지의 원대로 되기를 바라나이다'라고 기도했다. 그런데 우리는 아버지 뜻보다 자기 뜻을 더 중요하게 여기지는 않는가? 심지어는 그것을 복이라고 우기지는 않는가?

하나님은 이스라엘을 위해서 싸우신 분이시다. 그런 하나님께 무엇을 구한단 말인가? 자기 역시 하나님의 싸움에 동참하는 것 말고는 구할 것이 없다. 그 하나님이 지금까지만 이스라엘을 위해서 싸우실까? 그렇지 않다. 앞으로도 싸우실 것이다. 아직 가나안 모든 땅을 다 점령한 것은 아니지만 남은 땅도 하나님께서 점령하게 하실 것이다.

그런 기대를 갖고 있다면 할 일은 딱 한 가지다. 하나님의 율법을 떠나 좌로나 우로나 치우치지 않는 것이다. 여호수아가 하나님께 처음으로 들었던 말씀이기도 하다. 이스라엘 역시 그렇다. 하나님께 순종하는 것이 곧 복이다. '하나님 껌 딱지'로 붙어 있어야 한다. 만일 이스라엘이 하나님을 떠나면 하나님도 이스라엘을 떠날 것이다.

이스라엘이 하나님을 떠나는 일이 어떻게 나타날까? 대표단을 구성해서 하나님께 "저희는 앞으로 하나님을 떠나도록 하겠습니다." 하고 통보하는 것으로 나타나지 않는다. 가나안 족속을 가까이 하는 것으로 나타난다. 하나님께서는 가나안에 속한 것은 다 멸하라고 하셨는데 한사코 가나안과 가까이 한다면 그것이 하나님을 떠나는 것이다. 그러면 남은 일은 가나안에서 쫓겨나는 일이다.

하나님께서 이스라엘에게 말씀하신 모든 선한 말씀이 다 이루어졌다. 그러면 하나님께서 경고하신 내용도 그대로 이루어질 것이다. 이스라엘은 가나안 땅을 주시겠다는 약속만 있었던 것이 아니라 하나님께 순종하지 않으면 그 땅에서 쫓아내겠다는 말씀도 있었다는 사실을 명심해야 했다. 가나안 땅을 차지한 것으로 다 된 것이 아니다. 가나안 땅을 유업으로 받는 것만 중요한 것이 아니다. 유업으로 받은 가나안 땅을 계속 누려야 한다.

우리나라 운동선수들 중에 외국으로 진출한 경우가 더러 있다. 전에는 차범근이나 박찬호, 김병현을 얘기했는데 이제는 제법 많다. 어떤 야구 선수가 미국 메이저리그로 진출하면 '꿈을 이루었다'는 표현을 쓸 수 있을 것이다. 하지만 그것이 전부일 수 없다. 자칫 벤치를 전전하다가 방출될 수 있기 때문이다. 당연히 주전으로 자리 잡아야 하고 어느 만한 성적을 남기느냐를 따져야 한다. 가나안에 들어간 이스라엘이 바로 그렇다.

여호수아가 이런 내용을 말하는데 유독 '너희의 하나님 여호와'라는 표현을 반복한다. 23장이 16절밖에 안 되는데 '너희의 하나님 여호와'라는 표현이 12번이나 나온다. 이것이 여호수아의 마음이다. 이스라엘로 하여금 어떻게 해서든지 하나님을 그들의 하나님으로 알게 하고 싶은 것이다.

지금까지 여호수아에게 하나님은 자기와 함께 하는 하나님이었다. 하나님께서 친히 여호수아와 함께 하겠다고 약속하셨다. 그런 약속을 들은 사람이 여호수아뿐일까? 모세도 그런 약속을 들었다. 아브라함과 이삭, 야곱도 마찬가지다. 아브라함과 함께 하셨던 하나님이 이삭과 함께 하셨고, 이삭과 함께 하셨던 하나님이 야곱과 함께 하셨다. 그 하나님이 모세와 함께 하셨고, 또 여호수아와 함께 하셨다.

그런데 이제 여호수아는 임종을 기다리고 있다. 그가 이스라엘에게 할 수 있는 마지막 당부는 "여호와, 그 분이 바로 너희 하나님이다"라는 사실이었다. 여기에 이스라엘의 앞날이 달려 있다. 모세가 없고 여호수아가 없어도 그 사실 한 가지만 지키면 이스라엘에게는 모든 것이 충분했다.

24 여호수아의 당부(2)

여호수아

사도 요한은 상당히 장수했다. 전해 오는 얘기로 99세까지 살았다고 한다. 노년에는 제자들의 부축을 받고서야 겨우 설교단에 올랐는데, 하는 얘기가 늘 똑같았다. "형제 여러분, 서로 사랑하십시오. 서로 사랑하십시오."

하루는 한 제자가 물었다. "선생님은 언제나 같은 말씀만 하시는데, 주님께서 하신 말씀이 그것 한 가지뿐입니까? 혹시 다른 말씀은 없었습니까?" 사도 요한이 대답했다. "그렇습니다. 다른 것은 없습니다. 사랑하십시오. 서로 사랑하십시오. 이것 한 가지뿐입니다."

여호수아도 그런 격일까? 여호수아가 이스라엘에게 마지막 당부를 했다. 일종의 유언이다. 자기가 죽은 다음에 행여 하나님을 떠날까 싶어서 "여호와, 그 분이 바로 너희 하나님이다"라는 사실을 거듭 강조했다. 그런 내용으로 23장이 끝났는데 24장이 "여호수아가 이스라엘 모든 지파를 세겜에 모으고 이스라엘 장로들과 그들의 수령들과 재판장들과 관리들을 부르매 그들이 하나님 앞에 나와 선지라"로 시작한다. 23장과 장면이 바뀌었다. 여호수아가 유언을 말한 다음에도 상당 기간 동안 살아 있었던 모양이다.

23장에서 마지막 당부를 했는데도 24장에서 다시 당부를 한다. 사도 요한의 마음속에 꽉 차 있었던 것이 "서로 사랑하라"였던 것처럼, 여호수아에게는 "하나님만 섬겨야 한다"가 가득 차 있었다.

> 수 24:2-3〉 여호수아가 모든 백성에게 이르되 이스라엘의 하나님 여호와께서 이같이 말씀하시기를 옛적에 너희의 조상들 곧 아브라함의 아버지, 나홀의 아버지 데라가 강 저쪽에 거주하여 다른 신들을 섬겼으나 내가 너희의 조상 아브라함을 강 저쪽에서 이끌어 내어 가나안 온 땅에 두루 행하게 하고 그의 씨를 번성하게 하려고 그에게 이삭을 주었으며

아브라함에 앞서 데라를 얘기한다. 데라에게는 아브라함과 나홀과 하란, 세 아들이 있었는데 하란은 일찍 죽었다. 그래서 '아브라함의 아버지, 나홀의 아버지'로 소개한다. 아브라함의 아버지, 나홀의 아버지인 데라가 강 저쪽에서 다른 신들을 섬겼지만 하나님께서 아브라함을 부르셨다는 것이다.

아브라함을 '믿음의 조상'이라고 한다. 인류 역사상 가장 믿음 좋은 사람이라는 뜻이 아니다. 믿음으로 구원 얻는 것이 어떤 것인지를 보여주는 샘플이라는 뜻이다. 이런 아브라함에 대해서는 오해가 더러 있다. 마치 태어날 때부터 믿음이 남달랐던 사람인 양 얘기하는 것이다. 유대인들 사이에는 아버지 데라가 우상 장사였는데 어린 아브라함이 그 우상들을 다 부쉈다는 전설이 전해지기도 한다. 하지만 태어날 때부터 좋은 믿음을 가지고 태어나는 법은 없다. 사람은 누구나 본질상 진노의 자녀로 태어난다. 하나님의 은혜가 아니면 지옥 형벌을 면할 수 없는 것이 인간의 실상이다. 아브

라함 역시 우리와 마찬가지로 하나님의 은혜를 입은 사람이다.

데라가 다른 신들을 섬겼지만 하나님께서 아브라함을 부르셨다. 데라는 이방신을 섬겼지만 아브라함은 하나님을 섬겼기 때문에 부른 것이 아니다. 그 아버지의 죄에도 불구하고 은총을 베푸셨다는 뜻이다. 데라를 '아브라함의 아버지, 나홀의 아버지'로 소개했다. 아브라함이 데라의 아들인 것처럼 나홀 역시 데라의 아들이다. 아브라함이 나홀에 비해서 나은 점이 없고, 나홀이 아브라함보다 못한 점이 없다. 그런데 하나님께서 아브라함을 부르셨다. 아브라함이 의로워서 부른 것이 아니라 하나님께서 일방적으로 은혜를 베푸셨다.

이스라엘에게도 그대로 적용할 수 있다. 하나님께서 데라의 죄악에도 불구하고 아브라함을 부르신 것처럼 앞 세대의 불순종에도 불구하고 다음 세대 이스라엘에게 가나안 땅을 허락하셨다. 가나안 땅을 받은 것이 자기들의 의로움에 대한 보상이었으면 거기 들어간 다음에 할 일이 없다. 들어갈 만해서 들어간 것이다. 하지만 아무런 자격 없이 가나안 땅을 유업으로 받았으면 그들의 모든 관심은 "어떻게 하면 계속 이 땅에서 살 수 있을까?" 하는 것 한 가지여야 한다.

이런 내용을 시작으로 지금까지 하나님께서 이스라엘을 어떻게 인도하셨는지 차근차근 설명한다. 아브라함과 이삭과 야곱을 거쳐서 애굽에서 종노릇할 때 구원한 얘기와 발람의 저주에서 보호한 얘기, 그리고 요단을 건넌 다음 여리고에서 가나안 정복 전쟁에 이르는 모든 내용을 얘기한다. 이스라엘이 모르는 얘기를 하는 것이 아니다. 다 아는 내용이다. 그런데 왜 말하는가 하면 강조하고 싶은 결론이 있기 때문이다.

수 24:14〉 그러므로 이제는 여호와를 경외하며 온전함과 진실함으로 그를 섬기라 너희의 조상들이 강 저쪽과 애굽에서 섬기던 신들을 치워 버리고 여호와만 섬기라

이것이 여호수아가 말하고 싶은 요점이다. 하나님이 어떤 분인지 알았으면 제발 하나님을 섬기라는 것이다. 아니, 하나님만 섬기라는 것이다. 그 얘기를 온전함과 진실함으로 하나님을 섬기라고 했다. 온전함과 진실함으로 하나님을 섬기는 것이 어떻게 섬기는 것일까?

수년 전에 〈태양의 후예〉라는 드라마가 있었다. 유시진 대위가 강모연 선생한테 얘기한다. "특전사 소대장으로 첫 부임하던 날, 한 선배가 그럽니다. 군인은 늘상 수의를 입고 산다. 이름 모를 전선에서 조국을 위해 죽어갈 때 그 자리가 무덤이 되고 군복은 수의가 된다. 군복은 그만한 각오로 입어야 한다. 그만한 각오로 군복을 입었으면 매순간 명예로워라. 안 그럴 이유가 없다."

나중에 둘이 특별한 사이로 발전한 다음에 강모연 선생도 얘기한다. "난 지금 이 세상 현존하는 남자 중에 유시진 씨가 제일 좋아요. 난 유시진 씨가 좋아 죽겠어요. …왜냐하면 그 사람은 단 한 순간도 비겁하지 않았고, 내가 본 모든 순간 명예로웠고, 내가 본 모든 순간 잘 생겼어요. 이의 있어요?"

우리가 정말로 하나님을 섬긴다면 단 한 순간도 흐트러지면 안 된다. 우리는 매순간 명예로워야 한다. 단 한 순간도 비겁하면 안 된다. 앞으로 잘한다는 이유로 지금의 불신앙을 핑계 대는 일은 없어야 한다. 우리한테 신앙을 지켜야 할 피치 못할 사정은 있어도 신앙을 잠시 유보해야 할 피치 못

할 사정 같은 것은 없다. 우리는 이 세상을 살아가는 모든 순간이 하나님이 기준인 사람들이다. 그렇게 살아가는 사람이라면 온전함과 진실함으로 하나님을 섬기는 사람일 것이다.

> 수 24:15〉 만일 여호와를 섬기는 것이 너희에게 좋지 않게 보이거든 너희 열조가 강 저편에서 섬기던 신이든지 혹 너희의 거하는 땅 아모리 사람의 신이든지 너희 섬길 자를 오늘날 택하라 오직 나와 내 집은 여호와를 섬기겠노라

〈여호수아〉에서 가장 유명한 구절일 것이다. 하나님에 대한 헌신과 그를 위한 각오가 넘치는 것 같다. 이 세상 살아가는 동안 무슨 일을 만날지라도 결단코 믿음을 저버리는 일 없이 오직 여호와만 섬길 것이라는 결연한 의지가 엿보이기도 한다. 하지만 여호수아는 지금 유언을 하는 중이다.

유언은 듣는 사람을 위해서 하는 법이다. 유언을 하면서 자기 각오가 얼마나 남다른지를 말하는 법은 없다. "…오직 나와 내 집은 여호와를 섬기겠노라"라고 했지만, 여호수아는 더 이상 하나님을 섬길 기회가 없다. 이 말을 하면 남은 일은 죽는 일뿐이다. 그러면 이 말은 여호수아가 자기의 각오를 밝히는 것이 아니다. 이런 표현을 쓰면서까지 이스라엘 사람들한테 강조하고 싶은 것이 있다는 뜻이다.

그럴 수밖에 없다. 방금 "너희의 조상들이 강 저쪽과 애굽에서 섬기던 신들을 치워 버리고 여호와만 섬기라"라고 했다. 이 말을 듣는 사람들이 우상을 섬기고 있다는 뜻이다. 그런 이스라엘에게 태도를 결정하라고 촉구하는 것이다.

이런 여호수아의 얘기에 뭐라고 하겠는가? 이스라엘은 당연히 하나님을

섬기겠다고 대답했다. 하나님께서 자기들의 열조를 애굽에서부터 인도하셨고 또 가나안에 들어오는 모든 여정 속에서 함께 하셨으며, 가나안 사람들을 물리치기도 하셨는데 어떻게 하나님이 아닌 다른 신을 섬길 수 있겠느냐고 했다. 거의 백 점짜리 대답이다.

하지만 백 점을 주기 전에 이런 대답을 하는 사람들이 현재 우상을 섬기고 있다는 사실을 유념해야 한다. 여호수아가 그 사실을 모르지 않는다. 그들의 대답을 가볍게 일축한다. 기껏 여호와를 섬기라고 해놓고는 "알겠습니다. 그렇게 하겠습니다."라고 하는 사람들한테 "웃기지 마라. 너희는 못한다!"라고 하는 것은 어딘가 어색하지만 당시 상황이 그랬다.

여호수아는 굉장히 절박한 심정으로 말을 하고 있다. 하나님은 거룩하신 분이다. 허물과 죄를 절대 용납하지 않는 분이다. 죄와 한통속인 채로 섬길 수 있는 분이 아니다. 그런데 이스라엘은 너무 쉽게 대답한다. 여호와를 섬기는 것이 어떤 것인지에 대한 여호수아의 생각과 이스라엘의 생각이 달라도 너무 달랐다. 이스라엘은 하나님을 섬기려면 무엇을 어떻게 해야 하는지도 모르면서 무작정 섬기겠다고 한 것이다.

> 믿음의 주요 또 온전하게 하시는 이인 예수를 바라보자 그는 그 앞에 있는 기쁨을 위하여 십자가를 참으사 부끄러움을 개의치 아니하시더니 하나님 보좌 우편에 앉으셨느니라(히 12:2)

영어에는 '보다'로 번역할 수 있는 단어가 참 많다. see, look, watch, stare, gaze, peep, peek, glimpse, behold, observe가 다 그렇다. '예수를 바라보자'라고 할 때는 어떤 단어를 쓰는 것이 가장 어울릴까? KJV,

ASV, RSV에는 look이 쓰였다. 그런데 NIV의 번역은 다르다. 나는 그 번역이 가장 마음에 든다. fix라는 단어를 썼다. 우리 눈을 예수님께 고정시키자는 것이다.

여호수아의 얘기에 따르면 시선과 관심을 오직 여호와께 fix하는 것이 여호와를 섬기는 것이다. 그런데 이스라엘은 그럴 마음이 없다. 꼭 그렇게까지 해야 하는 것은 아니지 않은가? 어쨌든 나름대로 여호와를 섬길 마음은 있다. 여호수아가 너무 극단적인 얘기를 하는데, 그런 것은 대충 걸러 들으면 된다.

우리는 전부 예수를 믿는 사람들이다. 앞으로도 믿을 것이다. 예수 잘 믿으라는 권면을 들으면 알았다고 대답도 한다. 그러면 우리에게 예수를 믿는 모습이 어떤 것이 있을까? 고작해야 일요일에 늦잠 안 자고 교회 나오고, 밥 먹을 때 기도하고, 모질게 마음먹으면 사나흘 정도 성경을 읽는 것일까?

성경에는 교회에 나오라는 요구가 없다. 밥 먹을 때 기도하라는 요구도 없고, 성경을 읽으라는 요구도 없다. 성경은 우리한테 마음을 다하고 목숨을 다하고 뜻을 다해서 하나님을 사랑하라고 한다. 그런 말씀에 "아멘"했으면 우리한테는 마음을 다하고 목숨을 다하고 뜻을 다해서 하나님을 사랑하기로 각오하는 신앙 결단이 있어야 한다. 그런데 고작해야 예배를 빼먹지 않는 것으로 신앙생활을 다했다고 생각한다. 강단에서 설교자는 목숨을 걸고 하나님을 사랑하라고 외치는데 그 말을 듣고 고개를 끄덕이는 사람은 속으로 "맞아, 앞으로는 예배 빼먹지 말아야지."가 고작이다.

한때 주일예배를 7부로 드리는 교회에 출석한 적이 있다. 계단을 내려가는데 마주 올라오는 사람들의 얘기가 들렸다. "친구들하고 약속이 있는데 그래도 주일성수는 하고 가야지."

주일성수는 주일을 거룩하게 지킨다는 뜻이다. 주일(主日)은 말 그대로 예수님의 날이다. 적어도 그 날 하루만큼은 최대한 예수님을 높이며 보내야 한다. 그런데 주일예배를 안 빼먹는 것을 주일성수라고 하면, 예수님이 우리로 하여금 일주일에 한 번 예배 빼먹지 않는 사람이 되게 하려고 십자가에 달리셨다는 말인가?

"너희들, 제발 하나님 섬겨라."

"걱정 마십시오. 저희가 왜 하나님의 은혜를 모르겠습니까? 저희들도 하나님만 섬기겠습니다."

"너희가 하나님을 섬긴다고? 웃기지 마라. 너희는 못 섬긴다."

이런 여호수아의 얘기에 이스라엘은 서운했을 수 있다. 하지만 우리는 여호수아의 안타까움을 알아야 한다. 자기가 이끌던 백성을 향해서 '구제 불능'을 선포해야 하는 하나님의 종 여호수아의 애타는 심정을 알아야 한다.

여호수아는 답답해서 속이 터질 지경이다. 지금까지는 자기의 영도력으로 이스라엘을 이끌었다. 하지만 더 이상 그것이 불가능하다. 자기가 죽은 다음에 이스라엘이 어떻게 될 것인지가 뻔히 보인다. 그래서 가슴을 쥐어뜯는 심정으로 "오직 나와 내 집은 여호와를 섬기겠노라"라고 말하는데 이스라엘은 너무 건성으로 대답한다.

공부하라는 어머니의 얘기에 "나도 다 생각 있어. 국어는 이번에 쉽게 낸다고 했고, 영어는 순이가 빌려간 참고서를 돌려받으면 그때부터 공부할 거고, 수학은 어차피 포기했어. 수학 공부하느니 그 시간에 다른 과목 공부하는 게 나아. 내가 다 알아서 할 테니까 걱정 마." 하고 대답하는 딸처럼 말은 잘한다.

수 24:22〉 여호수아가 백성에게 이르되 너희가 여호와를 택하고 그를 섬기리
라 하였으니 스스로 증인이 되었느니라 그들이 가로되 우리가 증인이 되었나이
다

"좋다. 너희들이 하나님만 섬기겠다고 하는데 그러면 그렇게 맹세할 수
있느냐?"

"예. 얼마든지 맹세합니다. 우리 모두가 다 증인입니다."

여기까지만 보면 여호수아가 너무 다그치는 것 같기도 하다. 마치 잔소
리 심한 시골 초등학교 교감 선생님이나 기업체의 만년 과장처럼 안달복달
하는 것처럼 보인다. 하지만 이어지는 말을 보면 그렇지 않다.

24:23〉 여호수아가 가로되 그러면 이제 너희 중에 있는 이방신들을 제하여 버
리고 너희 마음을 이스라엘의 하나님 여호와께로 향하라

여호수아의 간절한 조언을 마치 공연한 노파심인 양 장담하는 이스라엘
백성의 품속에 이방 신상이 있었다. 이들은 이방신을 품에 품은 채로 "걱정
마십시오. 누가 뭐래도 저희는 하나님만 섬깁니다. 저희가 하나님의 은혜를
어찌 잊을 수 있겠습니까?" 하고 큰소리를 쳤던 것이다.

결혼예식을 할 때 혼인서약을 한다. 주례가 신랑에게 묻는다. "신랑은 아
무개를 신부로 맞아 한 평생 길이 사랑하며, 귀중히 여기고, 도와주고, 위로
하고, 감싸주며, 고락간에 변치 않고, 생전에 일정한 부부의 대의를 따라 남
편 된 도리를 다할 것을 서약하십니까?" 신부에게도 묻는다. "신부는 아무
개를 신랑으로 맞아 한 평생 길이 사랑하며…… 아내 된 도리를 다 할 것을

서약하십니까?"

한평생 길이 사랑한다는 것이 어떻게 한다는 뜻일까? 남편 된 도리를 다하고, 아내 된 도리를 다하려면 어떻게 하면 될까? 바람만 피우지 않으면 될까? 가정 폭력만 행사하지 않으면 될까? 허구한 날 술 먹고 외박만 하지 않으면 될까? 그렇게 아는 사람은 없을 것이다.

그러면 "네 마음을 다하고 목숨을 다하고 뜻을 다하여 주 너의 하나님을 사랑하라"라는 말씀은 어떤가? 우리는 하나님을 사랑하되 보통으로 사랑하면 안 되는 사람들이다. 마음을 다해서 사랑해야 한다. 하나님을 사랑하는 데에 마음을 다 써버려서 더 이상 다른 일에 쓸 마음이 없어야 한다.

어쩌면 우리는 가정 폭력을 행사하지 않았다는 이유만으로 떳떳한 남편이나 불륜을 범하지 않았다는 이유만으로 당당한 아내일 수 있다. "비록 지난 주일에 예배는 빼먹었지만 피곤해서 그런 것이지, 절간에 가서 불공드린 것은 아니다."라는 이유로 자기가 하나님을 사랑하는 줄 안다. 마음을 다하여 하나님을 사랑하지 않으면서 아무런 가책도 느끼지 않는다. 자기에게 무엇이 문제인지 모른다는 뜻이다.

여호수아는 이런 이스라엘의 영적 수준을 알고 있었다. 그래서 마지막 순간까지 애를 태웠던 것인데 이스라엘은 전혀 말귀를 알아듣지 못했다.

차라리 "아휴, 저 노인네. 또 잔소리다. 지금 시대가 언젠데 아직도 하나님 타령이야? 귀찮으니까 얼른 알았다고 대답하고 우리끼리 놀자." 하는 식으로 여호수아를 기만하는 것이었으면 차라리 나을 수 있다. 자기들 나름대로는 잘하겠다고 대답도 했고 실제로 잘할 마음도 있으면서 이 모양이었다는 사실에 문제의 심각성이 있다. 자기들이 우상에게 얼마나 깊이 젖어 있는지를 모르고 또 하나님을 섬기는 것이 어떤 것인지를 몰라서 그렇다.

결국 여호수아 혼자만 가슴이 터질 수밖에 없는 노릇이다.

어떤 여자에게 교제하는 남자가 있었다. 부모가 보기에는 별로 마음에 들지 않았다. 딸에게 들은 얘기로는 매사에 긍정적이고 씩씩한 남자라고 하는데 아무리 봐도 생활력은 없는 채 건달기마저 흐른다. 그래서 교제를 반대했는데도 딸이 말을 듣지 않는다. 엄마가 그 사람을 제대로 몰라서 그렇다고 한사코 고집을 부려서 결국 결혼을 했다. 그런데 막상 같이 살다 보니까 문제가 나타나기 시작한다. 결혼 전에 엄마가 걱정했던 이유들이 하나둘 현실로 드러난다. 이혼 얘기가 나올 때쯤 되어서야 엄마에게 따진다. 자기야 분별이 없어서 그런 것이지만 엄마는 알면서 왜 말리지 않았느냐는 것이다.

말리지 않은 것이 아니다. 분명히 말렸다. 하지만 눈에 뭔가가 씌워서 제대로 보이지 않았다. 어머니의 얘기가 어느 만큼 심각한 내용인지 알아들을 귀가 없었다. 그런데 막상 그 일이 현실로 닥치니 더 적극적으로 말리지 않은 어머니가 원망스러운 것이다. 어머니 가슴이 예전에 미어터진 줄은 끝까지 모른다. 어머니는 딸한테 원망을 들을 줄도 미리 알았을 것이다. 자식이 원수라는 말을 괜히 하는 것이 아니다.

> 수 24:26-28〉 여호수아가 이 모든 말씀을 하나님의 율법책에 기록하고 큰 돌을 취하여 거기 여호와의 성소 곁에 있는 상수리나무 아래 세우고 모든 백성에게 이르되 보라 이 돌이 우리에게 증거가 되리니 이는 여호와께서 우리에게 하신 모든 말씀을 이 돌이 들었음이라 그런즉 너희로 너희 하나님을 배반치 않게 하도록 이 돌이 증거가 되리라 하고 백성을 보내어 각기 기업으로 돌아가게 하였더라

이렇게 해서 여호수아와 이스라엘 사이의 논쟁이 끝났다. "좋다, 너희들이 진짜로 하나님을 섬기겠으면 이 돌을 세워서 증거를 삼자!" 하고 다짐했는데, 성경을 아무리 읽어도 "…후에 그 돌이 증거가 되어 이스라엘이 자기 신앙을 회복하였더라.", "하나님 보시기에 옳지 않게 살던 이스라엘이 결국 그 돌을 생각해서 바로 돌아왔더라." 같은 얘기는 없다. 애꿎은 돌만 세우고 말았다.

이스라엘이 그 돌을 세울 때 어떤 마음이었을까? 설마 가식이 있었다고는 생각되지 않는다. 진심으로 돌을 세웠을 것이다. 하지만 그것으로 "땡!"이다. 그릇에 물이 넘치는데 물이 많아서 넘치는 게 아니라 그릇이 작아서 넘치는 격이다. 분명히 진심이었는데 그 진심이 함량 미달이었다. 돌을 세웠다고 해서 사람이 바뀌지 않는다. 무생물인 돌이 하나님 말씀을 알아들을지언정 하나님의 형상으로 지음 받은 사람은 하나님 말씀을 쉬 알아듣지 못한다. 자기 생각으로 한 번 걸러서 듣기 때문이다.

그리고 여호수아가 우려하던 일이 결국 벌어지고 만다. 그토록 굳게 다짐을 시켰는데도 소용이 없었다. 이스라엘은 여호수아와 동시대의 장로들이 생존한 동안에만 하나님을 섬겼다.

> 수 24:32〉 이스라엘 자손이 애굽에서 이끌어 낸 요셉의 뼈를 세겜에 장사하였으니 이곳은 야곱이 세겜의 아비 하몰의 자손에게 금 일백 개를 주고 산 땅이라 그것이 요셉 자손의 기업이 되었더라

요셉이 죽는 얘기는 〈창세기〉에 있다. 그때 요셉은 장차 하나님께서 이스라엘을 돌보실 때 자기 해골을 메고 가라는 부탁을 했다. 요셉은 애굽의 총

리를 지닌 사람이다. 사람이 누릴 수 있는 모든 부귀영화를 다 누렸다. 하지만 그의 궁극적인 관심은 애굽에서 누리는 부귀영화에 있지 않고 죽어서 유골이라도 하나님의 언약이 있는 땅에 묻히는 것에 있었다. 그 당부대로 모세가 이스라엘을 이끌고 애굽에서 나올 때 요셉의 해골을 챙겨서 나왔다.

"요셉이 그런 유언을 하니까 모세가 그 유언대로 했구나." 하고 쉽게 넘어갈 수 있는 얘기가 아니다. 요셉과 모세는 동시대의 사람이 아니다.

이스라엘이 애굽에서 보낸 기간이 430년이다. 요셉은 30세에 총리가 되었고, 총리가 된 지 9년에 야곱 일가가 애굽으로 이주한다. 그리고 110세에 죽었다. 요셉이 그런 말을 한 지 대략 360년 만에 출애굽이 이루어진 것이다. 그런데 모세는 요셉이 한 얘기를 기억하고 그대로 준행했다. 이십 세 이상의 남자만도 60만 명이 넘는 대부대를 이끄는 모세가 챙긴 재산목록 1호가 '요셉의 뼈다귀'였다.

하나님의 언약이 그만큼 소중하다. 이런 의미를 모르는 사람들은 모세의 행위를 이해하지 못한다. 어차피 썩어 없어질 유골인데 어느 땅에 묻힌들 그게 무슨 상관인가? 혹시 다른 것을 다 챙기고 제일 나중에 챙긴다면 모를까, 제일 먼저 챙길 물건은 아니다.

하지만 모세한테는 그것이 가장 소중했다. 요셉의 유언이어서 소중한 것이 아니다. "와! 그렇구나. 하나님의 약속은 과연 이루어지는구나!"라는 사실이 소중했다.

그런 해골을 애굽에서 노예 생활을 하는 동안에도 보존했고, 광야 생활을 하는 동안에도 보존했고, 피가 튀고 살점이 떨어져 나가는 전쟁터에서도 보존했다. 아마 모르는 사람이 봤으면 보물단지를 숨기고 있는 줄 알았을 것이다.

결국 요셉의 해골은 단순한 해골이 아니다. 하나님께서 장차 자기 백성을 약속의 땅으로 인도하실 것이라는 사실에 대한 믿음의 표현이다. 이스라엘은 말라비틀어진 뼈다귀를 보관했던 것이 아니라 하나님의 언약을 붙들고 있었다. 결국 해골이라도 본향에 묻히기를 소망했던 요셉의 바람은 그대로 이루어졌다. 이것이야말로 요셉이 애굽에서 누린 부귀영화보다 더 간절히 원했던 것이다. 우리에게도 같은 마음이 있어야 한다. 이 세상에서 얼마나 대접받고 사느냐가 중요한 것이 아니다. 과연 돌아갈 곳이 있느냐가 중요하다.

어린 시절에 땅 따먹기 놀이를 즐겨 했다. 땅을 조금이라도 더 차지하려면 최대한 뼘을 늘려야 한다. 그 손으로 옷을 털기도 하고 얼굴을 매만지기도 한다. 온통 흙투성이가 되지만 상관없다. 가끔 언성을 높이기도 한다. 모든 관심이 자기 땅에 있다. 그러다 보면 땅거미가 지고 어디선가 밥 먹으라고 부르는 소리가 들린다.

그것으로 끝이다. 방금 전까지 치열하게 넓히던 땅을 아무렇지도 않게 밟고 뛰어간다. 아이들이 놀던 공터에는 아무도 없다. 빈 라면 봉지 하나만 바람에 불린다.

그런데 웬 그림자가 있다. 어머니가 불러서 가고 누나가 불러서 가고, 다 갔는데 그 아이는 부르는 사람이 없었다. 어머니는 안 계시고 아버지는 장사하러 나가서 집에 안 들어온다고 한다. 집에 가봐야 빈 집이다. 아이들과 어울려 놀 때는 몰랐는데 다 가고 나니 혼자 남았다. 그 아이에게는 밥 먹으라고 불러주는 어머니도 없었고 누나도 없었다.

누가 땅을 얼마나 차지했는지가 중요하지 않다. 자기를 반기는 집이 있어야 한다.

수 24:33〉 아론의 아들 엘르아살도 죽으매 무리가 그를 그 아들 비느하스가 에브라임 산지에서 받은 산에 장사하였더라

여호수아만 죽은 것이 아니다. 대제사장인 엘르아살도 죽었다. 광야에서도 아론이 죽고 모세가 죽었다. 모세가 없고 아론이 없어도 여호수아와 엘르아살이 있었다. 그리고 이제 여호수아와 엘르아살도 죽었다. 하지만 그것으로 이스라엘과 하나님 사이가 끊어진 것은 아니다. 모세가 없고 아론이 없어도 하나님은 이스라엘의 하나님이듯이 여호수아가 없고 엘르아살이 없어도 하나님은 여전히 이스라엘의 하나님이다.

어차피 죽음은 모든 사람에게 닥친다. 문제는 죽는 사람이 아니라 앞으로 계속 살아야 할 사람들이다. 여호수아가 죽고 엘르아살이 죽은 것이 여호수아나 엘르아살에게 문제가 아니라 남아 있는 사람에게 문제가 된다.

얼마 전에 〈백 세 인생〉이라는 대중가요가 유행한 적이 있다. "육십 세에 저 세상에서 날 데리러 오거든 아직은 젊어서 못 간다고 전해라 칠십 세에 저 세상에서 날 데리러 오거든 할 일이 아직 남아 못 간다고 전해라…"라고 하는 가사 내용에 많은 사람들이 공감하는 모양이다. 그 노래가 들릴 때마다 행여 그 가사에 공감하는 크리스천이 있지나 않을까 걱정했던 기억이 있다. 적어도 신앙이 있는 사람이라면 절대 공감할 수 있는 가사가 아니기 때문이다.

설마 여호수아나 엘르아살이 그렇게 살다가 죽었을까? 그렇지는 않을 것이다. 그런데 남아 있는 사람들은 그렇게 살다가 죽을 수 있다. 그것이 문제다.

우리는 어떻게 해서든지 이 세상에서 오래 살고 싶어 하는 사람들이 아니다. 언제 부름을 받든지 늘 주님 만날 준비를 하고 있는 사람들이다. 지금 우리의 삶은 그 날을 준비하기 위한 시간이다. 그 준비를 어떻게 하는지에 따라 우리 인생의 의미가 달라질 것이다. 우리는 굉장히 귀한 인생도 살 수 있고 그렇지 않은 인생도 살 수 있다. 결정은 우리 몫이다.

〈여호수아〉는 두 부분으로 나눌 수 있다. 전반부는 가나안 땅을 정복하는 내용이고 후반부는 땅을 분배하는 내용이다. 하나님의 백성이 믿음의 선한 싸움을 싸우는 내용과 싸움을 마친 다음 그 복락을 즐기며 안식을 누리는 내용이다.

죽어 장사 지낸 사람은 자기들한테 주어진 싸움을 다 싸운 사람들이다. 광야에서 죽은 아론과 모세가 그렇고, 지금의 여호수아, 엘르아살도 그렇다. 그들은 맡은 바 소임을 다 마쳤기 때문에 안식을 누리고 있다. 아직 그 안식에 이르지 못한 사람은 그 안식에 이르는 날까지 자기들에게 주어진 싸움을 싸워야 한다. 우리 모두에게 남겨진 책임이다. 우리 역시 하나님께서 예비하신 영원한 안식에 이르는 날을 사모하면서 더욱 십자가 군병다운 모습으로 살아가야 한다.

천상병 시인의 〈귀천〉이라는 시가 있다.

나 하늘로 돌아가리라.
새벽 빛 와 닿으면 스러지는
이슬 더불어 손에 손을 잡고,

나 하늘로 돌아가리라.

노을 빛 함께 단 둘이서
기슭에서 놀다가 구름 손짓하며는

나 하늘로 돌아가리라.
아름다운 이 세상 소풍 끝내는 날,
가서 아름다웠더라고 말하리라…

천상병 시인은 이 세상 삶을 소풍으로 얘기했다. 우리한테 정녕 돌아갈
곳이 있다면 이 세상 삶은 소풍이 맞다. 여행이라고 해도 괜찮다. 여행이 여
행인 이유는 돌아갈 곳이 있기 때문이다. 돌아갈 곳이 없으면 방황밖에 안
된다. 육십 세에 저 세상에서 데리러 오든지, 칠십 세에 저 세상에서 데리러
오든지 우리는 하루하루 주어진 삶을 살아야 하는 사람이다. 그 옛날 이스
라엘을 향했던 여호수아의 소원이고 또한 우리를 향한 주님의 소원이다.

나가는 말

출애굽한 이스라엘이 가나안 접경 가데스바네아에 이르렀습니다. 거기서 가나안 땅을 정탐합니다. 가나안은 아브라함 때부터 약속된 땅입니다. 얼마나 좋은 땅인지만 보고 오면 됩니다. 그런데 엉뚱한 말을 했습니다. 가나안 땅에 들어가면 죽는다면서 차라리 애굽으로 돌아가자고 한 것입니다. 결국 아무도 가나안에 못 들어가고 말았습니다.

다윗이 시편에서 이 내용을 얘기했는데, 히브리서 기자가 다시 인용합니다.

> 오랜 후에 다윗의 글에 다시 어느 날을 정하여 오늘이라고 미리 이같이 일렀으되 오늘 너희가 그의 음성을 듣거든 너희 마음을 완고하게 하지 말라 하였나니 만일 여호수아가 그들에게 안식을 주었더라면 그 후에 다른 날을 말씀하지 아니하셨으리라 (히 4:7-8)

출애굽 1세대가 가나안에 들어가지 못한 것은 하나님을 거역했기 때문입니다. 그런데 다윗은 가나안 땅에 들어와서 살고 있는 이스라엘에게 말합니다. 비록 가나안 땅에 들어와서 살고 있지만 자칫 마음을 완고하게 했다가는 출애굽 1세대와 같은 운명을 맞을 수 있다는 것입니다. 그래서 히브리서 기자가 "만일 여호수아가 그들에게 안식을 주었더라면 그 후에 다른 날을 말씀하지 아니하셨으리라"라고 합니다.

여호수아는 이스라엘을 가나안으로 인도하는 것을 '안식'으로 얘기했습니다. 그런데 그것이 진짜 인식이 아니라고 합니다. 이스라엘이 애굽의 노예에서 구원 얻었지만 그것이 진짜 구원이 아닌 것과 같습니다. 진짜 구원은 그리스도 안에서 얻어집니다.

우리가 보는 성경에는 "만일 여호수아가 그들에게 안식을 주었더라면…"이라고 되어 있습니다만 히브리서 원래 독자들은 헬라어로 읽었습니다.

베드로의 아버지가 요한입니다. 그런데 예수님이 베드로를 '바요나 시몬'이라고 부른 적이 있습니다. '요나의 아들 시몬'이라는 뜻입니다. 요나는 히브리식 이름이고 요한은 헬라식 이름입니다. 요한과 요나가 같은 이름입니다. 영국 사람 헨리가 프랑스에 가면 앙리가 되고 독일에 가면 하인리히가 되는 것과 같습니다.

여호수아도 그렇습니다. 여호수아는 히브리식 이름입니다. 헬라식으로 바꾸면 예수입니다. "만일 여호수아가 그들에게 안식을 주었더라면…"을 헬라어로 읽으면 "만일 예수가 그들에게 안식을 주었더라면…"이 됩니다. 어쩌면 이 얘기는 하나님의 아들 예수가 아닌 다른 예수를 말하고 있는 것일 수 있습니다. "다른 예수는 안 된다. 오직 그리스도만이 진정한 안식을 줄 수 있다"라는 뜻입니다.

구약시대의 예수, 여호수아가 이스라엘을 가나안으로 인도했습니다. 그것이 안식을 준 것이라면 가나안 땅에 살아가는 이스라엘은 전부 안식을 누려야 합니다. 그런데 다윗이 시편에서 말한 내용을 보면 그게 아닙니다. 가나안에 들어가 살고 있는 이스라엘에게 마음을 완고하게 하지 말라고 했습니다. 출애굽 1세대가 마음을 완고하게 했다가 하나님의 안식에 들어가지 못한 것처럼 그렇게 될 수 있다는 것입니다. 가나안에 들어가 살고 있다는 이유만으로 저절로 하나님의 안식을 누릴 수 있는 것이 아닙니다.

우리한테 옮기면 어떻게 됩니까? 우리는 아직도 하나님의 안식에 이르지 못한 사람들입니다. 마땅히 가야 할 길이 있고 감당해야 할 일이 있습니다. 자기한테 익숙한 한두 가지 종교 행위를 하는 것이 신앙 책임이 아닙니다. 가나안에서 살아가는 것이 완성이 아니라면 교회에 등록한 것 역시 완성이 아닙니다. 완성은 고사하고 이제 비로소 시작입니다.

미국 베들레헴 침례교회 존 파이퍼 목사가 전립선암으로 수술을 받았습니다. 블로그에 "당신의 암을 허비하지 말라"라는 글을 올렸습니다. 암을 수술하고 치료하는 과정에서 믿음이 깊어지지 않는다면 암을 허비한 것이라고 합니다. 암이 그렇다면 그렇지 않은 것이 무엇이 있겠습니까? 시간, 환경, 인간관계, 돈, 건강, 생명까지 모든 것이 다 그렇습니다. 유익하게 사용할 수도 있고 허비할 수도 있습니다. 그 사실을 알면 우리는 모든 행보에 더욱 신중해야 합니다. 우리의 모든 발걸음이 하나님을 향한 발걸음이어야 합니다. 우리는 하나님의 안식으로 나아가는 사람들입니다.